चिंतन के स्वर

डॉ. चन्द्रपाल शर्मा

पूर्व हिन्दी विभागाध्यक्ष
राणा स्नातकोत्तर महाविद्यालय पिलखुवा

डायमंड बुक्स

www.diamondbooks.in

© लेखकाधीन

प्रकाशक : डायमंड पॉकेट बुक्स (प्रा.) लि.
X-30, ओखला इंडस्ट्रियल एरिया, फेज-II
नई दिल्ली-110020
फोन : 011-40712200
ई-मेल : wecare@diamondbooks.in
वेबसाइट : www.diamondbooks.in
संस्करण : 2024

Chintan ke Swar
by *Dr. Chandrapal Sharma*

समर्पण

परमपूज्य पिताश्री स्व० पं० रूपराम शर्मा व श्रद्धेय गुरुदेव स्व० डॉ० हरीन्द्र शास्त्री को सादर समर्पित जो पुण्यलोक में निवास करते हुए भी आशीष दे रहे हैं।

प्राक्कथन

पाठकों को इस पुस्तक को सौंपते हुए मुझे संकोच की अनुभूति हो रही है क्योंकि यह सभी सामग्री उनके द्वारा पहले ही पढ़ी जा चुकी है। वस्तुतः इस पुस्तक में संकलित लगभग सभी लेख पूर्व प्रकाशित हैं। इन लेखों ने विभिन्न पत्र-पत्रिकाओं में स्थान पाया है। कुछ लेख तो ऐसे हैं जो एक साथ बीस से भी अधिक समाचार पत्रों में एक साथ प्रकाशित हुए हैं। यह अवसर 'युगवार्ता' के सौजन्य से प्राप्त हुआ। 'इस्पात भाषा भारती' व 'तुलसी सौरभ' जैसी विशिष्ट पत्रिकाओं में भी अनेक लेख प्रकाशित हो चुके हैं। इन लेखों की रचनाविधि कई दशकों में फैली हुई है। समाचारपत्र व पत्रिकाओं की सामग्री में स्थायीत्व का अभाव रहता है, यही विचारकर इसे पुस्तक रूप में प्रस्तुत किया जा रहा है।

लेखों के आकार भी स्थान के आधार पर ही निश्चित हुए हैं। छोटे लेखों को पढ़कर पाठक यह महसूस कर सकते हैं कि अपेक्षित विस्तार नहीं मिला है। मैं भी इसे स्वीकार करता हूँ। यह समय-सीमा में बँधे हुए लेख हैं। आकाशवाणी की विदेश प्रसारण सेवा में अनेक लेखों का प्रसारण हुआ है, जहाँ सात मिनट का ही समय वाचन के लिए मिला था।

इन लेखों में किसी गम्भीर या ठोस सामग्री होने का दावा मेरा नहीं है, अपितु एक सचेत पाठक या प्रबुद्ध नागरिक की स्वान्तः सुखाय अभिव्यक्ति है, जो शायद आपको भी कहीं न कहीं छू ले। जीवन के नवें दशक में भी मैं एक सामान्य विद्यार्थी हूँ और जिज्ञासा-वृत्ति अतृप्त है। अतः सुविज्ञ पाठकों के सुझाव मेरे लिए गुरु-निर्देश के समान ही होंगे।

चन्द्रपाल शर्मा सहयोग,

सर्वोदय नगर पिलखुवा- पिन-245304 दूरभाष-7668115170

विषय सूची

1. रामचरितमानस में तुलसी की विनम्रता

रामचरितमानस के प्रारम्भ में गोस्वामी जी देवी-देवताओं की वन्दना के बाद गुरु व ब्राह्मणों की महत्ता का वर्णन करते हुए उनका स्तुतिगान करते हैं। इस वन्दना व स्तुति में स्वाभाविकता है। इनके प्रति श्रद्धाभाव सभी में होता है किन्तु इनके उपरान्त कवि की विनम्रता दिखाई देने लगती है। वे संत व असंत दोनों की वन्दना करते हैं:-

वंदउँ संत असंतन चरना। दुखप्रद उभय बीच कछु बरना।।
बिछुरत एक प्रान हरि लेहीं। मिलत एक दुख दारुन देहीं।। 1-5

जो दारुण दुःख देते हैं, कवि उनकी भी चरण-वन्दना करता है। इतना ही नहीं चौरासी लाख योनियों में स्वेदज, अण्डज, उद्भिज, जरायुज जितने भी जीव जल, थल और आकाश में हैं, उन सभी में कवि सीता-राम के दर्शन करता है। अतः सभी को हाथ जोड़कर प्रणाम करता है कि मुझे अपना सेवक जानकर मुझ पर कृपा करें:-

आकर चारि लाख चौरासी। जाति जीव जल थल नभ बासी।
सीय राममय सब जग जानी। करउँ प्रनाम जोरि जुग पानी।।
जानि कृपाकर किंकर मोहू। सब मिलि करहु छाडि़ छल छोहू।। वही-8

यह सब कुछ कवि इसलिए कर रहा है, क्योंकि उसे अपनी बुद्धि व बल पर भरोसा नहीं है। कितनी अकिंचनता है:-

निज बुद्धि बल भरोस मोहि नाहीं। तातें बिनय करउँ सब पाहीं।।

वही उनको इस बात की चिन्ता है कि मैंने अपने सामर्थ्य से बड़े काम को करने का निश्चय किया है:-

करन चहउँ रघुपति गुन गाहा। लघु मति मोरि चरित अवगाहा।। वही रघुवंश के प्रारम्भ में महाकवि कालिदास भी ऐसा ही कहते हैं:-

क्व सूर्यप्रभवो वंशः क्व चाल्पविषया मतिः।
तितीर्षुर्दुस्तरं मोहादुडुपेनास्मि सागरम्।। 1-2

गोस्वामी तुलसीदास ने अनेक ग्रन्थों से सामग्री ली है, निश्चय ही वे कालिदास से प्रभावित रहे होंगे। आगे कवि कहता है कि मैं मन और बुद्धि से कंगाल हूँ और मनोरथ बड़े हैं। अत्यन्त नीच बुद्धि के साथ चाह ऊँची है। छाछ नसीब नहीं है किन्तु अमृत की अभिलाषा करता हूँ, फिर भी आप मेरी बात इसलिए सुन लें, क्योंकि:-

जौं बालक कह तोतरि बाता। सुनहिं मुदित मन पितु अरु माता।।

कालिदास के निम्न श्लोक से उपरिलिखित भाव की समानता निहारिये:-

मन्दः कवियशः प्रार्थी गमिष्याम्युपहास्यताम्।
प्रांशुलम्ये फले लोभादुद्बाहुरिव वामनः।। रघुवंश-1-3

अपनी कमजोरी को जानते हुए भी गोस्वामी जी को यह सम्बल प्राप्त हैं:-

निज कवित्त केहि लाग न नीका। सरस होउ अथवा अति फीका।।

साथ ही यह विश्वास भी है कि भले ही दुष्ट लोग मेरा मजाक उड़ाएँ, सज्जन इस कथा को सुनकर सुख की अनुभूति करेंगे और आश्चर्य है कि आज करोड़ों-करोड़ों सज्जन इस कथा से सुख की अनुभूति कर रहे हैं:-

भाग छोट अभिलाषु बड़ करउँ एक बिस्वास।

पैहहिं सुख सुनि सुजन सब खल करहिं उपहास।। 1-8

विनम्रता की पराकाष्ठा देखिये। कवि को संस्कृत का अच्छा ज्ञान है, जो प्रत्येक काण्ड के प्रारम्भ में दिखाई देता है, तब भी वह कहता है:- मैं भाषा (हिन्दी) में अपनी बात कह रहा हूँ, मति से भोला हूँ। अतः मेरी कविता हँसने के योग्य है, इसमें हँसने वालों का दोष नहीं है क्योंकि:-

कवि न होउँ नहिं बचन प्रबीनू। सकल कला सब विद्या हीनू।
कवित बिबेक एक नहिं मोरें। सत्य कहउँ लिखि कागद कोरें।। वही-9

और अन्त में यह भी घोषणा कर दी:-

'भनिति मोरि सब गुन रहित' कैसी उत्कृष्ट विनम्रता है,

परन्तु एक विश्वास है:-

जदपि कबित रस एकउ नाहीं। राम प्रताप प्रगट एहि मांहीं।। वही-10

मेरी कविता कितनी ही भद्दी क्यों न हो किन्तु इसमें रामकथा का वर्णन हुआ है जो संसार के लिए मंगलदायक है:-

भनति भदेस वस्तु भलि बरनी। राम कथा जग मंगल करनी।। वही

कवि की विनम्रता हद दर्जे की है। कवि अपने बारे में कहता है कि जो भगवान् का भक्त कहलाकर लोगों को ठगते हैं, जो धन, क्रोध और काम के गुलाम हैं, जो जोर-जबरदस्ती करते हैं, दम्भी हैं, कपटी हैं, संसार के ऐसे लोगों में सबसे पहले मेरी गिनती है:-

बंचक भगत कहाइ राम के। किंकर कंचन कोह काम के।
तिन्ह महँ प्रथम रेख जग मोरी। धींग धरमध्वज धंधक धोरी।। वही-12

कवि को इस बात का डर है कि यदि मैं अपने समस्त अवगुण बताने लगूँ, तो कथा बहुत बढ़ जायेगी। अतः संक्षेप में ही कह रहे हैं, बुद्धिमान लोग थोड़े में ही समझ लेंगे:-

जौं अपने अवगुन सब कहऊँ। बाढ़इ कथा पार नहिं लहऊँ।
ताते मैं अति अलप बखाने। थोरे महुँ जानिहहिं सयाने।। वही

कवि को बार-बार यह पीड़ा सताती है कि एक ओर श्रीराम के अपार गुण हैं और दूसरी ओर सांसारिक विषयों में आसक्त मेरी बुद्धि है। अतः यह कार्य कैसे सम्भव होगा:-

कहँ रघुपति के चरित अपारा।
कहँ मति मोरि निरत संसारा।। वही

कवि को अपने कवित्व पर भी सन्देह है:-

कवि न होउँ नहिं चतुर कहावउँ।
मति अनुरूप राम गुन गावउँ।। वही

'मति रूप' पर ध्यान दें। मेरी जैसी बुद्धि है, उसके अनुसार रामकथा का गायन करके 'स्वान्तः सुखाय' का आनन्द प्राप्त करूँगा। ग्रन्थ के प्रारम्भ में

वे कह चुके हैं– 'स्वान्तः सुखाय रघुनाथगाथा' फिर क्यों सोचूँ कि कविता कैसी है और लोग क्या कहेंगे। कवि इतना विनम्र है कि रामकथा के गायक वाल्मीकि, व्यास आदि कवियों को तो प्रणाम करता ही है और यह प्रणाम करना स्वाभाविक था किन्तु साथ ही प्राकृत के कवि, कलियुग के कवि और जिन्होंने भी रामचरित का वर्णन किया है और जो भविष्य में रामचरित का वर्णन करेंगे, उन सभी को प्रणाम करता है:–

व्यास आदि कवि पुंगव नाना। जिन्ह सादर हरि सुजस बखाना।

चरण कमल बंदउँ तिन्ह केरे। पुरबहुँ सकल मनोरथ मेरे।।

कलि के कबिन्ह करउँ परनामा। जिन्ह बरने रघुपति गुन ग्रामा।।

जे प्राकृत कबि परम सयाने। भाषा जिन्ह हरि चरित बखाने।।

नए जे अहहिं जे होइहहिं आगें। प्रनवउँ सबहि कपट सब त्यागें।। वही-14

इतनी विनय के बाद वे संत समाज से यह वरदान चाहते हैं कि साधु-समाज में मेरी कविता का सम्मान हो, क्योंकि मान्यता यह है कि "आपरितोषाद् विदुषां न साधुमन्ये प्रयोग विज्ञानम्"। अतः वे कहते हैं:–

जे प्रबन्ध बुध नहिं आदरहीं। सो श्रम बादि बाल कवि कर हीं।। वही

कवि का स्वान्तः सुखाय लोकहिताय है। उसकी सोच यह है कि कविता लोकहित के लिए होनी चाहिए, ठीक उसी प्रकार, जिस प्रकार गंगा सबका हित करती है:–

कीरति भनिति भूति भल सोई।

सुरसरि सम सब कँह हित होई।। वही

मेरी कविता कितनी ही भदेस हो, इसकी मुझे चिन्ता नहीं क्योंकि श्रीराम की कीर्ति बहुत सुन्दर है, फिर भी इस असामन्जस्य की मुझे चिन्ता है। कवि बार-बार अपनी अल्पज्ञता से चिन्तित है:– 'मोहि मति बल थोर' अतः वह हरि-कृपा का आकांक्षी है, यह हरिकृपा बहुत बड़ा सम्बल है:–

करहु कृपा हरि जस कहउँ पुनि-पुनि करउँ निहोर। वही (ख)

कवि अपनी प्रार्थना को बालविनय कहता है। इस बालकपन के बाद भी उसका यह विश्वास है कि भले ही मैं संसार का सबसे मतिमंद व्यक्ति हूँ, परन्तु मेरी कविता को भगवान् शिव की कृपा मिलेगी क्योंकि मैं शिव-पार्वती के चरणों का स्मरण करके ही रामचरित का वर्णन कर रहा हूँ:–

सुमिरि सिवा सिव पाइ पसाऊ।
बरनउँ राम-चरित चित चाऊ।।
भनिति मोरि सिव कृपाँ बिभाती।
ससि समाज मिलि मनहुँ सुराती।। 1-5

ऐसी विनम्रता मिलनी अन्यत्र दुर्लभ है। इस विनम्रता के दो आधार हैं। एक कवि अपनी अल्पज्ञता व मूढ़मति का वर्णन करता है, कवित्वज्ञान के अभाव का विस्तार से उल्लेख करता है और दूसरे सबसे आशीर्वाद माँगता है। उसे अपनी शिव-भक्ति व रामचरित की महानता का भरोसा है। इस विनम्रता व आस्था के बल पर उसने रामचरितमानस के रूप में ऐसा अमर काव्य दिया, जिसके बराबर संसार के किसी भी ग्रन्थ को इतने पाठक नहीं मिले हैं। कवि ने कथा का प्रारम्भ ही श्रीहरि के चरणों को अपने शीश पर रखने के बाद कहा है:- 'करउँ कथा हरि पद धरि सीसा'। कवि करउँ कथा' कहता है 'कहहुँ कथा' नहीं। आशय स्पष्ट है, वह कथा नहीं कह रहा है, अपितु कथा का निर्माण कर रहा है। उसकी कथा को तो परवर्ती कथावाचक कह रहे हैं। उसकी कथा का उद्देश्य अपने सन्देह, मोह व भ्रम का निवारण करना है:-

निज संदेह मोह भ्रम हरनि। करउँ कथा भव सरिता तरनी। वही 31

कवि की विनम्रता बार-बार देखने को मिलती है। शिव-चरित्र का वर्णन करने में असमर्थ तुलसी का अपने विषय में यह कथन हृष्टव्य है:-

चरित सिंधु गिरिजा रमन बेद न पावहिं पारु।
बरनै तुलसीदास किमि अति मतिमंद गवाँरु।।

उनके नाम में ही विनम्रता है। वे तो 'तु' (राम) 'ल' (लक्ष्मण) 'सी' (सीता) के दास हैं, सेवक हैं। अपने काव्य में वे अपने नाम को सार्थक कर रहे हैं।

2. श्रीराम-विवाह में दहेज

एक दिन राष्ट्रीय चैनल पर एक एंकर महोदय बता रहे थे कि विदेशों में दहेज-प्रथा बहुत प्राचीन है, जबकि भारत में यह प्रथा अंग्रेजों के आगमन के बाद आई। मन को बात जंची नहीं, अतः वाल्मीकि रामायण का सीता-राम विवाह प्रसंग निकाल लिया। वाल्मीकि के अन्तः साक्ष्य से स्पष्ट है कि वाल्मीकि रामायण की रचना राम के जीवन में ही हो गई थी। धार्मिकजनों के लिए राम का काल लाखों वर्ष पुराना है किन्तु पाश्चात्य विचारकों तथा इतिहासकारों की भ्रान्त धारणाओं के आधार पर सोचने वालों के लिए भी यह काल ईसा से हजारों वर्ष प्राचीन है।

वाल्मीकि ने बालकाण्ड के 74वें अध्याय में महाराज जनक द्वारा अपनी कन्याओं के निमित्त दिये गये कन्या धन (दहेज) का वर्णन चार श्लोकों में किया है- वे लिखते हैं:-

अथ राजा विदेहानां ददौ कन्याधनं बहु।
गवां शतसहस्राणि बहूनि मिथिलेश्वरः।। 1-74-3

लाखों गायों के अतिरिक्त कितनी ही अच्छी-अच्छी कालीनें तथा करोंड़ों की संख्या में रेशमी और सूती वस्त्र दिये, भाँति-भाँति के गहनों से सजे हुए बहुत से दिव्य हाथी, घोड़े, रथ और पैदल सैनिक भेंट किये। (वही- श्लोक 4)

अपनी पुत्रियों के लिये सहेली के रूप में उन्होंने सौ-सौ कन्याएँ तथा उत्तम दास-दासियाँ अर्पित कीं। इन सबके अतिरिक्त राजा ने उन सबके लिए एक करोड़ स्वर्णमुद्रा, रजतमुद्रा, मोती और मूंगे भी दिये। (वही- श्लोक 5)

अन्त में वाल्मीकि लिखते हैं:-

ददौ राजा सुसंहृष्टः कन्याधनमनुत्तमम्।। वही श्लोक 6

अर्थात् इस प्रकार मिथिलापति राजा जनक ने बड़े हर्ष के साथ उत्तमोत्तम कन्याधन (दहेज) दिया। ध्यातव्य यह है कि वाल्मीकि ने इस दहेज को दो बार कन्याधन कहा है अर्थात यह सब कुछ वरपक्ष के लिए नहीं है, अपितु अपनी पुत्रियों के लिए है। दुर्भाग्य से यह कन्याधन आज वरपक्ष के लिए दहेज बन गया है।

अध्यात्म रामायण को व्यास-चरित माना जाता है। अतः उसकी प्राचीनता भी असंदिग्ध है। अध्यात्म रामायण के बालकाण्ड के सर्ग छह में 'धनुर्भङ्ग और विवाह' का वर्णन किया गया है। विवाह सम्पन्न होने के बाद तीन श्लोक में दहेज की सूची दी गई है। आज भी कुछ शादियों में तिलक के बाद दहेज की लिस्ट पढ़कर सुनाई जाती है। राजा जनक ने श्रीराम को दहेज में सौ करोड़ स्वर्ण मुद्राएँ, दस हजार रथ, दस लाख घोड़े, छः सौ हाथी, एक लाख पैदल सैनिक और तीन सौ दासियाँ दीं। (1-6- 76-77)

तथा सीता को-

दिव्याम्बराणि हारांश्च मुक्तारत्नमयोज्ज्वलान्। वही 78
(अनेकों दिव्य वस्त्र तथा मोती और रत्नजडित उज्ज्वल हार दिये)

यहाँ वर-कन्या को दिये गये दहेज का स्पष्ट विभाजन कर दिया गया है। दहेज के अतिरिक्त भरत, लक्ष्मण, शत्रुघ्न और महाराज दशरथ का भी धन-दानादि से यथोचित सत्कार करने के बाद विदा करने का वर्णन किया गया है। वशिष्ठादि मुनियों की पूजा का उल्लेख है। (देखें श्लोक 79)

दक्षिण भारत में तमिल में रचित कंब-रामायण का बहुत महत्त्व है। इसके रचयिता महाकवि कंबन है। इन्होंने रामकथा का बहुत विस्तार से वर्णन किया है। यह लगभग बारह सौ वर्ष पुराना ग्रंथ है। महाकवि कंबन जैसा विस्तार अन्य रामकथाओं में देखने को नहीं मिलता किन्तु आश्चर्य यह है कि कंबन ने दहेज या कन्याधन का वर्णन नहीं किया है जबकि कंबन वाल्मीकि रामायण से बहुत प्रभावित हैं। हमारे विचार से दहेज के उल्लेख न करने के दो कारण हो सकते हैं। प्रथम कवि जिस समाज से सम्बन्धित था, उसमें दहेज की प्रथा न हो अथवा दूसरे कवि इस प्रथा को महिमामंडित करना समाज के हित में न समझता हो।

अंग्रजों के आगमन से बहुत पहले लगभग साढ़े-चार सौ वर्ष पूर्व गोस्वामी

तुलसीदास ने रामचरितमानस की रचना की थी। उन्होंने भी राम-विवाह में मिलने वाले दहेज का वर्णन किया है। गोस्वामी जी लिखते हैं:-

कहि न जाइ कछु दाइज भूरी।
रहा कनक मनि मंडपु पूरी॥
कंबल बसन विचित्र पटोरे।
भाँति भाँति बहु मोल न थोरे॥
गज रथ तुरग दास अरु दासी।
धेनु अलंकृत कामदुहा सी॥ 1- 326

(दहेज की अधिकता कुछ कहीं नहीं जाती, सारा मण्डप सोने और मणियों से भर गया। बहुत से कम्बल, वस्त्र, भाँति-भाँति के विचित्र रेशमी कपड़े जो बहुमूल्य थे। साथ में हाथी, रथ, घोड़े, दास-दासियाँ और गहनों से सजी हुई कामधेनु-सरीखी गायें भी दी गईं)

तीनों ग्रन्थों के दहेज में प्रदत्त सामान में बहुत समानता है। अन्तर केवल इतना है कि गोस्वामीजी ने वाल्मीकि और व्यास के समान सामान की संख्या वर्णित नहीं की है। सम्भवत: कवि का आशय यह रहा होगा कि दहेज अपनी सामर्थ्यानुसार ही रहना चाहिए।

इन तीन आर्ष ग्रन्थों के संदर्भ देने से हमारा उद्देश्य दहेज प्रथा के वर्तमान स्वरूप का समर्थन करना नहीं है। अपितु अपनी प्राचीन परम्परा एवं सामाजिक संरचना का उल्लेख करना मात्र है। दहेज ने आज विकराल रूप धारण कर लिया है जो सर्वथा निन्दनीय है। तनिक विचार करें कि ये परम्परा क्यों प्रारम्भ हुई। हमारी सामाजिक संरचना में पिता की सम्पति के अधिकारी पुत्रगण ही होते थे। पुत्रियों का पिता की सम्पत्ति में कोई अधिकार नहीं था। आज वैधानिक अधिकार मिल जाने पर भी 99% बहनें अपने अधिकार को भाइयों के लिए ही छोड़ देती हैं।

पिता को पुत्र व पुत्री के प्रति समान प्यार होता है। अत: समाज ने निर्णय लिया कि कन्याओं के त्याग की क्षतिपूर्ति होनी चाहिए। अत: कन्याधन की परम्परा प्रारम्भ हुई। हम केवल एक बार कन्याधन देकर ही मुक्ति नहीं

पा जाते अपितु सावन मास में सिन्दारा और फागुन में मींग-मिठाई देने की बाध्यता भी है। यदि पुत्री के कोई सन्तान आती है तो छोचक दिया जाता है। जब उसके बच्चों के विवाह होता है, तो भाई भात देते हैं। पुत्री के पिता व भाई ही रस्म नहीं निभाते हैं, अपितु पीढ़ियों तक पुत्री का परिवार मान (सम्मानीय) के रूप में आदरणीय रहता है।

3. रावण की जिद क्यों?

रामकथा के पाठक रावण पर अनेक प्रकार के आरोप लगाते हैं। उनको आश्चर्य होता है कि एक उत्तम कुल में उत्पन्न, वेदों का ज्ञाता, परम विद्वान्, भगवान् शिव का अनन्य भक्त रावण सीताजी का अपहरण करता है और अनेक हितैषियों के समझाने पर भी अपनी जिद पर अड़ा रहता है। ऐसे पाठक रावण के एक लक्ष्य को पहचानने की भूल कर जाते हैं। शूर्पणखा ने पहली बार रावण को श्रीराम के कार्यों से अवगत कराया। उसने अपने अपमान की कहानी के साथ ही यह बताया कि मेरे अपमान का बदला लेने गए खर-दूषण भी अपनी सेना सहित मारे गए हैं।

रावण ने शूर्पणखा को आश्वस्त करके भेज दिया किन्तु उसका चित्त उद्वेलित हो उठा। वह सोचने लगाः-

खर दूषन मोहिसम बलवंता। तिन्हहि को मारइ बिनु भगवंता।।
सुर रंजन भंजन महि भारा। जौं भगवन्त लीन्ह अवतारा।।
तौ मैं जाइ बैरु हठि करऊँ। प्रभु सर प्रान तजे भव तरऊँ।।

उसने यह संकल्प सोच-विचार कर लिया है। वह मुक्ति कामी है किन्तु मुक्ति के लिए जो सात्त्विक भाव से भक्ति चाहिए, वह इस तामसिक शरीर से सम्भव नहीं है और उसे अपने दोनों हाथों में लड्डू दिख रहे हैं। वह सोचता है कि यदि राम-लक्ष्मण किसी राजा के पुत्र मनुष्य ही हैं तो उनको जीतकर उनके साथ जो नारी है, उसे प्राप्त कर लूंगा और यदि वे भगवान् हैं, तो उनके हाथों मरकर इस तामसिक देह से छुटकारा पा जाऊँगाः-

होइहि भजनु न तामस देहा। मन क्रम बचन मंत्र दृढ़ एहा।।
जो नररूप भूपसुत कोऊ। हरिहउँ नारि जीति रन दोऊ।।

वह इतना शक्तिशाली है कि किसी मनुष्य से वह पराजित हो नहीं

सकता। अब रामकथा के पाठक रावण के इस विचार पर ध्यान करते हुए कोई निर्णय लें। वह भगवान् के हाथ से मरकर अपना उद्धार चाहता है।

सौभाग्य से उसे समझाने वालों ने भी उसे यह कहकर समझाया है कि राम सामान्य मानव नहीं हैं, अपितु चराचर के स्वामी परमात्मा हैं। राम से झगड़ा करके ही लक्ष्य-प्राप्ति की जा सकती है। अतः राम की पत्नी के अपहरण का निश्चय किया। वह जानता है कि राम के रहते हुए सीता का अपहरण सम्भव नहीं है। उसके सामने खर-दूषण का उदाहरण है। यदि वह राम-लक्ष्मण के रहते अपहरण का प्रयास करेगा, तो उसका हाल भी खर-दूषण जैसा ही होगा। उसे अपने साथ समस्त राक्षसों का उद्धार कराना है। अतः उसने अपनी योजना में राम-लक्ष्मण को कुटिया से दूर भेजने के लिए मारीच से सहयोग माँगा। मारीच उसका मामा है, अतः सहयोग की आशा लेकर रावण पहुँचा और अपना प्रस्ताव रखा। मारीच को राम की शक्ति का ज्ञान है। उसने अपनी माता ताड़का और भाई सुबाहु के वध को देखा है और बिना फल के बाण से सौ योजन दूर जाकर अपने गिरने की भी याद है। अतः उसने रावण को समझाते हुए कहा-

तेहिं पुनि कहा सुनहु दससीसा। ते नर रूप चराचर ईसा।
तासो तात बयरु नहिं कीजे। मारें मरिअ जिआएँ जीजै।।
जेहि ताड़का सुबाहु हति खंडेउ हरि कोदंड।
खर दूषन तिसिरा बधेउ मनुज कि अस बरिबंड।।

अब तनिक विचार कीजिए कि रावण की सोच 'जो भगवतं लीन्ह अवतारा' की मारीच ने पुष्टि कर दी कि संशय की बात ही नहीं है, श्रीराम स्वयं जगदीश हैं। इसका अर्थ है कि रावण सही लक्ष्य की ओर बढ़ रहा है।

सीता की खोज में लंका गए हनुमान मेघनाद के ब्रह्मपाश में बँधकर रावण के सामने खड़े होकर उसे समझा रहे हैं कि राम से तो काल भी डरता है, वह भक्तों के भय को दूर करने वाले साक्षात् परमेश्वर हैं:-

जाकें डर अति काल डेराई। जो सुर असुर चराचर खाई।।
तासों बयरु कबहुँ नहिं कीजै। मोरे कहें जानकी दीजै।।
सुनु दसकंठ कहउँ पन रोपी। बिमुख राम त्राता नहिं कोपी।।
संकर सहस बिष्नु अज तोही। सकहिं न राखि राम कर द्रोही।।

अब रावण का वह निश्चय 'प्रभु सर प्रान तजे भव तरऊँ' पूर्ण होता दिखाई दे रहा है।

रावण की पत्नी मन्दोदरी विदुषी नारी है। उसने रावण को बार-बार समझाया। वह जानती है कि परनारी का अपहरण मृत्यु को निमंत्रण देना है। वह हनुमान की वीरता का स्मरण दिलाती है कि जिसका दूत इतना बलशाली है, वह स्वयं कैसा होगा:-

सुनहु नाथ सीता बिनु दीन्हें। हित न तुम्हार संभु अज कीन्हें।।

रावण ने मन्दोदरी की बात को भले ही हंसकर टाल दिया हो, पर यह विश्वास दृढ़ हो गया कि राम शंकर और ब्रह्मा से भी बड़े हैं। सेतुबन्ध हो जाने के बाद मन्दोदरी ने एक बार पुन: समझाने का प्रयास करते हुए कहा:-

जेहिं बलिबांधि सहसभुज मारा। सोइ अवतेरउ हरन महि भारा।।
तासु विरोध न कीजिअ नाथा। काल करम जिव जाकें हाथा।।

इस कथन ने भी रावण को यह बता दिया कि श्रीराम परमात्मा के अवतार हैं और मुझे परमात्मा की भक्ति शत्रुभाव से ही करनी है। रावण अपनी मल्लशाला में बैठा है और श्रीराम अपने शर से उसके छत्र, मुकुट एवं मन्दोदरी के कर्णाभूषणों को एक साथ गिरा देते हैं और शर पुन: श्रीराम के तुणीर में लौट आता है। इस अपशकुन से मन्दोदरी व्याकुल हो जाती है, अत: एक बार पुन: समझाते हुए कहती है:-

विस्वरूप रघुवंश मनि करहु वचन विस्वासु।
लोक कल्पना बेद कर अंग अंग प्रति जासु।।

बार-बार रावण को यही सुनने को मिल रहा है कि राम परात्पर ब्रह्म हैं और उसे इस परमात्मा से ही तो बैर करना है। मन्दोदरी ने चौथी बार समझाने का प्रयास करते हुए कहा:-

पति रघुपतिहि नृपति जनि मानहु। अग जग नाथ अतुलबल जानहु।।

अब रावण किसी की बात क्यों मान ले, जब वह अपने निर्धारित लक्ष्य की ओर बढ़ रहा है। रावण ने अपने मंत्रिमण्डल के सदस्यों की राय भी ली किन्तु उनकी राय-चापलूसी भरी थी। उन्होंने कहा आपने सुर-असुर पर विजय पाई है तो यह नर-वानर आपके सामने क्या हैं? इस अवसर पर जब

विभीषण की राय जाननी चाही, तो उन्होंने रावण से कहाः-

तात राम नहिं नर भूपाला। भुवनेश्वर कालहु कर काला।।
ब्रह्म अनामय अज भगवंता। व्यापक अजित अनादि अनन्ता।।

विभीषण ने अपनी बात के समर्थन में अपने व रावण के पितामह पुलस्त्य के मत को भी यही बताया और कहा कि महर्षि पुलस्त्य ने अपने शिष्य के द्वारा यही संदेश भेजा है।

उस समय रावण के नाना और मंत्री माल्यवान ने भी विभीषण के प्रस्ताव का समर्थन करते हुए सीता के लौटाने की बात कही। विभीषण का उपदेश रावण को इतना बुरा लगा कि उसने विभीषण को लात मारकर लंका से निकल जाने को कहा क्योंकि अब तक सबने श्रीराम को परात्पर ब्रह्म ही बताया और वह अपना प्रण याद कर लेता हैः- 'तौ मैं जाइ बेरु हठि करऊँ।' इस हठ का लाभ होगाः-

'प्रभु सर प्रान तजे भव तरऊँ।'

उसे संसार-सागर से पार होने का शुभ अवसर स्पष्ट दिखाई दे रहा है।

विभीषण के चले जाने के बाद रावण ने अपने गुप्तचर शुक व सारण को राम की सेना की शक्ति जानने के लिए भेजा था। इन्होंने लौटकर राम की सेना का वर्णन करते हुए रावण को सीता लौटाने की सलाह दी। शुक ने श्रीराम को समस्त लोक का स्वामी बतायाः- 'अति कोमल रघुवीर सुभाऊ। यद्यपि अखिल लोक कर राऊ।।'

रावण ने शुक पर भी पद-प्रहार किया। रावण के चापलूस मंत्री, जब मनुष्य और बन्दरों को अपना भोजन बता रहे थे, तब रावण के पुत्र प्रहस्त ने मंत्रियों को फटकारते हुए रावण को सलाह दी थी कि सीता को लौटाने में ही भलाई है। रावण ने प्रहरत को भी खरी खोटी सुनाई थीं।

अंगद श्रीराम का दूत बनकर रावण के राज दरबार में गया था। उसने भी रावण को अनेक प्रकार से समझाते हुए यही सलाह दी थी कि वह सीता को लौटा दे। अंगद ने रावण के उत्तम कुल में उत्पन्न होने का भी स्मरण कराते हुए कहा थाः-

उत्तम कुल पुलस्ति कर नाती। शिव विरंचि पूजेहि बहु भाँती।।

रावण के नहीं मानने पर अंगद ने शक्ति-प्रदर्शन करके यह संदेश दिया था कि श्रीराम के साथ हनुमान और मेरे जैसे अनेक वीर हैं। युद्ध प्रारम्भ होने के बाद अन्तिम प्रयास रावण के सम्बन्धी (नाना) और वरिष्ठ मंत्री माल्यवान ने किया था। उसने कहा था:-

जब ते तुम्ह सीता हरि आनी। असगुन होहिं न जाहिं बखानी।।
वेद पुरान जासु जसु गायो। राम विमुख काहुँ न सुख पायो।।
हिरन्याच्छ भ्राता सहित मधु कैटभ बलवान।
जेहिं मारे सोइ अवतरेउ कृपासिंधु भगवान्।।

श्रीराम के ईश्वरत्व में रावण को बहुत लोगों के मत मिल गए हैं। अत: अब उसे भी संशय नहीं रहा। उसको पूर्ण विश्वास हो गया कि श्रीराम ही जगदीश के अवतार हैं और वे देवताओं की प्रसन्नता व पृथ्वी का भार उतारने के लिए मनुष्य रूप में अवतरित हुए हैं। रावण को समझाने वालों में मारीच, हनुमान, मन्दोदरी, विभीषण, शुक, प्रहस्त, अंगद व माल्यवान जैसे प्रबुद्ध व विवेकीजन हैं और सभी ने श्रीराम को ईश्वर का अवतार बताया है। अत: वह जिद्दी नहीं है, अपितु अपने और परिवार के मोक्ष के लिए दृढ़ विश्वासी है। वह सोच-समझकर सब की सुनता है और अपने लक्ष्य पर आगे बढ़ रहा है। उसके प्रारम्भिक निर्णय को एक बार पुन: स्मरण कर लें:-

सुर रंजन भंजन महि मारा। जौं भगवंत लीन्ह अवतारा।।
तो मैं जाइ बैरु हठि करऊँ। प्रभु सर प्रान तजे भव तरऊँ।।

4. दो कवियों का एक छन्द

यह तो हमने सुना है, पढ़ा है कि इस ग्रन्थ का लेखक या कवि अमुक व्यक्ति है। काव्य रचना में छन्द का महत्त्व सर्वविदित है। छन्द आत्मा है और वह भावों को शरीर प्रदान करता है। निर्माण के बाद छन्द शरीर बन जाता है और भाव आत्मरूप में उसमें व्याप्त रहता है। कैसा विचित्र संघटन है। काव्य की सबसे छोटी इकाई छन्द है। यह मात्रिक या वर्णिक कैसा भी हो सकता है। एक छन्द एक कवि की अपनी सन्तान है किन्तु कुछ ऐसे उदाहरण भी मिलते हैं, जहाँ एक छन्द के निर्माण में दो-दो कवियों की मेधा लगी है।

रीतिकाल में आलम नाम के रीति मुक्तधारा के कवि हुए हैं। आलम मुसलमान थे किन्तु उन्होंने धर्मपरिवर्तन किया था। वे मूलत: ब्राह्मण थे। एक दिन उन्होंने एक पंक्ति लिखी- 'कनक छरी सी कामिनी, काहे को कटि छीन' यह दोहा छन्द के प्रथम व द्वितीय चरण हैं। अभी शेष दो चरण बनने शेष थे कि कवि को आवश्यक कार्य से उठना पड़ा, तो कागज का वह पुर्जा, जिस पर ये पंक्ति लिखी थी, अपने साफे में गांठ लगाकर बाँध दी। बात आई गई हो गयी और साफे को रंगरेज के यहाँ रंगने के लिए भेज दिया। रंगरेज की बेटी जब साफा रंगने बैठी, तो उसने देखा कि एक छोर में गांठ में कुछ बंधा है। उसने गांठ खोलकर पंक्ति पढ़ी और पढ़कर उसके तीसरे-चौथे चरण इस प्रकार पूरे कर दिये - 'कटि को कंचन काटि विधि, कुचन मध्य धरि दीन' साफा रंग दिया और पुर्जा को गांठ में उसी प्रकार बांध दिया गया।

रंगे हुए साफे को कवि जब अपने सिर पर बाँधने लगा, तो उसका ध्यान गाँठ पर गया। खोलकर पढ़ा तो विदित हुआ कि उसके तो दो ही चरण थे, ये चार किसने कर दिये। रंगरेज से मालूम हुआ कि साफा उसकी पुत्री ने रंगा है। लड़की से पूछा गया, तो उसने स्वीकार किया कि तीसरा व चौथा चरण उसने

बनाए हैं। कवि ने उसकी काव्य-प्रतिभा से प्रभावित होकर शादी का प्रस्ताव किया जिसमें कन्या के पिता ने इस्लाम स्वीकार करने की शर्त रख दी। अब ब्राह्मण कवि आलम बन गये। इस प्रकार के हिन्दी के पाठकों को एक छन्द मिला जिसका निर्माण दोनों ने मिलकर किया है। ये कवयित्री शेख के नाम साहित्य में जानी जाती हैं जो अपनी वाक्पटुता के लिए प्रसिद्ध हैं। आलम व शेख के जहान नाम का एक पुत्र भी था। एक बार शेख उस बादशाह के दरबार में प्रसंगवश गई, जहाँ आलम दरबारी कवि थे। बादशाह को चुहल सूझी और उसने शेख से कहा-आलम (संसार) की पत्नी आप ही हैं। यह सुनकर शेख ने उत्तर दिया- जहाँपनाह! जहान (संसार) की माँ मैं ही हूँ।

एक साहित्यिक कार्यक्रम के अवसर कुछ कविगण एक बहुमंजिली धर्मशाला में ठहरे हुए थे। गोस्वामी तुलसीदास प्रथम तल पर थे। प्रात: काल कुल्ला-दातुन करते समय गोस्वामी जी के हाथ से छूटकर उनका लोटा नीचे भूतल पर गिर पड़ा। तुलसीदास का लोटा जानकर भूतल पर ठहरे हुए कवि होलराय ने लोटा उठा लिया और शेष ठहरे हुए कवियों को इस प्रकार आवाज लगाई:-

लोटा तुलसीदास को, लाख टका को मोल।

तुलसीदास उस काल के सर्वश्रेष्ठ कवि थे। बड़े लोगों से सम्बन्धित सामान भी बहुमूल्य हो जाते हैं। अत: होलराय ने बोली लगा दी कि तुलसीदास के लोटा का मूल्य लाख टका है, जो लेना चाहे, बोली लगाए किन्तु निस्पृह, विनम्र व परम राम- भक्त तुलसी का टका से क्या लेना देना। अत: उन्होंने होलराय के दो चरणों में अपने दो चरण जोड़कर दोहे को इस प्रकार पूरा कर दिया:-

मोल तोल कुछ है नहीं, लेहु राय कवि होल।।

इस प्रकार होलराय व तुलसीदास ने मिलकर हिन्दी को एक दोहा दिया।

तुलसी व रहीम ने भी मिलकर एक दोहा लिखा है। तुलसीदास की प्रसिद्धि सुनकर एक महिला उनके पास आई और उसने निवेदन किया कि मुझे अपनी पुत्री के विवाह के लिए धन की आवश्यकता है, पर तुलसी का धन से क्या सम्बध? फिर भी तुलसी ने सोचा, इसकी सहायता तो करनी ही चाहिए क्योंकि इसकी माँग अनुचित नहीं है। तुलसी के मित्र रहीम अपनी

दानवीरता के लिए प्रसिद्ध थे। अतः तुलसी ने दोहे के दो चरण लिखकर महिला को देते हुए कहा- ये लेकर रहीम के पास चली जाओ, तुम्हारा इच्छा पूरी हो जायेगी। दो चरण इस प्रकार थे:-

सुरतिय नरतिय नागतिय, अस चाहत सब कोय।

अर्थात् महिला की इच्छा स्वाभाविक है। सभी स्त्रियाँ अपनी पुत्रियों की शादी में दहेज देना चाहती हैं। रहीम ने पंक्ति पढ़ी, महिला को प्रचुर धन दिया किन्तु अपना एक काम भी महिला को सौंप दिया। रहीम ने तुलसी के दो चरणों के नीचे अपने दो चरण जोड़ दिये और महिला से कहा- यह पुर्जा तुलसीदास को देते हुए अपने घर जाना।

रहीम ने लिखा:-

गोद लिए हुलसी फिरें, तुलसी सौ सुत होय।

साहित्य में वक्रोक्ति अलंकार होता है, जहाँ श्रोता वक्ता के अभिप्राय से भिन्न अर्थ की कल्पना करता है। यहाँ भी तुलसी का आशय केवल इतना था कि शादी के लिए धन की इच्छा प्रत्येक नारी में होना स्वाभाविक है किन्तु श्रोता रहीम ने अर्थ लगाया कि देवता मनुष्य और नाग जातियों की सब स्त्रियाँ चाहती हैं कि उनके भी तुलसी जैसा पुत्र हो और वे भी हुलसी (तुलसी की माँ) के समान ऐसे ही पुत्र को गोद में खिलायें। हिन्दी-साहित्य में यह एक अति महत्त्वपूर्ण दोहा है।

जहाँगीर के दरबार में रहीम की बहुत महत्ता थी। वे केवल कवि मात्र ही नहीं थे, अपितु सूबेदार भी थे। रहीम अपार दानी थे। उदार थे किन्तु एक पारिवारिक विवाद में रहीम की भूमिका के सन्देह में बादशाह-जहाँगीर ने रहीम को राज्य से निष्कासित कर दिया था। रहीम के अनेक दोहों में इस परिस्थिति का उल्लेख है। यथा-

ये रहीम दर-दर फिरैं, माँग मधुकरि खाहिं।
यारो-यारो छोडिए, वे रहीम अब नाहिं।।

अथवा

चित्रकूट में बसि रहे, रहिमन अवध नरेस।
जा पर विपदा परत है, वह आवत यह देस।

इस दोहे का अर्थ राम से है किन्तु कुछ भाष्यकारों ने ये अर्थ भी किया है कि अयोध्या नरेश को रहीम ने अपनी स्थिति से अवगत कराया है। ऐसे ही संकट के समय में रहीम ने रोजी-रोटी के लिए एक भडभूजा के यहाँ भाड़ झौंकने की नौकरी पा ली। मरता क्या न करता। एक दिन रहीम भाड़ झौंक रहे थे, उनको वहाँ किसी ने पहचान लिया किन्तु उसने रहस्य न खोलते हुए भी अपनी जिज्ञासा का शमन करना चाहा। सोचा छन्द में पूछता हूँ, रहीम होगा, तो छन्द को पूरा करेगा। उस व्यक्ति ने सोरठा छन्द के दो चरण इस प्रकार कहे:-

जाके सर अस भार, सो कस झौंकत भार अस।।
रहीम ने इस प्रकार उत्तर दिया:-
रहिमन उतरे पार, भार झौंक सब भार में।।

सोरठे के पहले दो चरण अज्ञात हैं अर्थात् कवि का नाम ज्ञात नहीं है किन्तु अन्तिम दो चरण रहीम के हैं।

रहीम के विषय में ऐसी अनेक जनश्रुतियाँ प्रचलित हैं जिनकी पुष्टि उनके काव्य से होती है। विषय से थोड़ा हटकर अब दो दोहे उत्तर-प्रत्युत्तर के देकर लेखनी को विश्राम देंगे। हम पहले लिख चुके हैं कि रहीम अपनी दानी प्रवृत्ति के लिए बहुत प्रसिद्ध थे। बहुत बड़े गुण ग्राहक थे। अपने ऊपर लिखे गंगकवि के एक छन्द को सुनकर रहीम ने छत्तीस लाख रुपये पुरस्कार में दे दिये थे। ऐसे ही एक अवसर पर गंग ने दोहे के माध्यम से रहीम से पूछा:-

सीखी कहाँ रहीम जू, ऐसी दीनी देन।
ज्यों ज्यों कर ऊँचौ करै, त्यों त्यों नीचे नैन।।

अर्थात् आप जितना अधिक दान देते हो, उतने ही संकोच में आपके नेत्र झुकते जाते हैं, इसका कारण क्या है? प्रश्न पद्य में था। अत: रहीम ने उसी छन्द में उत्तर दिया:-

देनहार कोउ और है, भेजत है दिन रैन।
लोग भरम हम पर करें ताते नीचे नैन।।

अर्थात् कोई देनहार दिन रात दे रहा है, हम उसी के दिये हुए को दे

रहे हैं। लोंगों को भ्रम है कि रहीम बाँट रहा है। अतः शर्म व संकोच से हमारे नेत्र झुक जाते हैं।

सुधी पाठकों के लिए एक श्लोक भी देने का लोभ संवरण नहीं कर पा रहा हूँ। कालिदास विक्रमादित्य के नवरत्नों में थे। एक बार कालिदास विक्रमादित्य से नाराज होकर कहीं जाकर छिप गये। विक्रमादित्य महाकवि की अनुपस्थिति से दु:खी हो उठे। उसने कालिदास को खोजने की एक योजना बनाई। राजा ने काव्यपाठ का आयोजन किया। सोचा शायद काव्यपाठ के बहाने ही कालिदास आ जायें। उसमें भाग लेने एक नया कवि जा रहा था। उससे कालिदास ने पूछा, कहाँ जा रहे हो? उसने काव्यपाठ प्रतियोगिता की बात कही। कालिदास ने कहा- अपनी कविता हमें भी सुना दो। उसने अपना श्लोक इस प्रकार प्रस्तुत किया:-

जम्बू फलानि पक्वानि पतन्ति यमुना जले।
मत्स्या तानि न खादन्ति अग्रे डुबक डुबका।।

कालिदास ने कहा- भाई तुम्हारे श्लोक के तीन-चरण तो ठीक-ठीक हैं, चौथा बहुत कमजोर है। कवि ने कहा- श्रीमान्, आप ठीक कर दें। कालिदास ने चौथे चरण को बदल कर कहा- काल गोटक शंकाया। अर्थात् जामुन के पके फल यमुना मे गिर रहे हैं, जिनको मछलियाँ इसलिए नहीं खा रही है कि उनको शंका है कि ये काल की गोली हैं।

कवि छन्द लेकर विक्रमादित्य के दरबार में गया, काव्य-पाठ किया तो साहित्य मर्मज्ञ राजा ने सोचा पहले तीन चरण तो बहुत ही सामान्य है, परन्तु चौथा चरण अनुपम है। अतः राजा ने उससे इसका रहस्य जानना चाहा। उसने सच-सच बता दिया। विक्रमादित्य उस युवक कवि को लेकर कालिदास के पास पहुँच गए और अपने रुँठे नवरत्न को मना लाये। इस श्लोक के पहले तीन चरण किसी अज्ञात कवि के हैं, जबकि चौथा चरण महाकवि कालिदास रचित है।

5. मन की अकुलाहट

वाल्मीकि रामायण और महाभारत दो ऐसे ग्रन्थ हैं, जो भारतीय संस्कृति के आधार हैं। हमारे समस्त आदर्श व सारी दुबर्लताओं के लिए इन ग्रन्थों के अध्ययन की अनिवार्यता है। रामकथा में आदर्श ही आदर्श हैं तो महाभारत में आदर्शों के साथ हमारे पूर्वजों के स्खलन के भी अनेक उदाहरण हैं। किसी भी विकसित जाति को अपने पूर्वजों के देय को सुरक्षित रखना बहुत आवश्यक होता है। अपनी जड़ों से रस ग्रहण करने वाली वनस्पति ही पुष्पित-पल्लवित होती है। हमारा दुर्भाग्य यह रहा है कि हम एक लम्बे समय तक पराधीन रहे और विदेशी व विधर्मी हमारे शासक रहे। उन शासकों ने सप्रयोजन हमारे स्वर्णिम अतीत को धूमिल किया, उसका अवमूल्यन किया, जिससे हमारे भीतर हीनता का भाव पनपा।

इस भाव को और प्रबलता देने के लिए शासकों ने अपने धर्म व संस्कृति की महानता की झूँठी प्रशंसा मुक्तकंठ से की। इस व्यामोह में हम ऐसे फँसे कि हमको अपनी प्रत्येक परम्परा, विश्वास, आस्था या श्रद्धाभाव अज्ञान अथवा धर्मान्धता लगने लगी और शासकों की हर चीज अच्छी लगने लगी। अतः हमारा खान-पान, रहन-सहन, आहार-व्यवहार, चाल-चलन सोच-विचार, चिन्तन-मनन सब विदेशी व विधर्मी हो गया, जिसका परिणाम है कि आज कोई भारतीय भाषा राष्ट्रभाषा या राजभाषा के रूप में व्यवहार में नहीं है। आज हम अपने पूर्वज राम व कृष्ण को काल्पनिक पात्र बताने में विद्वत्ता का अनुभव करते हैं। आज भरत, इक्ष्वाकु, मान्धाता, हरिश्चन्द्र, सगर, भगीरथ, आदि युगपुरुष हमारे लिए पौराणिक पात्र हो गए है, ऐतिहासिक नहीं रहे। आज सीता सावित्री, गार्गी, मैत्रेयी, अनुसूया, अरुन्धती हमारी देवियों की आदर्श नहीं हैं अपितु पाश्चात्य सभ्यता के

दुष्प्रभाव के कारण सिने जगत की अर्द्धनग्न तारिका ही रोल मॉडल हैं। आज अकबर महान् है, औरंगजेब धर्म निरपेक्ष है, जहाँगीर न्याय प्रिय है, शाहजहाँ आदर्श प्रेमी है आदि-आदि। विक्रमादित्य काल्पनिक सम्राट है, महाराणा प्रताप दर-दर की ठोकर खाने वाला छोटा-सा सत्ता का विरोधी है।

यह दुर्भाग्य पराधीनता काल से आज तक अनवरत बना हुआ है। ग्यारह सौ बानवें में पृथ्वीराज की पराजय के बाद उन्नीस सौ सैंतालीस तक लगभग साढ़े छः सौ वर्ष अंधकार के भी मान लें, तो स्वतंत्रता के बाद तो प्रकाश की किरण आनी चाहिए थी किन्तु देश का दुर्भाग्य सत्ता उन लोगों के हाथ में आई जिनकी सोच पर पाश्चात्य सभ्यता व संस्कृति हावी थी, जिन्होंने वेद, पुराण, उपनिषद्, वेदांग, दर्शन, धर्मग्रन्थ, रामायण, महाभारत, मनुस्मृति, कौटिल्य का अर्थशास्त्र जैसे ग्रन्थ कभी छूकर भी नहीं देखे थे। उनको भारतीय संस्कृति के व्याख्याता कालिदास व तुलसीदास के साहित्य से कुछ लेना देना नहीं था। उनकी विद्वता पाश्चात्य साहित्यकारों व राजनीतिज्ञों की चर्चा तक सीमिति थी। वे डरते-डरते कहते हैं कि कालिदास भारत का शेक्सपीयर है या चाणक्य भारत का मैकियावेली है। यह हीन भावना थी कि अपने सूर्य की तुलना विदेशी जुगनू से कर रहे थे अन्यथा जो कालिदास नाटक के क्षेत्र में संसार का अनुपम नाटक अभिज्ञान शाकुन्तलम् देता है, रघुवंश और कुमार सम्भव जैसे महाकाव्य लिखता है, मेघदूत जैसा अद्भुत ग्रन्थ रचता है, जिसका क्षेत्र बहुआयामी है, उसकी तुलना किसी एक क्षेत्र के व्यक्ति से करते हैं।

कौटिल्य केवल राजनीति की ही बात नहीं करता, उसका ग्रन्थ अर्थशास्त्र जीवन के सभी क्षेत्रों का विशद् वर्णन करता है। इन हीनभावना ग्रस्त व्यक्तियों ने तुलसीदास पर जातिवाद के आरोप लगाये, ये यह भूल गए कि तुलसी के रामचरिमानस के जितने पाठक हैं, उतने संसार की किसी भी भाषा के किसी भी ग्रन्थ के नहीं हैं। इनको इस बात पर कभी गर्व नहीं हुआ कि हमारे पास संसार की प्राचीनतम कृति वेद हैं, हमारा वाल्मीकि संसार का आदि कवि है। विज्ञान-ज्ञान में जब हम शिखर पर थे, उस समय संसार की अन्य सभ्यता अपने निचले पायदान पर ही थीं। संसार को अंकों का ज्ञान हमने दिया, जिसे अरब देशवासियों ने हिन्दसा कहकर स्वीकार किया। शून्य

व दशमलव भारत की देन हैं। विज्ञान में एक भारतीय सर सी. वी. रमन ने अब सिद्ध किया है कि वनस्पति में भी जीवन है, वह सुख-दुःख की अनुभूति करती है किन्तु हमें तो हजारों साल से यह ज्ञात था कि वनस्पति हमारी गतिविधियों से प्रभावित होती है। इस कारण लाजवन्ती (छुई मुई) के पास दबे पाँव जाना चाहिए, शोर नही करना चाहिए, कुरुहडे (काशीफल व घीया) के फल को तर्जनी अँगुली नहीं दिखानी चाहिए, तुलसी को गंदा पानी नहीं देना चाहिए, दिन छिपने के बाद वनस्पति जगत् सो जाता है। अतः उस समय उनको छेड़ना वर्जित है। जो बात बड़ी-बड़ी प्रयोगशालाओं के बल पर वैज्ञानिक बता पाते हैं, वह बात मेरा सामान्य पढ़ा लिखा पंडित पांच रुपये का पंचाँग देखकर बता देता है कि सूर्यग्रहण या चन्द्रग्रहण कब होगा, कितने समय तक रहेगा और किस क्षेत्र में दिखाई देगा। हमारी वर्ण-व्यवस्था की आलोचना की गई और उसे रुढ़िवादी बनाने में विदेशियों का बहुत बड़ा हाथ रहा है। हमें यह नहीं पढ़ाया गया कि वर्ण-व्यवस्था कर्मणा थी, जन्मना नहीं। जन्मना ब्राह्मण परशुराम, द्रोणाचार्य, कृपाचार्य, अश्वत्थामा कर्मणा क्षत्रिय थे। जन्मना क्षत्रिय विश्वामित्र कर्मणा ब्राह्मण थे, वे ब्रह्मार्षि बने, वे मंत्र दृष्टा ऋषि हैं।

जाति बन्धन की शिथिलता का ज्ञान नहीं कराया गया। महाकाव्य काल में शूद्र निषादराज राजा था और श्रीराम का मित्र था। भरत व लक्ष्मण से बराबरी के दर्जे पर व्यवहार करता था किन्तु कुछ दुष्टों ने झूठी कथा गढ़ दी कि श्रीराम ने तपस्वी शूद्र शम्बूक का वध किया था। कुछ तो विचारा होता कि जिस राम की समस्त मण्डली निषाद, भील, वानर, राक्षस जाति की हो, जो शबरी का आतिथ्य ग्रहण करता है, वह ऐसा कृत्य कैसे कर सकता है? यह विधर्मियों का षड्यन्त्र था जो हमारी संस्कृति के आदर्श मानव श्रीराम को बदनाम करके वैदिक धर्म की तुच्छ सिद्ध करना चाहते थे। वर्ण-व्यवस्था कितनी शिथिल थी, इसका उदाहरण है कि ऋषि वशिष्ठ की पत्नी अक्षमाला शूद्र कन्या थी, शान्तनु की पत्नी सत्यवती निषाद कुल से थी, भीम का विवाह हिडिम्बा से हुआ था जो राक्षसी थी, जमदग्नि की पत्नी रेणुका क्षत्रिय कुल से थी, राजा रोमपाद की दत्तक पुत्री शान्ता (दशरथ की औरस पुत्री) का विवाह ऋषि शृंग्य से हुआ था। श्रीकृष्ण के पौत्र अनिरुद्ध का विवाह वाणासुर की पुत्री उषा से हुआ था। अर्जुन ने मणिपुर

की राजकुमारी चित्रागंदा से विवाह किया था। ये उहारण यह सिद्ध करते है कि जाति-बन्धन बहुत शिथिल थे। व्यक्ति अपने ढंग से वर्ण चुनता था। कर्ण का पालित पिता सूत था जो सारथि का काम करते थे किन्तु कर्ण क्षत्रिय श्रेष्ठ महारथी हुआ।

एक और भ्रम फैलाया गया कि भारत कभी एक देश नहीं था, अपितु अनेक छोटे-छोटे राज्यों का शिथिल समूह था। इसके साथ ही आर्य बाहर से आए थे, ये इस देश के मूल निवासी नहीं है। ये दोनों थ्योरी अंग्रेंजों की देन हैं जिसे हमारे देश के अंग्रेजांदा लोगों ने आँख बंद कर स्वीकार कर लिया और इस राग के अपनाने वाले आज भी बहुयायत में हैं। इन तथाकथित विद्वानों ने यह नहीं सोचा कि जो लोग बाहर से आते हैं, वे किसी न किसी प्रकार अपने मूल से जुड़े रहते हैं। उदाहरण के लिए किसी भी देश का मुसलमान हो, मक्का शरीफ उसके लिए श्रद्धा का स्थान है, इसी प्रकार ईसाइयों के लिए वैटिकनसिटी है। एक देश में भी एक क्षेत्र में व्यक्ति दूसरे क्षेत्र में जाकर बसने पर मूल निवास की परम्पराओं को नहीं भूलते। यथा बिहारी देश के किसी भी कोने में बसा हो, वह छट को धूमधाम से मनाता है, भले ही उस क्षेत्र के निवासी छट का नाम भी न जानते हों। हमारे सिख भाई सारे संसार में बसे हैं किन्तु स्वर्ण मन्दिर उनके आस्था का केन्द्र है। लाखों हिन्दुओं ने विदेशी नागरिकता पा ली है, फिर भी गंगा में डुबकी लगाने की कामना सभी में रहती है। कुम्भ में लाखों विदेशी हिन्दू आते हैं।

यदि आर्य बाहर से आए होते, तो भारत के बाहर उनका भी कोई श्रद्धा-स्थान होता, किन्तु ऐसा नहीं है। हमारी सात पवित्र नदी इसी देश में बहती हैं। हमारी सात मोक्षादायिनी नगरी भी भारत में ही हैं, हमारे किसी देवी-देवता का विदेश से कोई सम्बन्ध नहीं है। देश के बाहर हमारा कोई पूजा स्थान नहीं हैं। हमने तो उत्तर में हिमालय और दक्षिण में सागर से घिरी हुई पृथ्वी को अपनी माता माना है। हमारी समस्त प्रार्थनाएँ इस देश की सीमा तक सीमित है। हमारी पूजा, विवाह संस्कार, यज्ञ आदि किसी भी कार्यक्रम में ऐसी कोई सामग्री प्रयोग में नहीं लाई जाती जो देश से बाहर पैदा हुई हो। सामान्य व्यक्ति भी याद रखता है कि हम मूलतः हरियाणा के हैं, पंजाबी हैं, महाराष्ट्र अथवा गुजरात के हैं और इतनी पीढ़ी पहले यहाँ आ बसे थे फिर एक विकसित आर्य संस्कृति क्या अपने मूल क्षेत्र को भुला देती। हमारे पास

वेद, पुराण, शास्त्र से लेकर आज तक जितने शास्त्रीय ग्रन्थ हैं, उनमें कहीं भी ऐसा उल्लेख नहीं है कि आर्य बाहर से आए थे।

एक गप्प यह भी है कि भारत को एक देश अंग्रेजों ने बनाया। यह सफेद झूठ है। शास्त्रीय मान्यता है कि चकवर्ती सम्राट वही कहा जाता था, जिसका शासन हिमालय से लेकर समुद्र पर्यन्त हो। पृथु से लेकर आधुनिक काल तक इस देश में अनेक राजा, महाराज सम्राट व शासक हुए हैं। उन राजाओं का युद्ध कौशल, दान वीरता व धर्म वीरता की कहानियों से पुराण इतिहासादि भरे पड़े हैं। इन हजारों की संख्या वाले शासकों में चक्रवर्ती शासक मात्र सात ही हैं अर्थात् सात राजाओं का रथचक्र समुद्र पर्यन्त चलता था और इन्होंने यह उपाधि अश्वमेध व राजसूय यज्ञ करने के बाद पायी थी। भरत, मान्धाता, नहुष, सागर, भगीरथ, सहस्रार्जुन और युधिष्ठिर ऐसे चक्रवर्ती शासक थे, जिन्होंने समस्त भारत को एक सूत्र में बाँधा था। ये सब लोग विभिन्न कालों में हुए हैं अर्थात् अनादि काल से भारत एक देश था। दूसरा विचार करें कि हम एक देश के वासी हैं, तभी तो उन नदियों को पवित्र मानते हैं जो पूरे देश में बहती हैं। सात मोक्ष दायिनी नगरी-अयोध्या, मथुरा, हरिद्वार, काशी, काँची, उज्जैन व द्वारका एक प्रान्त की नगरी तो हैं नहीं हैं। इसी प्रकार गंगा, यमुना, सरस्वती, गोदावरी, नर्मदा, सिन्धु व कावेरी पूरे देश को घेरती है किन्तु सारा देश इन सातों में स्नान की कामना करता है। दक्षिण का नारियल पूरे देश में पूजा में काम आता है। लोंग, इलायची उत्तर-पश्चिम भारत में तो पैदा नहीं होती किन्तु मिलेंगी हर घर में। यह हमारी देश के प्रति एकत्व भावना की पहचान है।

आज आवश्यकता इस बात की है कि पराधीनता से उपजी हीनभावना से कैसे छुटकारा पाया जाए। इस बात का हम गर्व अनुभूत करें कि हम एक ऐसे देश में पैदा हुए है जिसके पास अपनी सभ्यता एवं संस्कृति का हजारों वर्ष का वरेण्य इतिहास है। हम अनेक क्षेत्रों में अनुपम हैं। संसार हमारा ऋणी है। यदि यह मनोवृत्ति आ गई, तो मन की अकुलाहट भी समाप्त हो जायेगी।

6. एक बारात

मैं ना कोई कहानी लेखक हूँ और ना यह कोई कहानी है अपितु एक सच्ची घटना है। पात्रों के नाम तक वास्तविक हैं। घटना पुरानी है। पैंसठ वर्ष बाद लिख रहा हूँ। अत: यदि नाम ही देना है, तो संस्मरण मान लें। सन् 1957 में लेखक ने इण्टरमीडिएट परीक्षा पास की थी। गाँव देहात में साधारण कृषक पुत्र, अत: ग्रीष्मावकाश में एक मजदूर के बराबर काम मिलना व करना स्वाभाविक था। पिताश्री नया घर बनवा रहे थे। हमें कभी पिताजी शब्द जबान पर नहीं लाना पड़ा क्योंकि हम सब भाई-बहन पिताजी को चाचा कहते थे। गाँव की यह स्वाभाविक परम्परा है। तो मित्रों! हमारे चाचा जी ने हमें ये काम दिया कि आप बैलगाड़ी से ईंट लाने का काम करोगे। हमारे गाँव से 6-7 किलोमीटर की दूरी पर भट्टा था। अत: हम सुबह के कलेवा की दो रोटी खाकर बैलगाड़ी लेकर निकल लेते और भट्टा से दो सौ पचास ईंट भरकर- दोपहर के खाने तक घर आ जाते। भट्टे पर ईंट स्वयं ही गाड़ी में भरनी पड़ती थीं और घर उतारनी भी। अत: काफी मेहनत का काम था। दोपहरी में खाना खाकर, थोड़ा सा आराम करके दोपहर बाद फिर भट्टे की ओर चलना ही रोजाना का बंधा जीवन था।

आज से इतने वर्ष पूर्व ग्रामीण समाज ग्रीष्म ऋतु में ही शादी करते थे। हमारे एक साथी की शादी आ गई। उस समय दसवीं करते ही लड़के को विवाह योग्य मान लिया जाता था। बन्दा भी बारहवीं करते-करते इस दुर्घटना से बाल-बाल बच गया था। तो बात साथी की शादी की हो रही थी। साथी के चाचा और मेरे चाचा का आपसी तालमेल बढ़िया था। अत: बारात में हमारे चाचा का जाना तय था। साथी का आग्रह मुझसे भी था। मेरे मन में

आया कि बारात में जाने की अनुमति मिल जाए, तो तीन दिन ईंट ढोने से बच जाऊँगा। अतः मैंने अपने चाचा से अपनी बात इस प्रकार रखी कि पाली (दूल्हे का नाम) यह कह रहा है कि तुझे (लेखक) बारात में जरूर चलना है। इधर ईंट ढोने का काम भी नहीं रुकना चाहिए। अतः चाचा ने अपना जाना कैंसिल करके मेरे जाने को स्वीकृति दे दी।

मैं तैयारी में लग गया। उन दिनों बारात तीन दिन की होती थी। कपड़े सूती। अतः तीन दिन के लिए तीन जोड़ी कुर्ता-कमीज और बिस्तर के नाम पर दुतई (दो तहवाला एक बिछोना) और खेस (मोटी चादर) धोबी के यहाँ धुलने के लिए डालकर आया। धोबी का गाँव हमारे घर से 3 कि.मी. दूर था। अतः एक दो चक्कर भी लगाये, जिससे समय रहते कपड़े मिल जाएँ। हमारे पड़ोसी भी बारात में जाने वाले थे। अतः तय हुआ कि उनका वाहन (बैलताँगा) हमें लेकर चलेगा। उस समय बारात बैलगाड़ी व बैल ताँगा में ही जाती थी। दूल्हा-दुल्हन के लिए एक फोर व्हीलर होता था, जिसे रथ कहते हैं। इधर से दूल्हा व उसका एकदम निकट का दोस्त रथ में जाते थे और उधर रथ में केवल दूल्हा-दुल्हन ही होते थे। यह एक कवर्ड वाहन था, जहाँ पूरी प्राइवेसी होती थी। खैर हमें तो बैलतांगे में जाना था जिसमें हम पांच बराती तय थे। प्रभु बाबा बुजुर्ग थे, तो हीरा व समय सिंह चचा अधेड़ थे, चौथा मैं और पाँचवाँ चचा समय सिंह का बेटा हरस्वरूप जो लगभग दस साल का बालक था।

बारात हमारे गाँव नवादा, जनपद बुलंदशहर से कलुपूरा, जनपद बुलंदशहर जानी थी। दोनों स्थानों की दूरी लगभग 28-30 किमी. है। दूल्हा व दुल्हन दोनों के ही परिवार निर्धन थे। अतः पाँच दावत के स्थान पर तीन ही तय हुई अर्थात् शादी वाले शाम को बारात कलुपुरा पहुंचनी थी और अगले दिन बढ़ार (रुकना) रहेगी और तीसरे दिन सुबह ही निकलना होगा। अतः जाने-आने वाले दिन दोपहर का खाना तो मिलना ही नहीं था। यह सोचकर चलने वाले दिन कलेवा में दो रोटी न खाकर तीन खाईं, जिससे दोपहर के अभाव को झेल सकें। जून का महीना, दिन के लगभग दस बजे कलुपुरा की ओर निकल पड़े। बैलों की जोड़ी बढ़िया सी थी। अतः हमारा वाहन अन्य वाहनों की अपेक्षा आगे निकल गया। अभी दस-बारह किलोमीटर चले होंगे, समय एक बजे के आस पास, खुली धूप मे ताँगे की सवारी, भूख-प्यास

लगनी स्वाभाविक थी। हरस्वरूप भूख के कारण रोने लगा, मैं भी अकुलाहट तो महसूस कर ही रहा था कि शेष तीन की हालत भी ऐसी ही होगी।

प्रभु बाबा अनुभवी और घुमुन्तु जीव थे। उन्होंने कहा- चिन्ता मत करो, तुमको रोटी खिलवाऊँगा। रास्ते में खवासपुर नाम का गाँव पड़ा। प्रभु बाबा के एक परिचित इस गाँव के निवासी थी। तांगा पेड़ की छाया में खड़ा करवाकर बाबा गाँव मे गये और अपने परिचित को अपनी परेशानी बताई। गाँव में किसी को रोटी खिलाना बहुत बड़ा पुण्य माना जाता है। उस व्यक्ति ने तैयारी के लिए आधे घण्टे का समय मांगा। बाबा ने कहा- तैयारी नहीं, जो चूल्हे पर बन रहा है, वही खायेंगें। स्वीकृति मिल गई। पहले लेखक और हरस्वरूप गये, चूल्हे पर बने गर्म-गर्म फुल्का, करेला की सब्जी व शक्कर (चीनी ना समझें, शक्कर माने गुड़ की बड़ी बहन) से पेट भर कर खाया। बाद में वे तीनों भी खा आये। अब हम पांचों तृप्त होकर पेड़ों की छाया में बैठे थे कि गांव के अन्य वाहन भी आ गये। उनका भी भूख-प्यास से बुरा हाल था। यहां पीने को पानी मिला किन्तु वह सुख जो हम ले चुके थे, सम्भव नहीं था। हम अपनी कथा सुना चुके थे। अतः उनकी पीड़ा कुछ अधिक बढ़ गई थी क्योंकि जितना व्यक्ति अपने दुःख से दुःखी होता है, उससे अधिक पड़ोसी के सुख से पीड़ित होता है। लाचारी थी। अतः सबने एक साथ प्रस्थान किया, शाम के छह बजे के आसपास अपने गन्तव्य पर पहुँचे। बारात ने गाँव में प्रवेश किया, तो आशा जगी कि अब ठंडाई पीने को मिलेगी। उन दिनों वाहन में बैठे हुए ही बारातियों को सकोरा (मिट्टी का बना एक कटोरा) में ठंडाई पिलाई जाती थी, जो मुख्यतः मीठा पानी ही होता था किन्तु निर्धनता के कारण यह भी नहीं मिला। आखिर जनवासे (बारात ठहरने का स्थान) में पहुंच गये। अब चिन्ता थी, जल्दी से चारपाई हथियाने की। मैं दौड़कर गया और जहाँ केवल दस-बारह खाट थीं, उनमें से दो को उठाने के लिए हाथ डाल दिया किन्तु हमारे गाँव नाते के खेमा बाबा ने भी दो चारपाई में हाथ डाल दिया। एक चारपाई में बाबा और मेरे दोनों के हाथ थे। अतः शिष्टाचार वश मुझे अपना हाथ निकालना पड़ा और केवल एक खाट से ही संतोष करना पड़ा। इस चारपाई पर चार बिस्तर रख दिये।

हरस्वरूप और उसके चाचा का एक ही विस्तर था। बेटीवाले ने बारातियों के लिए खाट की व्यवस्था नहीं की थी, केवल वाहन के चालकों के लिए ही दस बारह खाट थीं।

जनवासे को सुबह गोबर व पीली मिट्टी से लीप दिया गया था, जो अभी ढंग से सूखा भी नहीं था। बिछावन कुछ नहीं, अपना ही बिस्तर बिछाना। अपने धुले हुए कपड़े जमीन में बिछाने का मन नहीं। अतः खाट की जुगाड़ में लगे। चचा समयसिंह की सुसराल का एक युवक बेटीवाले का दामाद था। उससे खाट की समस्या रखी, तो उसने एक चारपाई लाकर दे दी किन्तु दो अदद खाट और सोने वाले पाँच। इतने वर्ष पूर्व इण्टरमीडिएट पास युवक पढ़ा लिखा माना जाता था और मैं कुछ तेज तर्रार भी था। अतः एक योजना बनाई और अपने सारथी हीरा चचा से कहा कि जब तुम अपने बैलों का राशन लेने चलो, तो मुझे भी ले चलना। मेरी सोच थी कि गाँव में तो खाट खुले में पड़ी रहती हैं, आँख बचाकर एक खाट लाना कठिन काम नहीं है। हम दोनों कुछ दूर ही निकले थे, एक चबूतरा पर एक खाट पर निगाह पड़ी, इधर-उधर नजर दौड़ाई, कोई नहीं देख रहा है। अतः खाट उठाली किन्तु दूर कहीं से किसी ने देख लिया और कड़क आवाज आई- 'कहाँ ले जा रहा है, रख दे वहीं'। अतः शर्मिन्दगी के साथ खाट वहीं खड़ी करनी पड़ी। इस मध्य चमत्कार हुआ उस व्यक्ति ने सोचा- 'बाराती है, अपने घर तो ले नहीं जायेगा'। अतः उसने उदारता दिखाते हुए कहा 'ले जा' और मैंने बेशरमी से खाट ले ली। अब हम पर तीन खाट थीं और आदमी पाँच। अतः डबलिंग करनी पड़ेगी। ट्रेन की आरएसी समझो। अपने राम सदा स्वतंत्र ही सोये। अतः चिन्ता एक खाट की और रही।

अब तो प्रधानमंत्री ने घर-घर में शौचालय बनवा दिये हैं। उस समय तो सुबह शाम जंगल होने (शौच के लिए जाना) जाना आम बात थी। अतः दिन छिपने के बाद हम पाँचों जंगल होने के लिए निकले। निवृत्त होते-होते अँधेरा हो गया। अब तो किसान अपनी फसल से अनाज यंत्रों से निकालता है, उस समय तो सारा काम बैलों से ही होता था। अतः फसल को घर लाने में काफी समय जंगल में बिताना पड़ता था। किसानों का यह काम लगभग निपट चुका था किन्तु एक किसान की अरहर की पैरी (ढेर) अभी वहीं थी। उस पर एक झटोला (ढीली-ढाली) सी खटिया पड़ी थी। मेरी निगाह

उस पर पड़ी और तय हुआ, इसे ले चलें। साथियों ने मना भी किया, इस पर किस प्रकार सोयेंगे। मैं खाट बुनना जानता हूँ। अतः मैंने विश्वास दिला दिया कि दो रात के लिए सोने लायक कर लूँगा और उस खाट को ले आया। अब हमारी समस्या हल हो गई थी।

अब बारात का पहला स्वागत रात की दावत थी। कहीं कोई चौपाल या हॉल की व्यवस्था नहीं थी। गाँव के दगड़े (रास्ते) में रड़का (कपास की सूखी लकड़ियों से बनी एक प्रकार की झाड़ू) लगाकर, पानी छिड़ककर, चाँदनी रात में बिछाई (कपड़े का थान) बैठने के लिए बिछा दी गई थी। नाई की बनी ढाक के पत्ते की पत्तल पर सब्जी-कचौड़ी व चार-चार लड्डू परोसे दिये गये। हो गई दावत। रात्रि आराम से बीत गई किन्तु स्नान करते ही 'बामन नहाया, गजब ढाया' उक्ति चरितार्थ होने लगी। ब्राह्मण को स्नान के तुरन्त बाद भूख पीड़ित करने लगती है और युवावस्था कड़वा व नीम चढ़ा की स्थिति थी। बारात के लिए नाश्ते की कोई व्यवस्था नहीं थी। जेब में पाँच पैसे नहीं, जो कुछ चना-चबाना ले लें। उस समय कोई पॉकेट मनी किसान पुत्रों को नहीं मिलती थी। घर में भी पैसा खोजना कठिन ही रहता था। भूख कचोटती रही खैर लगभग बारह बजे खाना लेने के लिए बुलावा आया। जून की दोपहरी की भयंकर गर्मी और एक घर के छोटे-छोटे कमरों में बैठा दिया गया। लड्डू जलेबी की दावत खायी। स्थिति सामान्य रही। रात की दावत फिर उसी दगड़े में आयोजित हुई, पर इस समय बारात की मनपसन्द की सामग्री थी।

दही बूरा (आधुनिक पाठकों के लिए पिसी हुई चीनी जैसी शक्कर) और पूड़ी-सब्जी परोस दी गईं। जिन लोगों ने कभी दही-बूरा की दावत खाई हो, वे जानते हैं कि सकोरे (मिट्टी का कटोरा) में एक आदमी थोड़ी सी दही डालता है और दूसरा लप्पै (पूरा हाथ) भरकर बूरा डाल देता है। अब दही बूरा को अँगुली से खूँदते रहो, तब कहीं आनन्द आयेगा। यह बारात का पसंददीदा भोजन था। अतः सब दही-बूरा पर पिल पड़े। सकोरे पर सकोरे खींचे जा रहे थे कि एकाएक आवाज आई-कोई दही न खाये। हुआ यह कि एक युवक को उल्टी हो गई और उसने कहा, दही में मिट्टी का तेल पड़ा है। विकट समस्या थी। नाक से सूंघना प्रारम्भ किया और सन्देह की पुष्टि

मिली। कन्यापक्ष ने अपना पक्ष इस प्रकार रखा- अजी मिट्टी के तेल की डिबिया जल रही थी, उसे रखने उठाने में कोई बूंद गिर गई होगी। दूसरा तर्क था- नई ब्यायी हुई गाय के दूध की भी दही थी उसकी महक हो सकती है। अन्ततः जिसने जितना खा लिया, उतना ही खाकर बारात उठ गई।

प्रातः उठने के बाद शौचादि कर्म से निवृत्त होते ही चलने की तैयारी हो गई। स्नानादि का तो प्रश्न ही नहीं था, अन्यथा देवी बुभुक्षा का प्रकोप सहना पड़ता। बेटी वाले ने रात की बची हुई एक टोकरी पूड़ी और रात की ही बना हुआ एक झाँमला (मिट्टी का भगौना) काशिफल की सब्जी कलेवा के नाम पर दे दी। काशिफल की सब्जी में तो बासीपन की इतनी बदबू थी कि वह तो गाँव से निकलते ही फेंक दी थी। दो-तीन किलोमीटर चलने के बाद झाझर नामक कस्बा आया, वहाँ सब रुके और तय हुआ कि ये पूड़ियाँ बाँटकर खालें।

बारात में सबसे ज्यादा पढ़े-लिखे और नौकरी पेशा हमारे छोटे चाचा (माँ के देवर) थे जिन्होंने हिन्दी उर्दू मिडिल कर रखी थी और एक प्राइमरी स्कूल के हेडमास्टर थे। अतः पूड़ियाँ बाँटने का दायित्व उनको दिया गया। अनुमान के अनुसार तय हुआ कि प्रत्येक बाराती को दो-दो पूड़ियाँ दे दी जायें। लोग पंक्ति बद्ध होकर पूड़ी ले रहे थे। मैं अपने पाँचों साथियों के प्रतिनिधि के रूप में खड़ा था। जब मेरी बारी आई तो मैंने कहा- 'चाचा, हम पाँच हैं' उन्होंने यह सोचकर अपना भतीजा है और इण्टर पास पढ़ा-लिखा है, मुझे दस पूड़ियाँ दे दीं किन्तु थोड़ी देर बाद एक अन्य युवक ने भी इसी तरह की डिमांड की, तो चाचा को शक हुआ और उन्होंने टोकरी की पूड़ियाँ सड़क पर फेंक दीं। सड़क कंकड़ की थी। अतः पाठक स्वयं अनुमान लगा लें।

इसी मध्य खाटवाले बाबा खेमा आए और बोले हमारा छोटा भाई भी इसी गाँव में ब्याहा है। लौटते में हमने बारात को खाना खिलाया था। ये साला प्यारे (दूल्हे का बाप) खाना खिलवायेगा। ये दो पूड़ी तुम क्यों लाए। अब पाठक हम पाँचों की बुद्धि पर तरस खायें या बेवकूफ कहें, हम बाबा खेमा की सलाह पर उन पूड़ियों को सड़क पर पड़ी पूड़ियों के ढेर पर ही डाल आए। ये अक्ल में नहीं आई कि इनको खालो, जब प्यारे खाना देगा, तब उसे खा लेंगे। कुछ

समझदार बरातियों ने सड़क पर पड़े ढेर में से कुछ और खींच लीं। यह देखकर एक सज्जन ने उन पूड़ियों की धूल झाड़कर पुन: टोकरी में रख दीं।

अब विकट समस्या यह थी कि जून के इस चौदह घंटे के दिन में कलेवा और दोपहर के खाने का क्या होगा। अत: हमने तय किया कि इस बार अपने वाहन को अन्य वाहनों से दो-तीन किलोमीटर पीछे रखो और जब ये सब निकल जायें, तब पुन: खवासपुर उन्हीं सज्जन के यहां दोपहर की रोटी तोड़ें किन्तु बाराती हमारी चाल को भाँप गये और उन सबने खवासपुर जाकर विश्राम करना तय कर लिया। जब हम खवासपुर आये तो वहां सारी बारात थी। हमारी योजना फेल हो गई क्यों सारी बारात को खाना मिलना सम्भव नहीं था। अत: भूखा क्या न करता। पाठक दिल थाम कर पढ़ें। सड़क से समेटी हुई पूड़ियाँ ही याद आ गईं। एक बार उनको पुन: झाड़ा गया और अब पूड़ियों की गणना की तथा बरातियों की संख्या से भाग दिया गया, तो भागफल डेढ़ आया। अत: दो के स्थान पर सड़क से बटोरी हुई डेढ़-डेढ़ पूरी खाकर पेट की आग को कुछ शान्त करने का प्रयास किया। पानी पीकर तृप्ति पायी। रात को घर आकर भोजन मिला। कैसी लगी हमारी बारात। हमारा विश्वास है कि ऐसा सुखद अनुभव आपको कभी नहीं मिलेगा।

7. लेखक का धूम्रपान

बात उन्नीस सौ तिरेपन की है लेखक कक्षा नौ का छात्र था। उस समय पूरे जनपद में केवल दो राजकीय इण्टर कॉलेज होते थे। एक छात्रों के लिए और एक छात्राओं के लिए। हम अपने गाँव के चार लड़के ही राजकीय कॉलेज में थे। अत: अपने को अन्य के मुकाबले कुछ ज्यादा महत्त्वपूर्ण मानते थे। रफी अहमद किदबई केन्द्र सरकार के खाद्य मंत्री थे और वे बहुत लोकप्रिय व सम्मानित नेता थे कि उनका असमय निधन हो गया। अत: विद्यालय का अवकाश कर दिया गया। हम चारों साथी अपनी-अपनी साइकिलों से गाँव की ओर जी. टी. रोड से लौट रहे थे। हमारा कॉलेज बुलन्दशहर नगर में था और वहाँ से हमारा गाँव आठ किमी. पड़ता था। अत: लगभग आधा घंटे की साइकिलिंग करनी होती थी।

मेरे तीनों साथी धूम्रपान करने लगे थे किन्तु मैं अभी इस रोग से बचा हुआ था। उनमें से एक ने कहा- भई, बीड़ी पीने को मन कर रहा है किन्तु जेब में एक भी पैसा नहीं है। आज के बालक सोच भी नहीं सकते कि कक्षा आठ या नौ के बालकों पर एक पैसा भी न हो। उस समय रुपये में चौसठ पैसे होते थे। सबसे छोटा सिक्का एक पैसे का छेददार आज के वारसल जैसा होता था। यदि हम पर कभी कहीं से एक दो पैसे जुड़ जाते थे, तो हम उनको छिपाकर अपनी तगड़ी में बाँध लेते थे। मेरे पास दो या तीन पैसे की पूँजी थी। चार पैसे पर तो मुहावरा बना हुआ था। लोग कहते थे, भाई, आज उसकी जेब में चार पैसे है, तो क्यों न अकड़ कर चले। मैंने अपने मित्रों से कहा- पैसा मेरे पास है, बीड़ी ले लो। उन्होंने एक पैसा में तीन बीड़ी ले लीं। उस समय बारह बीड़ी का एक बण्डल एक आने अर्थात् चार पैसे में आता था। उन तीन में दो लड़के ब्राह्मण थे और एक राजपूत था। अत: दो बीड़ी सुलगा ली गईं और एक ब्राह्मण-पुत्रों ने जेब में रख लीं।

अभी हम चले ही थे कि विपरीत दिशा में एक बैलगाड़ी में बैठकर आते हुए अपने चाचाजी दिखाई दिये। वे एक प्राइमरी स्कूल के हेडमास्टर थे उनके स्कूल की भी छुट्‌टी हो गई थी और छुट्‌टी का लाभ उठाते हुए वे बुलन्दशहर घर-गृहस्थ का सामान लेने जा रहे थे। मेरे तो वे सगे चाचाजी थे किन्तु हम सबके अध्यापक भी थे। अतः उनका इस प्रकार दिखाई देना धूम्रपान के रंग में भंग का काम कर गया। उनके आगमन से पूर्व ब्राह्मण पुत्रों ने मुझे भी यह कहकर अपने जाल में फंसा लिया था कि अरे एक दम मार के तो देख। मैंने अपनी बालबुद्धि के अनुसार सोचा-पैसा खर्च किया है तो स्वाद लेना ही चाहिए। अतः जब चाचाजी दिखाई दिये उस समय बीड़ी मेरे हाथ में ही थी जो बड़ी शीघ्रता से हैंडिल के छिद्र में छिपा ली थी। चाचाजी को राम-राम करके आगे बढ़े। अब हमारे मुख पश्चिम की ओर थे और चाचा जी पीछे थे। अतः मैंने निश्चिन्त होकर बीड़ी में तगड़ा सा सुट्‌टा लगाकर धुआँ निकाल दिया। चाचा जी के साथ गाड़ी में उनका एक नायब भी बैठा था, उसने मेरे मुख से निकले धुंएँ को देखकर चाचाजी से पूछा- क्या ये चन्दर बीड़ी पीने लगा है। चाचा जी के मना करने पर उधर देखने के लिए कहा और जैसे ही मैने दूसरा सुट्‌टा लगाकर धुआँ निकाला, वह चाचाजी ने देख लिया। हमें यह ज्ञात नहीं हुआ कि हमारी चोरी पकड़ी गई। अतः निश्चिन्त होकर अपने-अपने घर आ गये।

शाम को चाचाजी भी आ गये। वे गाँव के एकमात्र पढ़े-लिखे और सरकारी नौकरी पेशा थे। जाति के ब्राह्मण, स्कूल के बड़े पंडित जी। (उन दिनों प्राइमरी स्कूल के अध्यापक यदि ब्राह्मण होते तो पंडितजी कहलाते थे और अन्य जाति के अध्यापकों को मुंशीजी कहते थे।) हेडमास्टर होने के कारण चाचाजी का पद बड़े पंडितजी का था सारे गाँव के बालक उनसे कक्षा चार व पाँच में पढ़ चुके थे। अतः उनका रौब-धौब बहुत अधिक था। हम चार धूम्रपेयी छात्रों में से दोनों ब्राह्मण पुत्र एक तो दूसरे मौहल्ले के थे और दूसरे उनको बिगड़ा हुआ मान लिया गया था। अतः अपराधी अब केवल दो ही रह गये।

हमारे अहाते में एक नीम का वृक्ष था। चाचाजी ने कहा- चन्दर! नीम से एक कमची (छोटी टहनी) तोड़कर ला। ये पूछने का तो प्रश्न ही नहीं था, क्यों और किसलिए क्योंकि एक तो चाचाजी और दूसरे अपने अध्यापक, साथ ही हमें अभी ऐसा कोई सन्देह नहीं था कि चोरी पकड़ी गई है। अतः

बड़ी फूर्ती से नीम पर चढ़ा और एक मजबूत सी कमची तोड़ लाया। तब चाचाजी ने उस राजपूत लड़के (ओंकार सिंह) को बुलाकर लाने का आदेश दिया। अब मन में शंका होने लगी कि बच्चू आज शायद खैर नहीं है। गाँव के इस मौहल्ले में हमारा ही एक ब्राह्मणों का घर था, अन्यथा सभी पड़ोसी तोमर राजपूत थे, पर चाचाजी का शासन तो सब पर था।

मैं ओंकार को बुला लाया। उस समय कमीज में साइड में नीचे भी जेब होती थी। चाचाजी ने ओंकार की कमीज पकड़कर जैसे ही अपनी ओर को खींचा, तो उसकी नीचे की जेब से एक बीड़ी बरामद हो गई। अब तो रंगे हाथ पकड़े गये। ओंकार बहुत अधिक डर गया और जोर-जोर से रोने लगा। जब चाचाजी ने डाँट लगाई कि बीड़ी पीता है और रोकर हमें डराता है, तो ओंकार ने दृढ़ता से कहा- ताऊजी मौहल्ले के सारे लड़के बीड़ी पीते हैं, चन्दर ने भी आज पी थी। अतः आदेश हुआ कि मौहल्ले के वे सब लड़के बुलाए जायें, जिनके नाम ओंकार ने बताये हैं। हम दोनों को सभी को बुलाने भेज दिया। किसी की ये हिम्मत न थी कि ये पूछ ले कि क्यों बुलाया जा रहा है। हमने भी अपने आज के अपराध को छिपाए रखा। सब हाजिर हो गए। हमारी संख्या आठ हो गई। मैं अकेला ब्राह्मण और शेष सात राजपूत। सभी से पूछा गया-बीड़ी पीते हो? डर के मारे किसी ने भी ना नहीं कहा। सोच यही थी कि सच बोलने के कारण छोड़ जा सकते हैं। आप तनिक विचार कीजिए कि आठ अपराधी दण्डित होने की स्थिति में हैं और किसी के माता-पिता को पता नहीं है कि दण्डित क्यों हो रहे हैं और कौन किस हैसियत से कर रहा है और यदि दण्डित होने के बाद घरवालों को मालूम होता, तो उनका उत्तर -ठीक हुआ, तुम इसी लायक हो और चाचा जी से कहा जाता- इनकी ढंग से ठुकाई होनी चाहिए। तभी सुधरेंगे। क्या आज का कोई अध्यापक ऐसा साहस कर सकता है और सरंक्षकों के व्यवहार का तो अनुमान लगाना कठिन नहीं है। आज तो आपका हितैषी, निकटतम मित्र आपके बालक को गलत रास्ते पर देखने के बाद चाहते हुए भी आपसे कहने की हिम्मत नहीं कर सकता है क्योंकि उसे पता है कि बालक तो दुश्मन हो ही जायेगा और संरक्षक भी कहेंगे, ये मास्टर हमारे बालकों के ही पीछे पड़ा है। यह युग के परिवेश का परिवर्तन है।

हम सब छात्र थर-थर काँप रहे थे और सोच रहे थे कि किसी भी क्षण हमें मुर्गा बनने के लिए कहा जाएगा और यह मोटी कमची हमारी कमर पर बरसेगी, किन्तु पता नहीं क्यों, आज चाचाजी मास्टर से उपदेशक बन गए।

उन्होंने कहना शुरु किया बालको। मैं भी बीड़ी पीता हूँ। अतः मुझे कोई नैतिक अधिकार नहीं है कि बीड़ी पीने के कारण आप लोगों की पिटाई करूँ। हां मैं यह जरूर कहना चाहूँगा कि जब मैंने बीड़ी पीना प्रारम्भ किया था, तो मुझे न तो किसी ने पीने से मना किया और न धूम्रपान के नुकसानों से अवगत कराया। बीड़ी पीने के नुकसान से मैं पीड़ित हो चुका हूँ। अतः केवल अपना अनुभव तुम से साझा करना चाहता हूँ। चाचाजी की उम्र उस समय 40-50 के मध्य की रही होगी। गौर वर्ण, भरा हुआ पुष्ट शरीर, चेहरा गुलाबी, गाँव के किसानों के मध्य सेठ जी जैसे प्रतीत होते थे। चाचाजी ने कहना प्रारम्भ किया। मेरा स्वास्थ्य देख रहे हो, तुम में से तो एक का भी नहीं है। बीड़ी पीने के अनेक नुकसान हैं किन्तु मैं तुमको एक निजी हानि से अवगत कराता हूँ, यह कहकर उन्होंने अपनी नकली बत्तीसी निकालकर हाथ में ले ली। अब तो उनका पोपला मुख बुड्ढों जैसा लगने लगा। हम सब आश्चर्यचकित थे क्योंकि हमने उनको कभी ऐसा देखा नहीं था। उन्होंने बताया कि बीड़ी पीने से चालीस साल की उम्र में ही मेरे सारे दाँत गिर गये और अब इन नकली दाँतों से अपना बुढ़ापा छिपाता रहता हूँ। आप जैसे दुबले-पतले बालकों के तो पच्चीस-छब्बीस साल की उम्र में हीं दाँत हाथ में आ जायेंगे। आज सोचता हूँ कि चाचाजी ने हमें डराने के लिए एक मिथ्या कारण का सहारा लिया था किन्तु वह इतना प्रभावी रहा है कि उस दिन हम धूम्रपान के नुकसान से इतने भयभीत हो गये थे कि सबने सौगन्ध खाकर प्रण किया कि जीवन में कभी धूम्रपान नहीं करेंगे। हम आठों ने पढ़-लिखकर सरकारी नौकरियाँ पाईं, उच्च पदों पर काम किया। सफल जीवन जीया किन्तु किसी ने भी कभी भी बीड़ी-सिगरेट को हाथ नहीं लगाया। चाचा जी का उद्देश्य पवित्र था। अतः बड़े होकर भी हमने उनको झूठा न मानकर एक आदर्श बुजुर्ग व सम्मानित अध्यापक के रूप में ही देखा और हमारे संरक्षकगण भी सदैव चाचाजी के प्रति आभार प्रकट करते रहे। उनका यही बार-बार कहना था- आपने ऐसी सीख दी कि हमारे बालक जो भटक गये थे, वे सही रास्ते पर आ गये। मास्टर जी आप धन्य हैं।

8. विशाल हृदय के स्वामी श्रद्धेय 'दिनेश' जी

आदरणीय डॉ. राम गोपाल शर्मा 'दिनेश' से मेरा परिचय पैंतीस वर्ष पूर्व अचानक हुआ। मई जून 1988 की कोई तिथि थी कि अचानक एक सज्जन बिना किसी सूचना के भरी दोपहरी में मेरे आवास पर पधारे। मैंने उनका अभिवादन करने और जल पिलाने के बाद बड़ी विनम्रता से उनके परिचय की जिज्ञासा प्रकट की। उन्होंने जब अपना परिचय दिया, तो मैं नहीं समझ पाया कि इतना बड़ा साहित्यकार और शिक्षा जगत् का प्रसिद्ध व्यक्ति मुझ जैसे एक छोटे से महाविद्यालय के अध्यापक के घर किस कार्य से पधारे हैं। मैंने उनके आगमन का कारण जानना चाहा, तो उन्होंने कहा- मैं आपके बड़े पुत्र जो कोटा (राजस्थान) में कार्यरत हैं, उसके विवाह के सम्बन्ध में अपनी पुत्री का प्रस्ताव लेकर आपके पास आया हूँ। मैं आश्चर्य चकित था, कहाँ उदयपुर जैसा महानगर और कहाँ पिलखुवा जैसा छोटा सा कस्बा! मैं उस समय अपने नवनिर्मित मकान को अन्तिम रूप दे रहा था। बढ़ई काम कर रहे थे और मैं ड्रॉइंग रूप में तहमद और बनियान में एक तख्त पर लेटा हुआ था। अत: लज्जा और संकोच से दबा हुआ महसूस कर रहा था। एक ओर इतना बड़ा प्रस्ताव और दूसरे अधूरे मकान के कारण दुविधा ग्रस्त था। उत्तर से पहले मैंने भोजन करने का आग्रह किया, जिसे आदरणीय ने यह कहकर अस्वीकार कर दिया कि मैं भोजन कर चुका हूँ। मकान में अभी सुविधाओं का अभाव था, गर्मी से बचाव के लिए केवल सीलिंग फैन की व्यवस्था थी। ग्रामीण पृष्ठभूमि में पले बढ़े मेरे द्वारा घर में जलपान की भी अभी कोई व्यवस्था नहीं थी। चाय, बिस्किट व नमकीन

उपलब्ध ही थे, बाजार मैं ही जा सकता था, अतिथि या कहूँ अभ्यागत को छोड़कर कहीं जाना उचित नहीं था। अतः अपना ग्रामीण फोर्मूला अपनाया। हमने अपने गाँव में महत्त्वपूर्ण व्यक्ति के नाश्ते में देसी घी के हलवा को बनते देखा था। अतः भरी गर्मी में दिनेश जी को चाय के साथ नमकीन, बिस्किट व गरम-गरम हलवा परोस दिया। मन ही मन सोच रहा था- इतने बड़े आदमी को इतना हल्का-फुल्का नाश्ता शायद कभी न करना पड़ा हो किन्तु डॉ. साहब ने बड़े आनन्द से उसे स्वीकार किया। मेरी सादगी और शालीनता से उनके चेहरे पर प्रसन्नता की झलक स्पष्ट दिखाई दे रही थी। अब मेरे उत्तर की प्रतीक्षा थी। मैंने अपनी असमर्थता प्रकट करते हुए बड़ी विनम्रता से कहा- डॉक्टर साहब मैं एक वर्ष बाद ही निर्णय लेने की स्थिति में आ सकूंगा। 'दिनेश जी' ने इसे स्वीकारते हुए कहा- कोई बात नहीं, आप जब चाहें निर्णय लें, पर मैं आपके दूसरे पुत्र के लिए भी तैयार हूँ। दूसरा पुत्र उस समय एक राजकीय महाविद्यालय में अध्यापक था।

समय बीतता गया और मैं इन प्रस्तावों को भूल गया। डा. साहब की पुत्री की भी शादी हो गई और मैंने भी पुत्रों की शादी कर ली। एक अन्तराल के बाद 'तुलसी-सौरभ' में प्रकाशित एक लेख से विदित हुआ कि वे अपने पुत्र के साथ नोएडा में रहते हैं। दूरभाष पर मैंने पिछली भेंट का उल्लेख करते अपना स्मरण कराया तो उत्तर उत्साहवर्धक मिला, ऐसा लगा, जैसे यह पुराना परिचय जीवन्त हो गया। उन्होंने मुझ से परिवार के बच्चों की वर्तमान स्थिति बताने को कहा और जब मैंने कहा कि बड़ा पुत्र एक बहुत बड़ी टैक्सटाइल कम्पनी में सर्वोच्च पद 'प्रेसीडेण्ट' पर है और दूसरा एक विश्वविद्यालय में अपने विभाग में प्रोफेसर एवं अध्यक्ष है, तो उन्होंने ऐसे प्रसन्नता प्रकट की मानों अपने ही पुत्रों या सम्बधियों की सूचना पा रहे हैं। फिर तो उन्होंने शेष पुत्रों, पुत्री और पुत्र वधुओं की भी जानकारी चाही। मैंने कहा- तीसरा बेटा एक महाविद्यालय का पूर्व प्राचार्य वर्तमान में वि.वि. में एसोसिएट प्रोफेसर और सबसे छोटे कुमार विश्वास को आप जानते ही होंगे। डॉ. साहब की जिज्ञासा बढ़ी पुत्री व पुत्रवधुएँ क्या कर रही हैं। मैंने बताया-एक वधु वि. वि. प्रोफेसर है एक वि.वि. में ऐसोसिएट प्रोफेसर है। एक वधू राजकीय विद्यालय में अध्यापिका है और एक महाविद्यालय में ऐसोसिएट प्रोफेसर है। डा. साहब ने ढेर सारा आशीर्वाद और बधाइयाँ दीं।

अक्टूबर 2017 में डायमंड प्रकाशन नई दिल्ली से मेरी दो पुस्तकें प्रकाशित हुईं। उनके विमोचन कार्यक्रम में मैं डॉ. साहब को मुख्य अतिथि या अध्यक्षता करने के लिए आमंत्रित करना चाहता था किन्तु डॉ. साहब ने अपने स्वास्थ्य के कारण आमंत्रण को स्वीकार करने में अपनी लाचारी प्रकट करते हुए अपना आशीर्वाद दिया। बन्धुवर रामलक्ष्मण गुप्त ने मेरी पुस्तक 'भारतीय संस्कृति और मूल अंकों के स्वर' डॉ. दिनेशजी के पास समीक्षा के लिए भेज दी जिसकी समीक्षा दिसम्बर 17 जनवरी 18 के अंक में तुलसी सौरभ में प्रकाशित हुई। इस समीक्षा में उन्होंने ग्रन्थ के गम्भीर अध्ययन का संकेत करते हुए अपने हृदय की उस विशालता का परिचय दिया, जिसमें दूसरे के छोटे से गुण को पर्वतीकृत करके अपने हृदय को आनन्दित करने की आदत है:-

परगुण परमाणून् पर्वतीकृत्य नित्य:।

निज हृदि विकसन्त: सन्ति सन्त: कियन्त:॥

समीक्षा के अन्त में उन्होंने लिखा 'विविध शास्त्रों, पुराणों से सांस्कृतिक ज्ञानरूपी मधु का संचय करके ग्रन्थ की रचना की गई है। यह हिन्दी साहित्य के शाश्वत ग्रन्थों की परम्परा में सम्मानपूर्वक गणनीय और संग्रहणीय निधि है। भारतीय संस्कृति के अनेक मानव-कल्याणकारी रहस्यों को अंकों के आधार पर वर्णित करने के कारण चन्द्रपाल शर्मा बधाई के साथ अभिनन्दन के भी पात्र है।'

मेरे लिए ये शब्द आशीर्वाद के समान हैं। एक सन्त का उपहार व प्रसाद है। उसी दिन मेरी दूसरी पुस्तक 'चिन्तन की मणियाँ भी प्रकाशित हुई थी। मैंने अपनी ओर से उसकी भी एक प्रति 'दिनेश जी को भेंट स्वरूप भेज दी थी। इस पुस्तक की समीक्षा का अनुरोध न तो श्री रामलक्ष्मण गुप्त ने किया था और न मैंने किन्तु मेरे आश्चर्य का ठिकाना न रहा जब तुलसी सौरभ के अगस्त सितम्बर के अंक में डॉ. दिनेश की समीक्षा पढ़ने को मिली। इस पुस्तक की डॉ. नरेन्द्र कुसुम द्वारा लिखी समीक्षा पिछले एक अंक में छप चुकी थी। श्री रामलक्ष्मण गुप्त की उदारता तो ये कि उन्होंने एक विद्वान्-लिखित समीक्षा छापने के बाद भी पुन: समीक्षा छाप दी और डा. दिनेश ने अपने हृदय का पूरा स्नेह ही उडेल दिया। इसे डाक्टर साहब के की विशालता-उदारता-महानता

मानकर मैं अत्यन्त विनम्रता से स्वीकार करता हूँ और आत्म प्रंशसा के दोष से बचने के लिए उसका कोई अंश उद्धृत नहीं करना चाहता हूँ।

आदरणीय भाई रामलक्ष्मण गुप्त ने मुझे बहुत पहले संकेत दिया था कि दिनेश जी का सम्मान करने की योजना बना रहे हैं। अब सूचना मिली कि नवम्बर में डॉ. साहब का सारस्वत सम्मान किया जायेगा। यह एक पुण्य कार्य होने वाला है। सम्मानीय का सम्मान करने हमारा दायित्व है। सम्मान यदि व्यक्ति के जीवन काल में नहीं होता, तो बाद में पीढ़ियाँ उसकी कसक को महसूस करती हैं। अपने जीवन काल में सूर्यकान्त त्रिपाठी निराला और आधुनिक युग के पाणिनि आचार्य किशोरी दास वाजपेयी जैसे माँ सरस्वती के वरदपुत्र उपेक्षित रहे। आज उनके काम पर शोध हो रहे हैं, विश्वविद्यालयों में उनके नाम से 'चेयर' बन रही हैं किन्तु यह 'का बरसा जब कृषि सुखानी' उक्ति को ही चरितार्थ कर रही हैं। कुछ दिन बाद जयपुर में दिनेश जी का सारस्वत सम्मान हुआ, जिसमें अनेक विद्वानों ने डॉ॰ साहब के प्रति अपना आदरभाव प्रकट किया। मुझे मुख्य वक्ता के रूप में बोलने का अवसर मिला। मैं ईश्वर से प्रार्थना करता हूँ कि मैं डा. रामगोपाल शर्मा' 'दिनेश' को शतायु पूरा करते हुए देखूं। मेरी इस प्रार्थना में मुझे दुहरे लाभ की आशा है। प्रथम डॉ. साहब को सौ वर्ष की आयु मिले 'जीवेम् शरदः शतम् और मैं भी उनके सौ वर्ष पार करते समय जीवन के नवम दशक को लाँघ सकूंगा।'

9. एक छन्द की महिमा

शब्द को ब्रह्म का पर्यायवाची कहा जाता है। शब्द अक्षरों से बना है और परब्रह्म भी अक्षर है। शब्दों के समुचित संयोजन से छन्द का जन्म होता है। इस दृष्टि से छन्द अक्षर व शब्द की सन्तति परम्परा में है। अक्षर परब्रह्म है, उससे निर्मित शब्द अनश्वर हैं, तो उसी परम्परा की कड़ी में छन्द भी अमिट व प्रभावशाली शक्ति से सम्पन्न हो सकता है, शर्त केवल इतनी है कि शब्द का समुचित प्रयोग हुआ हो। शब्द के विषय में यह उक्ति प्रसिद्ध है:, एक:शब्द:सम्यक् ज्ञात:शास्त्रान्वित:सुप्रयुक्त स्वर्गे मृत्ये कामघुग् भवति अर्थात् (एक शब्द का भी अच्छी तरह से ज्ञान प्राप्त करके यदि शास्त्रानुसार उसका उचित प्रयोग किया जाए, तो स्वर्गलोक व इस लोक में कामनाएँ पूर्ण होती हैं)।

संसार का प्राचीनतम साहित्य वेद है और वेद के छन्द मंत्र हैं जो स्वयं परब्रह्म की वाणी हैं। अत: उनकी शक्ति तो अमोघ है। वेद आस्था व धर्म के विषय हैं। प्रस्तुत लेख में हम जिन छन्दों की बात करना चाहते हैं, वे सांसारिक कवियों से संबंधित हैं। इस दृष्टि से वेद के बाद संसार का सबसे पहला छन्द आदिकवि वाल्मीकि के मुख से निकला था जिसके कारण रामकथा का आख्यान, 'वाल्मीकि -रामायण', संसार को प्राप्त हुआ। तमसा के तट पर अपने शिष्य भरद्वाज के साथ विचरण करते हुए मुनिश्रेष्ठ वाल्मीकि ने व्याघ के बाण से आहत नर क्रौंच की मृत्यु के कारण क्रौंची के करुण विलाप को देखकर जिस मर्मान्तक वेदना की अनुभूति की थी, वह शब्दमयी होकर इस प्रकार प्रथम छन्द के रूप में प्रस्फुटित हुई:

मा निषाद प्रतिष्ठां त्वमगम: शाश्वती: समा:।
यत्क्रौंच मिथुनादेकमवधी: काममोहितम्।।

(हे निषाद, तुझे नित्य -निरन्तर कभी सम्मान या शान्ति न मिले क्योंकि तूने इस क्रौंच के जोड़े में से एक की, जो काम से मोहित हो रहा था, बिना किसी अपराध के ही हत्या कर डाली) यह संस्कृत या भारतीय साहित्य का ही नहीं, अपितु संसार का सबसे पहला छन्द है। इस छन्द के प्रस्फुटन के बाद मुनि का ध्यान इस श्लोक पर ही लगा रहा। तब मुनि के मन को शान्त करते हुए भगवान ब्रह्मा ने बताया कि यह अनुष्टुप छन्द है और आप इसके माध्यम से श्रीराम के गुणों व उनकी जीवनगाथा का वर्णन करें। इस छन्द का ही प्रभाव है कि युगों-युगों तक बहती रहने वाली रामकथा रूपी सरिता सतत् प्रवाहित हो रही है। भारतवर्ष की समस्त भाषाओं की सहित्यिक कृतियों में से अनेकानेक की कथा का मूल आधार रामकथा ही है। इस छन्द का प्रभाव इतना व्यापक हआ कि कौशल नरेश दशरथ- पुत्र श्रीराम करोड़ों जनों के लिए परात्पर ब्रह्म के अवतार हो गए हैं और अनेक कवि इस रामकथा को लिखने के कारण अमर हो गए। इस कथा के पठन-पाठन-श्रवण से करोड़ों भक्तों को पुण्य लाभ प्राप्त हो रहा है। यह कथा लाखों करोड़ों की जीविका का माध्यम बन गई है। वाल्मीकि तो महामुनि थे। अतः उनके छन्द का प्रभाव इतना व्यापक हुआ कि उसका अनुमान लगाना सम्भव नहीं है, किन्तु घोर सांसारिक जीवन जीने वालों ने भी कभी-कभी ऐसी शब्द-साधना की है कि एक छन्द के माध्यम से इतिहास ही बदल दिया।

कहते हैं, मेवाड़ के महाराणा प्रताप मुगल बादशाह अकबर से हल्दी घाटी युद्ध के बाद वन-वन में भटक रहे थे। आवास व भोजन जैसी सुविधाओं का भी अभाव था। भूख से तड़पते बालकों की क्षुद्या को शान्त करने के लिए घास की बनाई रोटी को भी जब पुत्री के हाथ से विलाव ले गया, तो पुत्री के विलाप को सुनकर पिता का हृदय द्रवीभूत हो गया और महाराणा ने अकबर से संधि करने की इच्छा से एक पत्र दिल्ली दरबार में भेज दिया। पत्र-पाकर अकबर की प्रसन्नता की कोई सीमा न थी। समस्त राजपूत शासकों में अकेले महाराणा ही अकबर की सत्ता को स्वीकार नहीं करते थे। आज यह अन्तिम दुर्ग भी विजित हुआ। हर्ष विह्वल शहंशाह ने यह पत्र अपने दरबारी कवि प्रिथिराज राठोड़ को दिखाया। जोधपुर के राठौड़ राजा प्रिथिराज महाराणा प्रताप के बहनोई और अकबर के दरबारी कवि

थे। 'बेलि क्रिसन-री-रूकमणि' काव्य ग्रन्थ के कवि प्रिथिराज महाराणा के संघि-प्रस्ताव को पढ़कर क्षुब्ध हो उठे। अतः प्रिथिराज ने इस पत्र को जाली बता दिया। अकबर ने पत्र की प्रामाणिकता की पुष्टि का दायित्व कवि को ही सौंप दिया। प्रिथिराज ने महाराणा को काव्यमय लम्बा पत्र लिखा जिसकी दो पंक्तियाँ महाराणा के हृदय को छू गईं। पंक्तियाँ इस प्रकार हैं

पटकूँ मूंछा पाणि, कै पटकूँ निज तन करद।
दीजे लिक्ख दीवाण, इण दो महली बात इक।।

कवि ने महाराणा से पूछा था, हे दीवाण। (उदयपुर के राणाओं की उपाधि दीवान थी क्योंकि राज्य का शासक वे भगवान एकलिंग को मानते थे) यदि यह पत्र जाली है, तो मैं गर्व से अपनी मूंछों पर ताव दूं और यदि पत्र वास्तविक है, तो अपनी ग्रीवा पर तलवार चला लूँ। इसके निर्णय के लिए दोनों में से एक बात लिख भेजें। इन दो पंक्तियों ने महाराणा के हृदय पर गहरी चोट की, अपनी हृदयगत कमजोरी का अहसास हुआ। महाराणा की खोई हुई दृढ़ता पुनः लौट आई और उन्होंने कवि को जो काव्यमय उत्तर दिया उसकी दो पंक्तियाँ ही प्रिथिराज के लिए पर्याप्त थी। महाराणा ने अपना निश्चय इस प्रकार व्यक्त किया:-

तुरक कहासी मुख पतो इण तनसूँ इकलिंग।
उगै जहाँई ऊगसी, प्राची बीच पतंग।।

(भगवान एकलिंग की शपथ प्रताप के मुख से अकबर तुर्क ही कहलायेगा, शहंशाह नहीं। सूर्य जहाँ उगता है, वहीं पूर्व में ही उगेगा) अर्थात् जैसे सूर्य पश्चिम में उदित नहीं हो सकता है उसी प्रकार महाराणा प्रताप के मुख से अकबर को शहंशाह या बादशाह नहीं निकल सकता। इस छन्द ने भारतीयता के गौरव की जितनी रक्षा की है, क्या उसका अनुमान लगाना सम्भव है? हिन्दू ही नहीं, अपितु सही सोच वाले मुसलमान भी महाराणा के दृढ़ निश्चय से सहमत थे। कहते हैं कि कविवर रहीम ने इस अवसर पर महाराणा को एक छन्द लिखकर भेजा था जो इस प्रकार है:-

ध्रम रहसी, रहसी धरा, खिस जासे खुरसाण।
अमर विसंभर ऊपरे, रखिओ नहचो राण।

(अर्थात् धर्म रहेगा और पृथ्वी भी रहेगी, पर मुगल साम्राज्य एक दिन नष्ट हो जाएगा। अतः हे राणा! विशम्भर भगवान के भरोसे अपने निश्चय को अटल रखना।)

एक ऐसी भी कथा प्रसिद्ध है कि पत्नी के प्रति कामसक्त, विलास लीला–प्रिय तुलसी एक छन्द के प्रभाव से ही प्रातः स्मरणीय गोस्वामी तुलसीदास बने हैं। कहते हैं- तुलसीदास को अपनी पत्नी से अत्यधिक आसक्ति थी। बिना सूचना के मायके गई पत्नी से मिलने के लिए आतुर तुलसी ने जब पीछे-पीछे श्वसुर-गृह में प्रवेश किया तो पत्नी ने क्रोध में यह छन्द सुना दिया:

लाज न आवत आपको, दौरे आयहु साथ।
धिक धिक ऐसे प्रेम को, कहा कहौं मैं नाथ।।

इस छन्द को सुनकर कवि को हृदय पर चोट तो लगी, किन्तु अभी मार्ग नहीं मिला था। पति होने का स्वाभिमान व नारी के प्रति आसक्ति दोनों आपस में टकरा रहे थे कि पत्नी के निम्न छन्द ने हथौड़े का काम किया और कवि के ज्ञानचक्षु खुल गए:-

अस्थि चर्ममय देह मम, तामैं जैसी प्रीति।
ऐसी जो श्रीराम महुँ, होति न तो भवभीति।।

कवि को अपना मार्ग मिल गया, मन श्रीराम के चरणारविन्द में अनुरक्त हो गया। हिन्दी साहित्य को एक अमर कवि मिला जिसने रामकथा को घर-घर तक पहुँचा दिया। इस सबका श्रेय उनकी पत्नी को जाता है, जिसे कवि ने स्वयं स्वीकार किया है:-

हम तो चाखा प्रेम रस, पत्नी के उपदेश।

गोस्वामी तुलसीदास के एक छन्द के दो चरणों ने गरीब ब्राह्मण की पुत्री की शादी के लिए धन की व्यवस्था करवा दी थी। एक निर्धन ब्राह्मणी गोस्वामीजी के पास आयी उसने बताया कि पुत्री विवाह योग्य है किन्तु धन की व्यवस्था नहीं है। गोस्वामी जी ने उसे एक पंक्ति लिखकर दी और कविवर रहीम के पास भेज दी। पंक्ति इस प्रकार थी:-

सुरतिय नरतिय नागतिय, अस चाहत सब कोय।

रहीम ने ब्राह्मण को बहुत सा धन दिया और छन्द को पूरा करके गोस्वामी जी के पास भेज दिया। रहीम ने छन्द के तीसरे-चौथे चरण लिखे:-

गोद लिए हुलसी फिरे, तुलसी सो सुत होय।।

एक छन्द मेवाड़ की वधू मीराँ ने अपने हृदयगत द्वन्द्व से छुटकारा पाने के लिए उस काल के ही नहीं अपितु समस्त हिन्दी साहित्य के मूर्धन्य कवि

गोस्वामी तुलसीदास को लिखा था। मीराँ कृष्ण दीवानी थीं। साधु-संगतों में वह अपने राजसी परिवार की मर्यादा का ध्यान नहीं रख पाती थीं। वह लोकलाज से ऊपर उठ चुकी थीं। पारिवारिकजन और विशेषकर चितौड़ के महाराणा को मीराँ का यह व्यवहार अच्छा नहीं लगता था। द्वन्द्वजन्य मनःस्थिति में मीराँ ने गोस्वामी तुलसीदास को एक छन्द में अपनी मानसिक व्यथा इस प्रकार व्यक्त की:-

स्वस्ति श्री तुलसी कुल भूषण, दूषन हरन गोसाँई।

बारहिं बार प्रणाम करहुँ, अब हरहु सोक समुदाई।।

घर के स्वजन हमारे जेते, सबन्हि उपाधि बढ़ाई।

साधु संग अरु भजन करत, मोहि देत कलेस महाई।।

मेरे मात पिता के सम हो, हरि भक्तन्ह सुखदाई।

हमको कहा उचित करिबौ है, सो लिखिए समुझाई।।

रामभक्त तुलसी को कृष्ण भक्त मीराँ का एक छन्द मिला, प्रश्न छन्दबद्ध था। अतः उत्तर भी छन्दबद्ध दिया गया। मीराँ ने प्रार्थना की थी कि हमारा करणीय समझाकर लिखें। अपनी बात को उदाहरणों से पुष्ट करते हुए और भक्ति की श्रेष्ठता को प्रतिपादित करते हुए गोस्वामीजी ने लिखा :-

जाके प्रिय न राम वैदही।

तजिये ताहि कोटि बैरि सम, जदपि परम सनेही।।

तज्यौं पिता प्रहलाद, विभीषण बन्धु, भरत महतारी।

बलि गुरु तज्यों, कंत ब्रज बनितन्हि, भये मुद मंगलकारी।।

नाते नेह राम के मनियत, सुहृद सुसेव्य जहाँ लौ।

अंजन कहा आँखि जेहि फूटे, बहुतक कहाँ कहाँ लौं।।

तुलसी सो सब भाँति परम हित पूज्य प्रान ते प्यारौ।

जासों होय सनेह रामपद, ऐतौ मतौ हमारौ।।

गोस्वामीजी के इस छन्द को पाकर निर्द्वन्द्व हो मीराँ ने डंके की चोट पर घोषणा कर दी:-

मेरौ तो गिरधर गोपाल दूसरो ना कोई।

जाके सिर मोर मुकुट, मेरौ पति सोई।।

गोस्वामी तुलसीदास के छन्द के कारण हिन्दी साहित्य को भक्तिकाव्य की अमर कवयित्री मीराँ प्राप्त हुईं। अकबर-दरबार के कवि गंग ने अकबर के नवरत्न रहीम खानखाना के सम्मान में एक छन्द पढ़कर अपनी निर्धनता को सदा-सर्वदा के लिए भगा दिया था। छन्द इस प्रकार है:-

चकित भँवर रहि गयौ, गमन नहिं करत कमल वन।
अहि फन मनि नहिं लेत, तेज नहिं बहत पवन घन।।
हंस मानसर तज्यो चक्क चक्की न मिलें अति।
बहु सुंदरि पदमिनी पुरुष न चहैं करें रति।।
खल भलित सेस कवि गंग भन, अमित तेज रवि रथ खस्यौ।
खानान खान बैरम सुवन, जबहिं क्रोध करि तंग कस्यो।।

रहीम ने प्रसन्न होकर कवि को छत्तीस लाख रुपये पुरस्कार स्वरूप दिए थे। आज के ज्ञानपीठ या नोबेल पुरस्कार भी क्या इस राशि की समानता कर सकते हैं।

रहीम से सम्बन्धित एक और घटना प्रसिद्ध है। कहते हैं कि रहीम के एक मुंशी ने अपने विवाह के लिए कुछ दिनों का अवकाश लिया था। नववधू के आकर्षण में बँधा मुंशी छुट्टी की अवधि ही भूल बैठा। काफी समय बीतने के बाद उसे अपनी छुट्टी की अवधि बीतने की सुधि आई। मुंशी अपने स्वामी के सम्भावित क्रोध से चिन्तित हो उठा। पति के मुख पर चिन्ता की लकीर देखकर पत्नी ने अपने पति को एक बरवै छन्द लिखकर दिया और कहा कि ये छन्द अपने स्वामी रहीम को दे देना। छन्द इस प्रकार था

प्रेम प्रीति को विरवा चले लगाय।
सींचन की सुधि लीजो मुरझि न जाय।।

कविवर रहीम इस छन्द को पढ़कर इतने प्रसन्न हुए कि मुंशी के अपराध को क्षमा कर दिया। रहीम के ही एक छन्द ने एक याचक को एक लाख रूपया दिलवा दिए थे। जहाँगीर से निष्कासित होकर रहीम जब दीन-हीन अवस्था में भटक रहे थे, तब एक याचक धन की इच्छा से रहीम के पास आया। रहीम ने एक दोहा लिखकर दिया और रीवा नरेश के पास भेज दिया। याचक ने दोहा रीवॉ-नरेश को देकर हाथ जोड़ दिये। दोहा यह था:-

चित्रकूट में रम रहे, रहिमन अवध नरेस।
जापर विपदा परत है, सौ आवत यहि देस।।

रीवॉ नरेश ने प्रसन्न होकर याचक को एक लाख रूपये दे दिये।

मुगल बादशाह अकबर अपनी धार्मिक उदारता के लिए प्रशंसा का पात्र रहा है। उसने हिन्दू मुस्लमान दोनों को समान मानने का प्रयास किया था। आज को घोर कट्टर हिन्दू भी अकबर की इस बात के लिए प्रशंसा करता है कि उसने गौहत्या पर प्रतिबन्ध लगा दिया था। जबकि अब रामभक्त व गौ-भक्तों को सरकारें भी गौ-वध को समाप्त नहीं कर सकी हैं, किन्तु उल्लेखनीय यह है कि यह गौवध का प्रतिबंध एक कवि के एक छन्द के कारण लगा था। कहते हैं कि एक कसाई के हाथ से एक गाय छूटकर भक्तिकालीन कवि महापात्र नरहरि बन्दीजन के घर में आ गई। कवि अकबर का दरबारी कवि था। गायों पर होने वाले अत्याचार का स्मरण कर कवि का मन द्रवीभूत हो गया। उन्होंने एक छप्पय लिखकर गाय के गले में लटकाकर गाय को अकबर के सामने प्रस्तुत कर दिया। छन्द इस प्रकार है

अरिहु दंत तिनु धरै, तेहि नाहिं मार सकत कोइ।
हम संतत तिनु चरहिं, वचन उच्चरहिं दीन होइ।।
अमृत पय नित स्रबहिं, बच्छ महि थम्भन जायहिं।
हिन्दुहि मधुर न देहि, कटुक तुरकहिं न पियावहिं।।
कह कवि नरहरि अकबर सुनो, बिनवति गऊ जोरे करन।
अपराध कौन मोहि मारियत, मुएहु चाम सेबइ चरन।।

छन्द का वार सीधे हृदय पर हुआ और बादशाह अकबर ने अपने राज्य में गोवध पर पूर्ण प्रतिबंध लगा दिया।

राजाश्रय की आकांक्षा में भटकते हुए बिहारीलाल को एक छन्द के कारण ही राजाश्रय की प्राप्ति और काली पहाड़ी नाम का गाँव प्राप्त हुआ था। साथ ही भविष्य के लिए यह आश्वासन मिल गया था कि प्रत्येक छन्द पर एक स्वर्ण मुद्रा मिला करेगी। जयपुर के महाराज मिर्जा राजा जयसिंह से बिहारी को वार्षिक वृत्ति मिलती थी। उसे लेने के लिए वे जयपुर गए, तो पता चला कि महाराज से भेंट सम्भव नहीं है क्योंकि महाराज एक अल्पवयस्क रानी के प्रेमपाश में इस प्रकार आसक्त हैं कि महल से बाहर निकलते ही नही हैं। तब महाराज जयसिंह की पहली पत्नी करौली के सरदार सांवलदास की पुत्री अनन्त कुमारी चौहानी ने बिहारी को प्रेरित किया कि वह राजा को

पत्र लिखें। बिहारी ने एक दोहा लिख कर राजा तक पहुँचाने के लिए रानी को दिया। दोहा यह था:-

नहिं पराग नहिं मधुर मधु, नहिं विकास इहि काल।
अलि कली ही सौं विंध्यो, आगे कौन हवाल।।

छन्द का प्रभाव इतना अधिक पड़ा कि महाराज तुरन्त महल से बाहर आए। बिहारी को राजाश्रय दिया और कहा कि तुम जितने भी छन्द लिखोगे, प्रत्येक छन्द पर एक स्वर्णमुद्रा दी जायेगी। प्रजा को अपना राजा मिल गया और रानियों को अपना पति। रानी अनन्त कुमारी ने प्रसन्न हो कर कवि को काली पहाड़ी नामक गाँव पुरस्कार स्वरूप दे दिया।

एक छन्द ने ओरछा के राजकुमार इन्द्रजीत सिंह की प्रेयसी प्रवीणराय की रक्षा की थी। प्रवीणराय अत्यधिक सुन्दर थी। अकबर कला, साहित्य, संगीत व रूप सौन्दर्य के श्रेष्ठ व्यक्तियों को अपने यहाँ ही रखने का इच्छुक रहता था। उसने इन्द्रजीत सिंह को आदेश भेजा कि प्रवीणराय को हमारे दरबार में भेजा जाए, जिसे ओरछा राज्य का अपमान समझकर इन्द्रजीत सिंह ने अस्वीकार कर दिया। अकबर ने क्रोधित होकर ओरछा राज्य पर एक करोड़ रुपये का जुर्माना कर दिया। इतनी बड़ी राशि का जुर्माना भरना सम्भव नहीं था, जिसका परिणाम अकबर का आक्रमण होता और अकबर की सेना का सामना करने की क्षमता भी ओरछा राज्य में न थी। अत: ओरछा के राजकवि केशवदास के साथ प्रवीणराय को अकबर के पास भेजा गया। केशवदास की अकबर के नवरत्न बीरबल से मित्रता थी। अत: बीरबल से मिलकर आचार्य केशवदास ने एक करोड़ का जुर्माना तो माफ करवा लिया किन्तु प्रवीणराय को बादशाह के दरबार में प्रस्तुत होना पड़ा। उसके रूप सौन्दर्य पर मोहित होकर अकबर ने उसे अपने हरम में ले जाने का आदेश दे दिया। प्रवीणराय इन्द्रजीत से सच्चा प्रेम करती थी। अत: उसने अकबर के सम्मुख अपनी प्रार्थना एक छन्द के द्वारा व्यक्त की। छन्द इस प्रकार था:

विनती रायप्रवीण की, सुनिये साह सुजान।
जूँठी पातर भखत हैं, बारी बायस स्वान।।

छन्द के मर्म को समझकर अकबर ने प्रवीणराय को ओरछा लौट जाने की अनुमति दे दी थी जिससे एक प्रेमी युगल के सच्चे प्रेम की रक्षा हो सकी।

एक छन्द ने काबुल जीतने का मार्ग साफ कर दिया था। राजा मानसिंह काबुल जीतने के लिए सेना लेकर चले किन्तु अटक नदी पर आकर रुक गये। नदी में पानी का वेग बहुत तीव्र था और धार का पाट भी बहुत विस्तृत था। बार-बार सोचने पर भी राजा निर्णय नहीं कर पा रहे थे कि क्या किया जाये। लौटना अपमानजनक लग रहा था और नदी को पार करने के निर्णय से सैनिकों की हानि दीख रही थी। ऐसी मन:स्थिति में मानसिंह ने अपनी माता को एक पत्र लिखा और समस्या से अवगत कराया। माँ को भी सेना की हानि, पुत्र की कुशलता व उसके मान-सम्मान का ध्यान था। अत: माता ने विजय का आशीर्वाद के साथ यह छन्द भी लिख दिया:-

सबै भूमि गोपाल की, यामें अटक कहाँ।
जिसके मन में अटक है, सोई अटक रहा।।

जिस समय पत्र-वाहक पत्र लेकर पहुँचा, उस समय दोपहर का भोजन करके सेना विश्राम कर रही थी। माँ के द्वारा लिखे इस छन्द को पढ़कर मानसिंह को इतना जोश आया कि उसने घोड़े की नंगी पीठ पर सवार होकर नदी पार करने का आदेश देकर, स्वयं सबसे पहले अपना घोड़ा नदी में उतार दिया। मानसिंह पार हो गये और देखा-देखी सेना का अधिकांश भाग नदी पार कर गया। कुछ सैनिक नदी में बह भी गए। मानसिंह काबुल जीतकर ही लौटा। यह माँ के द्वारा लिखे छन्द का ही प्रभाव था।

काबुल विजय के बाद मानसिंह ने लंका-विजय का निश्चय किया। सेना के प्रस्थान का दिन निश्चित हो गया। अधिकांश सैनिक व सेनापति काबुल विजय के समय अटक पार करते हुए अपने मन की इस पीड़ा को राजा के सम्मुख कह नहीं पा रहे थे। अटक तो नदी ही थी, लंका के लिए तो सागर पार करना होगा। घोड़ों व सैनिकों की सामर्थ्य की भी कोई सीमा होती है। मृत्यु निश्चित दीख रही थी। सेना के प्रस्थान का समय आ गया, बाजे बजने लगे। ऐसे नाजुक समय पर सेनापति को एक उपाय सुझा। उसने एक योग्य चारण को बुलाया और अपनी समस्या बताकर युद्ध से बचने का उपाय पूछा। चारण ने थोड़ी देर विचार किया, फिर महाराज को विजय का आशीर्वाद दिया। महाराज मानसिंह ने अब तक जो विजय प्राप्त की थीं, उनका उल्लेख करते हुए महाराज के यश व ऐश्वर्य का काव्यमय

वर्णन किया और अन्त में कहा कि अब तक आपने जो काम किए हैं, वे आपके गौरव व यश को बढ़ाने वाले तथा आपकी वंश-परम्परा के अनुकूल थे किन्तु लंका पर अभियान आपके वंश-गौरव पर आघात होगा। यह कुल की मर्यादा का उल्लंघन होगा और इसके पक्ष में अन्त में प्रार्थना के स्वर में अपना निम्न सोरठा राजा को सुनायाः

मान महीपति मानि, दिए दान किन-किन लिए।
रघुपति दीनो दानि, विप्र विभीषण जानिके।।

हे राजा! अपने निर्णय पर विचार करो, तुम भगवान राम के वंशज हो। राम ने लंका-विजय के बाद राज्य स्वयं न लेकर विभीषण को ब्राह्मण समझकर दान में दिया था। क्या किसी ने कभी दान देकर वापिस लिया है। तुम्हारा यह अभियान दान को वापिस छीनने के लिए है, छन्द की चोट राजा के हृदय को छू गई, निर्णय बदल गया। राजा ने अपने निर्णय के लिए क्षमा याचना करते हुए चारण को धन्यवाद देकर प्रभूत धन दिया। सैनिकों की प्राण-रक्षा एक छन्द के कारण हो गई।

एक छन्द ओरछा नरेश छत्रसाल बुन्देला ने वाजीराव पेशवा को भेजा था। औरंगजेब की शक्ति से जब बुन्देलखंड को पीड़ित होते देखा, तो छत्रसाल ने मराठा नायक पेशवा बाजीराव से सहायता की माँग करते हुए लिखा थाः-

जो गति गज ग्राह की, सो गति भई मम आज।
बाजी जात बुन्देल की, बाजी राखो लाज।।

इस छन्द को पढ़कर पेशवा अपनी सेना लेकर मुगल सेना के विरुद्ध लड़ने के लिए दौड़े चले आए थे।

एक छन्द के कारण कंपिल कवि को बूढ़ी हथिनी के स्थान पर नई हथिनी मिल गई थी। कंपिल औरंगजेब के दरबारी कवि थे। कवि ने एक बार अपने आश्रयदाता औरंगजेब को डूबने से बचाया था। औरंगजेब ने प्रसन्न होकर कंपिल को कविराज की उपधि व एक हथिनी पुरस्कार स्वरूप दी थी। बादशाह के कर्मचारियों ने कविराज को बूढ़ी हथिनी दे दी। इसे देखकर कवि ने एक छन्द लिखकर बाादशाह के पास भेज दिया। छन्द इस प्रकार थाः

तिमिर लिंग लई मोल, चली बाबर के हलके।
रही हुमाँयू संग, गयी अकबर के दलके।।
जहाँगीर कर न्याय, भात को मांड खवायो।
शाहजहाँ यश लियो, पीठ को भार हटायो।।
बलरहित भई पौरुष घटयो, भगी फिरत बन स्यार डर।
औरंगजेब करिनी सोई, लै दीनी कविराज कर।।

बादशाह ने छन्द को पढ़कर कवि को नई हथिनी दिलवा दी थी। एक छन्द ही नहीं, कभी-कभी छन्द के दो चरणों ने ही भाग्य को बदल दिया है। रीतिकालीन रीतिमुक्त कवि आलम जन्म से ब्राह्मण थे। आलम तो वे धर्म परिवर्तन के बाद बने। धर्म परिवर्तन जोर-जबरदस्ती से नहीं, अपितु दोहा के तृतीय व चतुर्थ चरण ने करा दिया था। कवि ने एक पंक्ति लिखी -'कनक छरी सी कामिनी, काहे को कटि छीन। दूसरी पंक्ति या तीसरे, चौथे चरण अभी बन नहीं पाये थे कि किसी व्यस्तता के कारण कागज पर लिखी वह पंक्ति अर्थात् दोहा के प्रथम व द्वितीय चरण पगड़ी में गाँठ लगाकर बाँध दिये। इसके बाद प्रसंगवश पगड़ी रँगरेज के यहाँ रँगने भेज दी। गाँठ खोलने का ध्यान न रहा। रँगरेज की पुत्री जब पगड़ी रँगने बैठी, तो उसकी निगाह गाँठ पर पड़ी। गाँठ खोलकर पंक्ति पढ़ी और छन्द के दो चरण इस प्रकार पूरे कर दिए- 'कटि को कंचन काटि विधि, कुचन मध्य धरि दीन।' पगड़ी रँगकर गाँठ उसी प्रकार बाँध दी। कवि जब पगड़ी बाँधने लगे तो गाँठ देखकर उसे खोला और पढ़ने के बाद याद आया कि इसमें पहली पंक्ति तो अपनी है किन्तु दूसरी किसने जोड़ दी। रँगरेज से पूछताछ करने पर विदित हुआ कि दूसरी पंक्ति रँगरेज की युवा पुत्री शेख ने लिखी है। कवि इस युवती की काव्य प्रतिभा पर इतना मोहित हुआ कि उसके पिता की शर्त को मानकर धर्म परिवर्तन करके इस कवयित्री से विवाह कर लिया। एक साधारण रँगरेज की बेटी एक कालजयी कवि की पत्नी दोहा के दो चरणों के कारण ही बन गई। जिसका जीवन अज्ञात ही बीत जाता, वह कवि की पत्नी बनने से अमर हो गई क्योंकि यह रँगरेजन कालान्तर में अपनी काव्य प्रतिभा, वाकपटुता के लिए प्रसिद्धि प्राप्त कवयित्री हुई।

छन्द या दो चरण ही नहीं अपितु छन्द के एक चरण से ही महाराज विक्रमादित्य ने अपने खोए हुए नवरत्न महाकवि कालिदास को पुनः पा लिया

था। कहते हैं, एक बार कालिदास अपने आश्रयदाता महाराज विक्रमादित्य से रुष्ट होकर कहीं अज्ञात स्थान पर चले गए थे। महाराज ने बहुत खोजबीन की किन्तु कवि का कहीं पता न चला। अन्त में महाराज ने अपने दरबार में देश-विदेश के कवियों की काव्य प्रतियोगिता का आयोजन किया। सोचा शायद इसी बहाने कालिदास आ जाएँ किन्तु कालिदास न आये। यद्यपि कालिदास के एक चरण ने कालिदास के रहस्य को प्रकट कर दिया। हुआ यह कि इस काव्य प्रतियोगिता में कोई कवि भाग लेने जा रहा था। मार्ग में उसे कालिदास मिल गए। वह कालिदास को पहचानता नहीं था। कालिदास ने बातचीत में कवि से यात्रा का प्रयोजन जानना चाहा। कवि ने अपना एक छन्द सुनाते हुए यात्रा का प्रयोजन बताया। छन्द इस प्रकार था:

जम्बू फलानि पक्वानि पतन्ति यमुना जले।
मत्स्या तानि न खादन्ति अग्रे डुबका डुबका।

कालिदास ने देखा, अन्तिम चरण बहुत ही कमजोर है। तीन वर्णनात्मक चरणों के बाद चौथे चरण में कोई चमत्कारित कथन होना चाहिए। अत: कालिदास ने चौथे चरण को इस प्रकार बदल दिया:– काल गोटक शंकाया। जब महाराज विक्रमादित्य ने कवि के छन्द को सुना तो उनको लगा कि पहले तीन चरण तो बहुत सामान्य हैं किन्तु चौथे चरण की विशिष्टता यह व्यक्त कर रही है कि यह किसी और का है। जब उस कवि से चौथे चरण के विषय में पूछा गया, तो उसने बता दिया कि मार्ग में एक अपरिचित सज्जन मिले थे उन्होंने मेरे चरण को बदलकर यह कर दिया था। इसी आधार पर कालिदास को खोज लिया गया और वे पुन: राजदरबार की शोभा बढ़ाने लगे।

एक छन्द के प्रभाव के इन अनेक प्रसंगों को देखने से यह निष्कर्ष निकालना सरल है कि काव्य में अमोघ शक्ति है। काव्य समाज की दिशा व दशा दोनों बदल सकता है। शर्त केवल इतनी है कि छन्द श्रम साध्य कसरत का परिणाम न होकर सहृदय कवि के हृदय की अनुभूति को व्यक्त करने वाला होना चाहिए। यदि इस भाव को पद्यबद्ध कहूँ, तो कुछ इस प्रकार होगा

यूं तो लिखने को मैंने भी, छन्द बहुत से लिख डाले हैं।
किन्तु हृदय की व्यथा कथा को, कुछ ही पद कहने वाले हैं।

10. शहँशाह अकबर और हिन्दी कवि

भारत के मध्यकालीन इतिहास में मुगल-सम्राट अकबर का नाम विशेष उल्लेखनीय है। यदि अकबर के द्वारा आयोजित मीना बाजार एवं चित्तौड़-गढ़-विजय के उपरान्त हुए कत्लेआम को नजरन्दाज कर दिया जाए तो उसके द्वारा उत्पन्न किया गया धार्मिक सदभाव, जजिया व तीर्थयात्रा कर की समाप्ति, गोवध निषेध जैसे अनेक जन कल्याणकारी कार्य हैं, जिनको घोर हिन्दूवादी व्यक्ति भी प्रशंसनीय मानते हैं। मुगल शासकों में अकबर ने ही पहली बार हिन्दू-मुसलमानों को समानता की दृष्टि से देखा था। सम्राट स्वयं होली, दीवाली, दशहरा जैसे त्योहारों में बढ़ चढ़कर भाग लेता था। उसके नवरत्नों में राजामानसिंह, राजा टोडरमल व बीरबल जैसे हिन्दुओं का महत्त्वपूर्ण स्थान था। अकबर स्वयं अनपढ़ था किन्तु उसे विद्वानों, धार्मिक व्यक्तियों एवं साहित्यकारों के सामीप्य की अभिलाषा रहती थी। अकबर ने संगीताचार्य तानसेन की प्रसिद्धि सुनकर रीवाँ के राजा रामचन्द्र के दरबार से उसे अपने यहाँ बुला लिया था और फिर नवरत्नों में स्थान दिया था।

अकबर के शासन काल में हिन्दी-साहित्य अपने गौरवमय दिनों में था। तुगलक वंश से लेकर जहाँगीर के शासनकाल तक की अवधि हिन्दी साहित्य में स्वर्णयुग के नाम से अभिहित की जाती है। इस काल के अनेक कवियों से अकबर के सामीप्य की कथाएँ प्रचलित हैं। इन प्रतिभाओं की प्रामाणिकता के लिए अन्तःसाक्ष्य अथवा पुष्ट बहिर्साक्ष्य का तो प्रायः अभाव है किन्तु कर्ण परम्परा से कथाएँ कुछ छन्दों के साथ जुड़कर सतत् रूप से बहती आ रही हैं। ऐसी ही कुछ कथाएँ इस लघु लेख में दी जा रही हैं।

गोस्वामी तुलसीदास हिन्दी साहित्य के स्वर्ण युग के ही नहीं, अपितु समस्त हिन्दी-साहित्य के महान कवियों में सुमेरू हैं। कहते हैं कि अकबर

की इच्छा हुई कि तुलसीदास को अपना मनसबदार बना लिया जाये। अतः इस आशय का निमंत्रण गोस्वामीजी के पास भेजा गया जिसको गोस्वामीजी ने बड़ी विनम्रता के साथ यह कहकर अस्वीकार कर दिया थाः

हौं तो चाकर राम के, पटौ लिखौ दरबार।
अब तुलसी को होंइगे, नर के मनसब दार।।

कहते हैं कि रहीम के आग्रह पर तुलसीदास भी अकबर के दरबार में गए थे। अकबर ने उनको समस्या पूर्ति के लिए 'करो मिलि आस अकबर' की सूक्ति दी थी। गोस्वामी जी ने कहाः

जिनको हरि की परतीति न हो सो करो मिलि आस अकबर की।

अकबर गुणग्राही व्यक्ति था। वह प्रतिभाशाली व्यक्तियों की निकटता पाने के लिए हर सम्भव प्रयास करता था। अपने राज्याभिषेक के कुछ दिनों बाद ही उसे विदित हुआ कि गोवर्धन के श्रीनाथजी के मंदिर में सूरदास नामक एक जन्मान्ध कवि बड़े मधुर कंठ से श्रीकृष्ण लीला के पद गाता है, तब अकबर अपने मित्र बीरबल के साथ वेष बदल कर पद सुनने की इच्छा से सूरदास के पास गया। कंठ की मधुरता, भाव की विह्वलता, भाषा की सरसता, छन्द के लालित्य व लय, गति, गुणादि के समुच्चय पर बादशाह आनन्दित हो उठा। उसकी इच्छा हुई कि सूरदास एक पद उसके यशवर्णन का भी सुना दें। बीरबल द्वारा ऐसी प्रार्थना करने पर कृष्ण भक्त सूरदास ने यह पद गाया था

नाहिन रह्यौ मन में ठौर।
नन्दनंदन अछत ऐसे, आनिये क्यों और।।

कुछ विद्वान अकबर की सूरदास के साथ इस भेंट के समय तानसेन का होना बताते हैं। उनका मत है कि अकबर संवत् 1635 में राजकाज के सिलसिले में मथुरा गया था। तभी वे तानसेन को लेकर सूरदास से मिला था। सूरदास के ऐसे रुखे व्यवहार के बाद भी अकबर ने सूरदास को बहुत से साधन तथा कुछ गाँव देने की इच्छा व्यक्त की थी। कहते हैं सूरदास ने अकबर की इस उदारता को यह कहकर अस्वीकार कर दिया था कि यदि आप मुझे कुछ देना ही चाहते हैं तो यह आश्वासन दीजिए कि मुझसे मिलने का कभी प्रयास नहीं करेंगे।

भक्तिकाल के हिन्दी भाषा के कवि धन, मान सम्मान के लोभी नहीं थे। अकबर-तुलसी, सूर जैसे भक्त कवियों को अपने आश्रय में न ला सका। अतः उसने अपेक्षाकृत कुछ कम ख्याति प्राप्त कवियों को प्रलोभन देकर अपने यहाँ आमंत्रित करना चाहा। अष्टछाप के कृष्णभक्त कवियों में कुम्भनदास का नाम भी इस प्रसंग में आता है। कहते हैं कि बादशाह अकबर ने मानसिंह को एक अंगूठी और एक सहस्र मुद्राओं के साथ कवि के गाँव जमुनावतौ भेजा था। मानसिंह ने कवि को बताया कि बादशाह ने आपके लिए जमुनावतौ गाँव की जमींदारी भी भेंट की है। कुम्भनदास ने बड़ी विनम्रता से इस सब को लेने से मना कर दिया था। कवि के घर में घोर निर्धनता थी। परिवार में पत्नी सात पुत्र व सात पुत्र वधुओं सहित एक विधवा भतीजी भी थी। इस निर्धनता के बाद भी इस निर्लोभी कवि ने मानसिंह से कहा कि यह सामग्री किसी ब्राह्मण को दे दीजिए। राजा मानसिंह कवि के लिए सवारी लेकर भी आए थे। कुम्भनदास की आयु उस समय एक सौ तेरह वर्ष थी। मानसिंह के आग्रह और दबाव में आकर कवि को फतेहपुर सीकरी (अकबर की राजधानी) जाना पड़ा था किन्तु वे पैदल ही गए थे। कुम्भनदास से बादशाह अकबर ने पद सुनाने का आग्रह किया तब कवि ने यह पद गाया

सन्तन को कहा सीकरी सौं काम?
आवत जात पनहियाँ टूटी बिसरि गयौ हरि नाम।।
जिनके मुख देखे दुख उपजत, तिनको करिबे परी सलाम।
कुम्भनदास लाल गिरिधर बिनु और सबै बेकाम।।

कहते हैं कि इतने कड़वे पद को सुनकर भी अकबर ने कवि का बहुत सम्मान किया था और उसने कवि की इच्छा जाननी चाही थी। उत्तर में कुम्भनदास ने कहा था कि भविष्य में मुझे कभी सीकरी न बुलाया जाये। अकबर का साहित्यकारों के प्रति सम्मानभाव व तत्कालीन कवियों की धन मान के प्रति उदासीनता का यह बेजोड़ उदाहरण है।

इस काल में स्वामी हरिदास का नाम संगीत के क्षेत्र में बहुत प्रसिद्ध रहा है। तानसेन इनके ही शिष्य थे। हरिदास ने हिन्दी में काव्य रचना भी की है और इनकों पदों के संग्रह भी उपलब्ध है। इनके विषय में आचार्य

रामचन्द्र शुक्ल लिखते है– 'यह प्रसिद्ध है कि अकबर बादशाह साधु के वेश में तानसेन के साथ इनका गाना सुनने के लिए गया था। कहते हैं तानसेन इनके सामने गाने लगे और उन्होंने जान बूझकर गाने में कुछ भूल कर दी। इस पर स्वामी हरिदास ने उसी गान को शुद्ध करके गाया। इस युक्ति से अकबर को इनका गाना सुनने का सौभाग्य प्राप्त हो गया। पीछे अकबर ने बहुत कुछ पूजा चढ़ानी चाही पर–इन्होंने स्वीकृत न दी।'

स्वयं अकबर के दरबार में रहीम, गंग, चतुर्भुजदास, मनोहर कवि, टोडरमल व बीरबल जैसे कवि रहते थे। रहीम तो अकबर के सेनानायक, मंत्री, सूबेदार तथा नवरत्नों में से एक थे। अकबर ने रहीम को खानखाना की उपाधि से विभूषित किया था। इनके नीति के दोहे आज भी जन-जन की जुबान पर मिलते हैं। अकबर के शासन काल में रहीम को बहुत अधिक सम्मान प्राप्त हुआ था। गंग भी अकबर के दरबारी कवि थे और रहीम गंग का बहुत सम्मान करते थे। ये बहुत निर्भीक थे और भक्तिकाल में भी भक्तिइतर काव्य लिखते थे। अकबर के दरबार में रहकर भी ये अकबर को सब कुछ मानने के लिए तैयार नहीं थे। गंग लिखते हैं।

कवि गंग तो एक गोविद भजे,
नहीं संक करै कछु जब्बर की।
जिनको हरि की परतीत नहीं,
सो करौ मिल आस अकब्बर की।।

अकबर में इतनी सहन शक्ति थी कि उसने गंग की इस बात को सहन कर लिया किन्तु अकबर के बाद कवि को अपनी निर्भीकता एवं स्पष्टवादिता के कारण मृत्युदण्ड भोगना पड़ा था। कहते हैं कि किसी राजा या नवाब ने गंग को हाथी के पैर से कुचलवा दिया था। 'गंग ऐसे गुनी को गयंद से चिराइए' पंक्ति इसी तथ्य की ओर इंगित करती है स्वयं गंग का भी एक छन्द इस घटना का स्मरण कराता हैं।

सब देवन को दरबार जुरयो तहँ पिंगल छंद बनाब कै गायौ।
जब काहूँ ते अर्थ कहयो न गयो, तब नारद एक प्रसंग चलायौ।।

मृतलोक में है नर एक गुनी, कवि गंग को नाम सभा में बतायो।
सुनि चाह भई परमेसर को, तब गंग को लेन गनेस पठायौ।।

कुछ विद्वानों ने इस क्रूर कार्य का आरोप नूरजहाँ के भाई जेन खाँ पर लगाया है। अकबर के मंत्री बैरम खाँ, जहाँगीर व औरंगजेब का भी इस घटना से सम्बन्ध जोड़ा जाता है किन्तु हमें तो ऐसा प्रतीत होता है कि कविवर गंग को मरवाने का कार्य जहाँगीर ने ही किया था। जहाँगीर जहाँ अपनी न्याय प्रियता के लिए विख्यात है, वहाँ वह अनेक निन्दनीय कार्यों के लिए भी कुख्यात है। गुरु अर्जुनदेव का वध, अपने पुत्र खुसरो की आँखें निकलवा कर कैद में डालना, खुसरो का साथ देने वाले उसके समस्त साथियों को शूली पर लटकाना, रहीम को गधे की तथा खुसरो समर्थक हुसैन बेग को बैल की ताजी खाल में सींकर गधे की पूंछ की ओर मुँह करके गधे पर बैठाकर लाहौर की सड़कों पर घुमाना आदि निन्दनीय कार्य जहाँगीर ने ही किए थे। अत: हाथी के पैर से कुचलवाना जैसा क्रूर कर्म भी जहाँगीर के आदेश से ही हुआ होगा। गंग की ये पंक्तियों इस मत को पुष्ट करती हैं।

संगदिल साह जहाँगीर से उमंग आज
देत है मतंग मद सोई गंग छाती में।

अकबर के नवरत्न बीरबल भी ब्रह्म नाम से काव्य रचना करते थे। इनको साहित्य में महाराज बीरबल के नाम से जाना जाता है। ये आचार्य केशवदास के मित्र थे। उन्होंने एक बार केशवदास को छह लाख रुपये दिए थे और केशवदास के कहने पर ओरछा नरेश पर हुआ एक करोड़ का जुर्माना बादशाह अकबर से माफ करा दिया था। अकबर महाराज बीरबल को बहुत प्यार करते थे। बीरबल की मृत्यु पर अकबर ने यह सोरठा कहा था

दीन देखि सब दीन, एक न दीन्हो दुसह दुख।
सो अब हम कहें दीन, कछु नहिं राख्यौ बीरबल।।

अकबर दरबार में महापात्र नरहरि बन्दीजन नाम के भी एक प्रसिद्ध कवि थे। दरबार में इनका बहुत सम्मान था। महापात्र की उपाधि भी इनको अकबर से ही मिली थी। एक घटना से विदित होता है कि इस कवि का अकबर पर कितना प्रभाव था। कहते हैं, एक दिन एक कसाई के हाथ से छूटकर एक गाय कवि के घर में आ गई। गायों पर होने वाले अत्याचार से कवि

का मन द्रवीभूत हो गया। उन्होंने एक छप्पय गाय के गले में लटकाकर गाय को लेकर अकबर के समाने प्रस्तुत कर दिया। छप्पय इस प्रकार हैं

अरिहु दंत तिनु धरै तेहि नहिं मार सकत कोइ।
हम संतत तिनु चरहिं, वचन उच्चरहिं दीन होइ।।
अमृत पय नित स्रवहिं, बच्छ महि थम्भन जावहिं।
हिन्दुहिं मधुर न देहि, कटुक तुरकहिं न पियावहिं।।
कह कवि नरहरि अकबर सुनो बिनवति गउ जोरे करन।
अपराध कौन मोहि मारियत मुएहु चाम सेवइ चरन।।

इस छन्द को सुनकर अकबर ने अपने राज्य में गोवध का पूर्ण निषेध कर दिया था। साहित्यकारों के प्रति अकबर की उदारता का एक और उदाहरण द्रष्टव्य है। अकबर के एक कर्मचारी संडीले के अमीन 'सूरजदास मनमोहन' नाम के कवि थे। उनके कुछ पदों को नाम साम्य के कारण सूरदास के पद मान लिया गया है। यथा

नवल किशोर नवल नागरिया।
अपनी भुजा स्याम भुज ऊपर, स्याम भुजा अपने उर धरिया।

से प्रारम्भ होने वाला पद सूरजदास मदन मोहन का है, सूरदास का नहीं। ये ऐसे भक्त कवि थे कि अपने पास आने वाले धन को साधु-संतों पर खर्च कर देते थे। कहते हैं, एक बार संडीले तहसील की मालगुजारी में तेरह लाख रुपये आए। कवि ने यह राशि साधु-संतों पर खर्च कर दी ओर शाही खजाने में जाने वाले संदूकों में कंकड़-पत्थर भरकर यह छंद लिखकर कागज रख दिया:-

तेरह लाख संडीले आये, सब साधुन मिलि गटके।
सूरजदास मदनमोहन, आधी रातहिं सटके।।

राजकीय कोप से डरकर आधी रात को ही उठकर कहीं भाग गए। बादशाह ने इनको बुलाकर इनका अपराध क्षमा कर दिया था। अकबर ने तो तानसेन का साथ लेकर मीराँ के भी दर्शन किए थे और मीराँ के आराध्य रणछोड़ जी के लिए एक बहुमूल्य हार भेंट किया था। अकबर ने अष्टछाप के प्रमुख कवि नन्ददास को भी अपने यहाँ आमंत्रित किया था। नन्ददास ने बादशाह के इस आमंत्रण को स्वीकार नहीं किया था क्योंकि यह भक्त कवि ब्रज क्षेत्र को छोड़कर बाहर जाने को तैयार नहीं था।

हिन्दी के आधुनिक कवि यदि अपने इन पूर्व पुरुषों से कुछ भी शिक्षा लेते, तो उनका सम्मान भी अपेक्षाकृत अधिक होता। छोटे-मोटे पुरस्कार या कवि सम्मेलनीय मंच पाने के लालच में आज का तथाकथित सरस्वती पुत्र जब ओछे हथकंडे अपनाता है अथवा घृणाष्पद व्यक्तियों की स्तुतिगान में चालीसा लिखता है, तब उनका साहित्य सेवी मानने में भी संकोच होता है। राजनीतिक हस्तियों को भी अकबर के व्यवहार से शिक्षा लेने की आवश्यकता है। अकबर ने साहित्यकारों, कलाकारों, विद्वानों को जैसा सम्मान दिया था, वह आज कहाँ मिल रहा है।

11. आचार्यत्व का अवमूल्यन

माता-पिता व अतिथि के साथ ही जब 'आचार्य को देवता समझो का उपदेश दिया गया था, तब निश्चय ही आचार्य का पद गरिमामय रहा होगा। गोस्वामी तुलसीदास ने 'गुरु गृह गये पढ़न रघुराई' कहकर और कृष्ण ने सुदामा के साथ संदीपन आश्रम में लकड़ी बीनकर आचार्यत्व की महिमा की पुष्टि की थी। भगवान् विष्णु के पूर्णावतार राम व कृष्ण अपने-अपने गुरुओं के आश्रम में रहकर सामान्य शिष्यों के समान ही गुरुसेवा कर रहे हैं, यह जानकर आचार्य को देवता समझना स्वाभाविक था।

आचार्य, गुरु व अध्यापक कभी समानार्थी शब्द रहे हैं। वशिष्ठ रघुवंशियों के कुल गुरु भी हैं, किन्तु राम सहित चारो भाइयों के शिक्षा गुरु अथवा अध्यापक भी है। विश्वामित्र भले ही कुल गुरु नहीं हैं किन्तु आचार्य व अध्यापक दोनों हैं। राम-लक्ष्मण विश्वामित्र के चरण दबाते हैं। वशिष्ठ, विश्वामित्र व संदीपन के लिए आचार्य विशेषण का प्रयोग सम्भवत: कहीं नहीं हुआ है। ये अपने-अपने आश्रम के कुलपति हैं। इनको आधुनिक वेतनभोगी कुलपतियों का पर्याय नहीं समझना चाहिए। उस काल के कुलपति दस हजार छात्रों को भरण पोषण देते हुए शिक्षा प्रदान करते थे।

आचार्य में देवत्व की स्थापना या उपासना करने से आशय ध्येय या लक्ष्य की उपासना है। विश्वामित्र में आचार्यत्व की भावना लाने का सद्परिणाम बहुआयामी रहा है। अनेक प्रकार के मंत्र सिद्ध अस्त्र-शस्त्रों की प्राप्ति के साथ ही जनकपुर में प्राप्त सफलता गुरु-आशीर्वाद का ही मूर्त रूप है। वन-प्रवास का यह अनुभव ही कैकेयी-वरदान के बाद कष्टकारी न होकर आनन्दमयी बन गया है। आचार्य अथवा गुरु शिष्य को ध्येय में नियोजित करता है तथा जीवन को जीने की कला सिखाता है। आचार्य को

दी गई गुरुदक्षिणा गुरु के प्रति कृतज्ञता-ज्ञापन है। गुरु के यज्ञ की रक्षा, अथवा गुरु के अपहृत पुत्र को लाना गुरु-दक्षिणा के ही रूप में हैं। परात्पर ब्रह्म के अवतारों को गुरु गृह या गुरु आश्रम में भेजने का प्रयोजन अहमन्यता को समाप्त करना ही रहा होगा।

कालान्तर में गुरु व अध्यापक पर्यायवाची शब्द नहीं रहे। वस्तुत: इन दोनों शब्दों के मध्य इतनी पतली सी रेखा है कि अध्यापक कभी भी गुरु बन जाता है और कभी मात्र अध्यापक। अध्यापक वेतनभोगी सम्मानित भृत्य है और गुरु ईश्वर से भी प्रथम बन्दनीय। आदिशंकराचार्य गुरु की समानता पारसमणि से करना भी उचित नहीं मानते। उनका मत है कि पारसमणि भले ही लोहे को सोना बनाने की क्षमता रखती है किन्तु वह लोहे को पारसमणि नहीं बना सकती। गुरु अज्ञानी को ज्ञान ही नहीं अपितु शिष्य को गुरुत्व प्रदान करते हैं।

गुरु के आश्रम में रहकर शिक्षा प्राप्त करने की जो परम्परा इस देश में प्रचलित रही है, उसके अनेक लाभ थे। सभी छात्र समान स्तर की सुख सुविधाओं में रहकर पारिवारिक जीवन की समस्यायों से दूर रहते हुए जहाँ अध्ययन के प्रति समर्पित रहते थे, वहाँ आपसी सद्भाव व मैत्री के बन्धनों को मजबूत करते थे। सुदामा व कृष्ण की मित्रता इस आश्रम पद्धति की ही देन थी। आश्रम में रहते समय अपना समस्त कार्य स्वयं करने के साथ ही गुरु एवं उनके परिवार की सेवा का भार भी शिष्यों पर ही होता था। साथ ही लम्बे समय तक तपस्वी एवं साधनारत निष्कलंक आचार्यों की निकटता से शिष्यगण मानव जीवन के महनीय मूल्यों की शिक्षा प्राप्त करते थे। तपोनिष्ठ गुरुजन भी भली प्रकार जानते थे कि राष्ट्र की भावी पीढ़ी के चरित्र निर्माण का महती दायित्व उनके ऊपर है। अत: वे अपने कार्यकलाप, आचार-व्यवहार, शिक्षा, उपदेश के द्वारा ऐसा आदर्श उपस्थित करते थे जिससे उनके शिष्य सम्पूर्ण मानव बनकर ही आश्रम से निकलते थे। सुख दुख का अवसर हो अथवा जीवन का कोई कठिन प्रसंग सम्मुख हो, इस शिक्षा को प्राप्त व्यक्ति उचित मार्ग खोज लेता था।

भगवान परशुराम के शिष्य द्रोण आचार्य भी हैं और गुरु भी। आचार्य शब्द तो उनक नाम को पूर्ण कर रहा है। अपने शिष्यों से गुरु सम्बोधन भी

उनको प्राप्त है। अपने द्वारा दी गई शिक्षा के बदले में जो गुरु दक्षिणा उनको मिली है, सम्भवतः ऐसी दक्षिणा अन्य किसी गुरु को प्राप्त नहीं हुई है। उनके जैसी सशक्त शिष्य परम्परा भी किसी गुरु की नहीं है। उनके शिष्य अवतार या देवकोटि के तो नहीं हैं किन्तु उनका कौशल, उनकी दक्षता, उनका हस्तलाघव देवताओं के लिए भी स्पर्धा का विषय है। जिसकी प्रतिमा को ही गुरु मानकर एकलव्य पैदा होते हों, उस गुरु के तेज का क्या कहना?

आचार्य द्रोण की शिष्य मण्डली में एक से बढ़कर एक वीर है। आचार्य स्वयं अजेय हैं। महाभारत कथा में उनके जैसा उदात्त चरित्र देखना सरल नहीं है। उनके योग्यतम शिष्यों में कुन्तीपुत्र अर्जुन और उनका पुत्र अश्वत्थामा है। दोनों ही अद्भुत प्रतिभा के धनी हैं किन्तु वे संसार का सर्वश्रेष्ठ धनुर्धर अर्जुन को ही बनाते हैं। वे अपने शिष्य को अपराजेय देखना चाहते हैं। अतः गुरुदक्षिणा में जहाँ द्रुपद को बन्दी बनाकर लाने की माँग है, वहाँ यह भी आदेश है कि यदि कभी ऐसा अवसर उपस्थित हो जो जब गुरु शिष्य आमने सामने हो, तब भी गुरु से युद्ध करने में संकोच मत करना। आचार्य दूरदर्शी हैं, उनको भविष्य के गर्भ में छिपा महाभारत दिखाई दे रहा है और उस भावी युद्ध में अपनी विवशता भी दिख रही है, जब उनको अन्याय के पक्ष में युद्ध करना पड़ेगा।

आचार्य को यह भी विदित है कि द्रुपद पुत्र धृष्टद्युम्न का जन्म उनके वध के लिए हुआ है किन्तु फिर भी वे धृष्टद्युम्न को शिष्यत्व प्रदान करते हैं। पाण्डव भली प्रकार जानते हैं कि आचार्य द्रोण के जीवित रहते विजय पाना सम्भव नहीं है। आचार्य का शरीर कहीं है और मन कहीं है। कौरवों के लिए लड़ते समय और उनकी सेना का सेनापतित्व करते समय भी वे मन से पाण्डवों की विजय चाहते हैं। अतः पाण्डवों को अपनी मृत्यु का रहस्य भी बता देते हैं। मृत्यु का रहस्य तो भीष्म ने भी बताया था किन्तु आचार्य का त्याग अपेक्षाकृत बहुत बड़ा है। आचार्य ने युधिष्ठिर से कहा था- जब मैं हथियार डालकर आमरण अनशन पर बैठ जाऊँ उस अवस्था को छोड़कर मुझे कोई नहीं मार सकता। हथियार कब डालूँगा, यह भी बता दिया था। 'मैं किसी विश्वनीय पुरुष से युद्धभूमि में कोई अत्यन्त अप्रिय समाचार सुन लूँ तो हथियार नीचे डाल दूंगा।' ऐसा गुरु ऐसा आचार्य महान् है, अनुपम है, अद्वितीय है। उसका त्याग दुर्लभ है।

इस महानता के बाद भी आचार्य आपके कुछ कार्य ऐसे भी हैं जिसके कारण आपको गरुपदवी से उतरकर अध्यापक बनना पड़ा। आप तो उस घोर स्वाभिमानी, बात के धनी, विश्वविख्यात गुरु के शिष्य हैं, जिसने क्षत्रियों से छीने हुए समस्त राज्य को अपने गुरु कश्यप ऋषि को दान कर दिया था और स्वयं कश्यप ऋषि के द्वारा निष्कासन का दण्ड पाकर महेन्द्र पर्वत पर चले गए थे। ऐसे त्यागी गुरु के शिष्य होकर भी आचार्य आपको धनलोभ अथवा सत्तासुख ने इतना क्यों आकर्षित किया कि आप गुरु से वेतनभोगी अध्यापक बन गए। शायद पुत्र-मोह ने आपको द्रवित कर दिया। उसे दूध जो पिलाना था। यदि पुत्र पर ऐसा ही मोह था, तो उसे सर्वश्रेष्ठ धनुर्धर क्यों नहीं बनाया। अपनी मृत्यु का रहस्य क्यों प्रकट किया।

गुरुवर! एकलव्य ने तो कोई अपराध नहीं किया था। वह तो आपका ही शिष्य था। फिर अर्जुन के प्रति इतना मोह क्यों? शिष्य से पराजित होना तो प्रत्येक सद्गुरु चाहता है। यदि सर्वश्रेष्ठ धनुर्धर एकलव्य बन जाता तो वह भी आपकी ही यशः पताका को फहराता। जब आप एकलव्य का अंगूठा माँग रहे थे, तब क्या यह भूल गए थे कि आप भी परम्परा की कड़ी हो? आचार्य समय निरवधि है, वह आपके इस कृत्य को कभी क्षमा नहीं करेगा। समस्त पाण्डवों एवं कौरवों के मध्य शस्त्र संचालन कौशल के समय कर्ण की सर्व श्रेष्ठवीर के निर्णय की चुनौती के अवसर पर आप अर्जुन का जिस प्रकार पक्ष समर्थन कर रहे थे, वह आचार्य या गुरु का रूप न होकर एक वकील की भूमिका थी। निष्पक्ष दर्शकों की सहानुभूति कर्ण के साथ थी।

आचार्य! आपके गुरु परशुराम काशिराज की कन्या को न्याय दिलाने के लिए अपने प्रिय शिष्य भीष्म से भिड़ गए थे, फिर आपने उनसे यह पाठ क्यों नहीं पढ़ा कि अन्याय का विरोध करना ही गुरु का कर्तव्य है। आप इतने सामर्थ्यवान अवश्य थे कि आपकी एक आवाज पर द्रौपदी की लाज बच जाती। आप अपने शिष्य दुर्योधन व दुःशासन को असद् मार्ग पर जाने से रोकने का साहस ही नहीं कर पाए क्योंकि आप नाम के आचार्य रह गए थे, वस्तुतः अपने को वेतनभोगी अध्यापक मान चुके थे। आपने अनुमान नहीं लगाया कि सहस्रों वर्षों तक आपकी इस तटस्थता के पाप को आचार्य

वर्ग ढोता रहेगा। आप भीष्म के समान प्रतिज्ञाबद्ध भी नहीं थे, फिर यह मौन क्यों? बोलो आचार्य बोलो। ऋषिपुत्र आचार्य इसके बाद ही आप सचेत हो गए होते। मन से पाण्डवों पर स्नेह 'विजयी भव' का नित्य आशीर्वाद और तन से अन्याय का पक्ष-समर्थन यह कैसी लाचारी-आप तो ब्राह्मण हैं, कहीं भिक्षान्न तो मिल ही जाता। आपने कभी यह न सोचा कि पीढ़ियाँ आपके इन कार्यों से क्या शिक्षा ग्रहण करेंगी। यदि आप न्याय का समर्थन कर देते तो इस भारतमाता की अठारह अक्षोहिणी सन्तान असयम काल कवलित नहीं होतीं। आप वृद्ध पितामह भीष्म को भी नैतिक बल प्रदान कर सकते थे। भीष्म आपके विरुद्ध खड़े होने का निर्णय कभी नहीं लेते। आप न्याय का पक्ष लेने का साहस न जुटा सके, तो बलराम के समान उदासीन ही हो जाते।

आचार्य! अपने कार्यों से आपने हमें उलझन में डाल दिया है। आप पाण्डवों के शुभ-चिन्तक हैं किन्तु उनके विनाश के लिए युद्ध के स्थापित नियमों की धज्जियाँ उड़ा रहे हैं। "अभिमन्यु वध के समय आप आचार्य तो क्या योद्धा भी प्रतीत नहीं होते। आपका प्रिय शिष्य अर्जुन आपके प्रति कृतज्ञता से दबा हुआ है, अन्यथा उसे जयद्रथ वध के स्थान पर आपके वध की प्रतिज्ञा करनी चाहिए थी।" स्वयं युधिष्ठिर ने कहा था "अभियन्यु के वध का उपाय स्वयं द्रोण ने ही कर्ण को बताया था और स्वयं द्रोण ने ही उसकी तलवार के दो टुकड़े किए थे। अभिमन्यु वध में जयद्रथ का बहुत कम अपराध था। जयद्रथ को मारने का अर्जुन का कार्य- मुझे अधिक प्रिय नहीं लगा है। यदि पाण्डवों के लिए अपने शत्रु का वध न्याय संगत है तो युद्धभूमि में सबसे पहले कर्ण और द्रोणाचार्य को ही मार डालना चाहिए मेरा तो यही मत है।" युधिष्ठिर आगे कहते हैं:- 'जहाँ द्रोणाचार्य का वध होना चाहिए था वहाँ महाबाहु अर्जुन ने दूर रहने वाले सिन्धुराज जयद्रथ का वध किया था।' आशय यह है कि आपका वध अर्जुन के हाथ से ही होना चाहिए था।

अभिमन्यु-वध के बाद भी आप पाप युद्ध से विरत नहीं हुए। आप दुर्योधन के उपालम्भ को सुनकर स्वयं कहते हैं। 'जान पड़ता है, अब तुम्हारी जीत की इच्छा से मुझे नीच कार्य भी करना पड़ेगा। ये सब लोग दिव्याशस्त्रों को नहीं जानते और मैं जानता हूँ, इसलिए मुझे उन्हीं अस्त्रों द्वारा इन सबको मारना पड़ेगा।' इस सोच और इसके क्रियान्वयन की निंदा स्वयं देवों ने की थी। आपसे सप्त ऋषियों सहित अन्य सभी ऋषियों को यह

कहना पड़ा–'अब तक तुमने अधर्म से युद्ध किया है, अब तुम्हारी मृत्यु का समय आ गया है, अब फिर ये क्रूरतापूर्ण कर्म न करो। 'अधर्मत: कृतं युद्धं समयो निधनस्य ते।' छ: ऋषियों ने तुमको फटकारते हुए कहा था 'इस भूतल पर जो लोग ब्रह्मास्त्र नहीं जानते थे, उन्हें भी तुमने ब्रह्मास्त्र से दग्ध किया है। ब्रह्मन्। तुमने जो ऐसा कर्म किया है, वह कदापि उत्तम नहीं है। ब्रह्मन्। अब फिर ऐसा अत्यन्त पापपूर्ण कर्म न करना 'मापापिष्ठतरं कर्म करिष्यसि पुनर्द्विज।' आशय यह है कि आपने इतने नीच कर्म किए कि उनको अधर्मयुक्त पापपूर्ण व क्रूरतापूर्ण कर्म कहा गया। क्या आपने यह पाठ अनेक बार नहीं पढ़ाया था कि युद्ध के नियमों के अनुसार यह अनुचित कार्य है। भीष्म और आप तो गुरुभाई हैं, फिर भीष्म से ही युद्ध की मान्यताएँ सीख लेते।

हम आपके कार्यों से और आपके मन के स्नेह से तालमेल कैसे बैठायें? आपने अच्छा नहीं किया, तो आपके साथ भी अच्छा नहीं हुआ। आपको युद्ध में वीरगति भी प्राप्त नहीं हुई। आपकी हत्या हुई और वह भी इस प्रकार मानों किसी अपराधी का वध किया जा रहा हो। आपके केश पकड़कर आपका सिर काट दिया गया। ऐसा दुष्कृत्य भी आपके शिष्य ने ही किया। आपकी लाश का अन्तिम संस्कार भी नहीं हुआ। आपके प्रति हुए इस अनैतिक व्यवहार के प्रति अर्जुन के अतिरिक्त अन्य किसी को आक्रोश भी नहीं हुआ। आचार्य आपने देवत्व के पद से उतरकर अध्यापक का पदस्वीकार किया था किन्तु अध्यापक के स्वाभिमान की भी आप रक्षा नहीं कर सके। आप सामान्य सेवक प्रतीत होते हैं। आपने ब्राह्मण के धर्म को छोड़कर दूसरा धर्म स्वीकार किया था। आप ब्राह्मण के सन्तोषधन से सन्तुष्ट नहीं हुए और क्षत्रिय का, राजा का असन्तोष ग्रहण कर लिया जिसका परिणाम अपयश, हत्या और असफलता ही रहा। आपके इस ढुलमुल व्यक्तित्व के कारण आपके तेजस्वी पुत्र को भी अच्छे संस्कार नहीं मिले और अपने घोर निन्दनीय कर्म के कारण वह आज भी मस्तिष्क पर घाव को लेकर भटक रहा है। आचार्य आपके कारण आचार्यत्व का अवमूल्यन ही हुआ है।

12. दो युगों का अंतर

भारतीय मनीषियों ने काल गणना करते समय चार युग बताये हैं जिनमें सतयुग आदर्श मान्यताओं को व्यावहारिक जीवन में उतार कर दिखाता है और अन्तिम कलियुग आदर्शों को केवल कथन या ग्रन्थों तक ही सीमित रख रहा है। मध्य के दोनों युग त्रेता व द्वापर इन दोनों युगों से कुछ भिन्न दिखाई देते हैं। भारतीय मान्यतानुसार वर्णाश्रम व्यवस्था धर्म पर आधारित है। धर्म एक इकाई है जिसके चार महत्त्वपूर्ण विभाग हैं। तप, ज्ञान, यज्ञ और दान धर्म के चार विभाग या शास्त्रीय शब्दावली में पाद हैं। सत्ययुग में धर्म अपने चार पादों से स्थित था अर्थात उस काल में इन चारों तत्त्वों की ही जीवन में महत्ता थी। त्रेता में तप, द्वापर में तप व ज्ञान तथा कलियुग में तप, ज्ञान व यज्ञ का ह्रास हो गया। आशय यह है कि ज्यों ज्यों समय बीतता गया त्यों-त्यों आदर्श व्यवहार में ह्रास होने लगा। सतयुग का समय पौराणिक है और कलियुग का ऐतिहासिक। त्रेता व द्वापर के युग को हम दो महान ग्रन्थों की घटनाओं से जोड़कर समझ पाते हैं। त्रेताकाल की सामान्य व प्रामाणिक जानकारी वाल्मीकि-रामायण से और द्वापर युग का इतिहास व्यासकृत महाभारत नामक ग्रन्थ से विदित होता है। इन दोनों युगों में से त्रेता पर सतयुग का प्रभाव और द्वापर में आने वाले कलियुग के बीज देखे जा सकते हैं। इन दोनों युगों के मध्य कुछ समान घटनाओं पर उस काल के व्यक्तियों के व्यवहार से यह विदित होता है कि समय के साथ किस प्रकार चारित्रिक पतन होता चला आया है।

रामायण और महाभारत की कथा में कुछ समानता दिखाई देती है। दोनों कथाओं का सम्बन्ध राजवंश से है। दोनों में ही उत्तराधिकार झंझट के मूल में है। दोनों में कथा को आगे बढ़ाने वाली दो नारियाँ सीता व द्रौपदी हैं और दोनों ही अपमानिता व पीड़ित हैं। दोनों कथाओं में वनवास है जो क्रमश:

चौदह व तेरह वर्ष का है। दोनों कथाओं में दो पक्ष है और उन पक्षों के कुछ समर्थक और कुछ विरोधी हैं। दोनों कथाओं में अनेक ऐसी घटनाएँ हैं जो आज के मानव को जीवन-व्यवहार में परिचालित करती हैं।

रामकथा में राम को राज्याभिषेक के स्थान पर वनवास की आज्ञा दी जाती है। कैकेयी के इस दुष्कर्म की रामकथा का कोई पात्र हिमायत नहीं करता। यहाँ तक कि उसका पुत्र भी उसे अनुचित मानता हुआ, राम को लौटाने के लिए वन में जाता है और राम के न लौटने पर स्वयं सिंहासन पर न बैठकर राम की चरण-पादुकाओं को ही राजा मानकर राज्य संचालन करता है। राज्य का आकर्षण राम व भरत दोनों को ही आकर्षित नहीं कर पाता। महाभारत-कथा में पाण्डव उत्तराधिकार से वंचित है। वयस्क होने पर उन पर अनेक प्रकार से अत्याचार होते हैं। यहाँ अन्यायी दुर्योधन के दुष्ट-कृत्यों को शकुनि, कर्ण व दु:शासन का प्रत्यक्ष व धृतराष्ट्र का परोक्ष समर्थन मिलता है। रामकथा में राज्य सिंहासन फुटवॉल की तरह इधर से उधर ठुकराया जा रहा है। भरत चौदह वर्ष तक प्रतीक्षा करने के बाद राज्य राम का सौंप कर प्रसन्नता का अनुभव करते हैं। दूसरी ओर शापग्रस्त पाण्डु के राज्य छोड़ देने के कारण संतान के अभाव में राज्य की बागडोर अन्ध धृतराष्ट्र को सौंप दी जाती है जो इस पद के योग्य न पहले थे और न अब हैं। उनकी अयोग्यता के कारण ही उनके अनुज पाण्डु राजा बने थे। यह स्वाभाविक प्रक्रिया होती कि वयस्क होने पर ज्येष्ठ पाण्डुपुत्र युधिष्ठिर को राज्य लौटा दिया जाता क्योंकि उनका अधिकार दो कारणों से बनता था। प्रथम राज्य के वास्तविक अधिकारी उनके पिता पाण्डु थे और वे पाण्डु के ज्येष्ठ पुत्र थे। द्वितीय यदि यह भी मान लिया जाये कि सिंहासन पर तो पाण्डु व धृतराष्ट्र दोनों ही बैठे थे तो भी पाण्डु व कौरव एक सौ पाँच भाइयों में भी युधिष्ठर ही ज्येष्ठ हैं किन्तु धृतराष्ट्र पुत्रमोह में इतने स्वार्थी व पतित हो जाते हैं कि वे पाण्डुपुत्रों को उनका अधिकार न लौटाकर लाक्षागृह का आयोजन करते हैं। परिस्थिति की बाध्यता के कारण राज्य दो भागों में बाँट लिया जाता है। इसके बाद भी उसे पुन: हड़पने के लिए द्यूत का कपट आयोजन तथा तेरहवें वर्ष के अज्ञातवास की शर्त रखी जाती है। इस युग में राज्य का आकर्षण निन्दित कर्म करने के लिए भी प्रेरित करता है। दुर्योधन राज्य के लिए घृणित कार्य करता है।

पुत्र के प्रति प्रेम भी इन कथाओं में तुलना का विषय है। दशरथ को इस बात का दुःख नहीं है कि राज्य राम को न मिलकर भरत को मिल रहा है। दुःख इस बात का है कि राम को वन भेजा जा रहा है। पिता के हृदय में पुत्र के प्रति इतना अपार प्रेम है कि उसके विछोह के सहने में असमर्थ दशरथ अपने प्राणों को छोड़ देते हैं। दूसरी ओर धृतराष्ट्र पुत्रप्रेम के वशीभूत हो दुर्योधन को राजा बनाने के लिए अनेक अनुचित उपाय तो करते हैं किन्तु एक नहीं अपितु सौ पुत्रों की मृत्यु के बाद भी पाण्डुपुत्रों के टुकड़ों से पेट भरकर जीवित रहते हैं। वह भीम के अशिष्ट व्यवहार की कटुता को भी पचा लेते हैं।

त्रेता युग में राम चौदह वर्ष के वनवास में भाई लक्ष्मण व पत्नी सीता के साथ हैं किन्तु इन वर्षों में वे ब्रह्मचर्य व्रत का पालन करते हैं। दूसरी ओर पाण्डव अपनी माता कुन्ती के साथ अज्ञातवास में रहते समय हिडिम्बा व द्रौपदी से विवाह करते हैं और हिडिम्बा से भीम एक पुत्र का पिता भी बनता है। जैसा प्रस्ताव हिडिम्बा ने भीम के लिए किया था, वैसा ही प्रस्ताव शूर्पणखा ने भी राम-लक्ष्मण के सम्मुख किया था। हिडिम्बा से तो पाण्डवों को कोई भय भी नहीं था किन्तु शूर्पणखा के प्रणय को स्वीकार न करने के कारण तो राम को सीताहरण का कष्ट सहना पड़ा था। राज्य मिलने के बाद एक नियम का पालन न करने के कारण अर्जुन को बारह वर्ष का वनवास मिला था जिसमें उसने ब्रह्मचर्य पालन की शर्त को न मानते हुए एक नहीं तीन-तीन विवाह किये। वह यहाँ तक प्रेमासक्त हो गया कि उसने अपनी ममेरी बहन सुभद्रा का अपहरण भी कर लिया था। दूसरी ओर यदि सीता-निर्वासन की कथा को स्वीकार कर लें तो राम यज्ञ के समय पत्नी की अनिवार्यता में भी विवाह नहीं करते, अपितु स्वर्णमयी प्रतिमा को ही सीता का विकल्प बनाते हैं।

यहाँ एक बात विशेष उल्लेखनीय है कि दोनों युगों में पुरुषों के व्यवहार में जैसा अंतर आया है, वैसा नारियों के स्वभाव में देखने को नहीं मिलता। आश्चर्यजनक समानता यहाँ यह मिलती है कि कौशल्या के हदय में भरत के प्रति स्नेह पूर्ववत् ही रहता है, तारा व मन्दोदरी के मन में भी उनको विधवा बनाने वाले राम के प्रति सम्मान-भाव है, ठीक उसी प्रकार स्नेह गान्धरी के मन में भी पाण्डवों के प्रति युद्ध से पूर्व व युद्ध के बाद बना रहता है। गांधारी के चरित्र में उतनी ही उदारता व गाम्भीर्य है, जैसा गाम्भीर्य

कौशल्या में दिखाई देता है। युधिष्ठिर के जन्म के बाद गान्धारी ने ईर्ष्यावश अपने गर्भ के साथ जो छेड़खानी की थी, यदि इस एक कमजोरी को भुला दिया जाये, तो इस महिला के हृदय की विशालता अनुपम है।

किसी नारी के प्रणय निवेदन को जब कोई पुरुष किन्ही भी कारणों से स्वीकार नहीं कर पाता तो नारी के उग्र कोप का भाजन बनना पड़ता है। भीष्म की शिखण्डी के हाथों पराजय अथवा उर्वशी द्वारा अर्जुन को नपुंसकत्व का शाप ऐसी ही अस्वीकृति का परिणाम है। राम ने शूर्पणखा के प्रणय-निवेदन को अस्वीकार करने के कारण अनेक कष्ट उठाये हैं। शूर्पणखा की प्रेरणा से व खर-दूषण, त्रिशिरा की मृत्यु से क्रोधित रावण सीता का हरण करता है और उसे अपनी राजधानी लंका ले जाता है। राम आर्य जाति के हैं और रावण राक्षस या दानवी संस्कृति का पोषक है, किन्तु यहाँ दो बात विशेष ध्यान देने योग्य हैं। प्रथम रावण सीता के साथ कोई जोर जबरदस्ती नहीं करता, कभी एकान्त में अकेला नहीं मिलता, अपितु जब भी वह सीता को समझाने आता है, तब अपनी पत्नी मन्दोदरी को साथ लाता है। वह सीता का हृदय-परिवर्तन करना चाहता है और इसके लिए मृत्यु पर्यन्त प्रतीक्षा करता रहा है। दूसरे रावण द्वारा सीताहरण के दुष्कर्म को उसके पक्ष का एक भी व्यक्ति उचित नहीं मानता। स्वयं मारीच जो सीताहरण की योजना मे सहयोगी बना है, रावण को ऐसा निन्दनीय कर्म करने से मना करता है। रावण की पत्नी मन्दोदरी, रावण के भाई विभीषण व कुम्भकर्ण, उसका सम्बन्धी व मंत्री माल्यवान, उसका पुत्र प्रहस्थ सभी रावण के कार्य को अनुचित बताते हुए सीता को लौटा देने की सलाह देते हैं। सीता की सेवा में नियुक्त दासियाँ भी सीता का पूरा ध्यान रखती हैं। त्रिजटा से सीता को बहुत सम्बल मिला था। दूसरी ओर महाभारत काल में द्यूत-कीड़ा में पराजय के तुरन्त बाद एक वस्त्रा रजस्वला द्रौपदी को भरी सभा में नग्न करने का प्रयास स्वयं उसके देवर कर रहे हैं। द्रौपदी के प्रति कर्ण की टिप्पणी व दुःशासन द्वारा द्रौपदी को बाल पकड़कर घसीटते हुए सभा में लाना तथा साड़ी खींचना, दुर्योधन द्वारा अपनी नग्न जंघा को दिखाकर भद्दे संकेत करना ऐसे घृणास्पद कार्य हैं जिनको देख-सुनकर क्रोध, आक्रोश, लज्जा, अपमान आदि विभिन्न भावों की अनुभूति सहज ही हो जाती है। यह पढ़कर क्रोध मिश्रित दुःख होता है कि द्रौपदी का अपमान हो रहा है और समस्त सभा दुर्योधन की गुण्डागर्दी को चुप होकर बैठे देख रही है। नगाड़े के शोर में तूती की धुन जैसी विदुर की आवाज दब कर रह

जाती है। पाठक का मन महाभारत के पात्रों से पूछता है–पितामह भीष्म! आपने अविवाहित रहने की भीष्म प्रतिज्ञा की है, हस्तिनापुर के राज्य की रक्षा का भार लिया है किन्तु कुलवधू के अपमान को चुप देखने की शर्त से तो नहीं बंधे हैं। नीचे को मुख करके सभा में बैठकर इस अन्याय को होने देने के पाप से आप बच नहीं पायेंगे। कृपाचार्य! आप तो कुल गुरु हैं। कुल के नियमों, परम्पराओं व मान सम्मान के व्याख्याता हो, फिर आज चुप क्यों हो? आचार्य द्रोण! आज आपका गुरुत्व कहाँ सो गया? आप अपनी तनिक सी उपेक्षा के लिए द्रुपद को बंदी बनवाते हैं किन्तु आज अपने प्रिय शिष्यों की पत्नी को अनावृत करने वाले हाथों को रोकने में असमर्थ कैसे हो गये। सूर्यपुत्र कर्ण! तुम तो दुर्योधन के मित्र हो और मित्र को अधः पतन से रोकना मित्र का कर्तव्य है। महाराज धृतराष्ट्र! तुम जन्मान्ध हो, तुमको द्रौपदी की खिंचती साड़ी नहीं दिख रही थी, परन्तु चीत्कार तो कानों में आ रही थी। क्या तुम्हारी हिये की भी फूट गई थी और इस कटु सत्य को पुत्र मोह में भूल गये थे कि नारी के अपमान का दण्ड मृत्यु से कम नहीं हो सकता। एक अपरिचित नारी की रक्षा के लिए त्रेता युग का पक्षिराज जटायु अपने प्राणों को न्यौछावर कर देता है जबकी द्वापर युग में भरी सभा अपनी कुलवधू का अपमान मेमनों के समान बैठी देखती है। दुर्योधन का आंतक किसी माफिया या अपहरणकर्ता का आतंक प्रतीत होता है। इसकी तुलना आज के चलचित्रों में ही मिल सकती है। यह कहना अनुचित न होगा कि इस निंदनीय घटना पर इन महापुरुषों के मौन ने भारतवर्ष की हजारों पीढ़ियों को प्रभावित किया है। आज भी जब किसी निर्बल अथवा नारी पर कोई आततायी अत्याचार करता है, तब अन्य जन 'हमें क्या मतलब' कहकर चुप देखते रहते हैं और उस अन्यायी का हौसला इतना बढ़ जाता है कि वह एक से प्रारम्भ करके अनेक तक और फिर सभी तक पहुँच जाता है।

त्रेता में राम के साथ अन्याय हुआ था। एक शक्तिशाली मदान्ध शासक ने वनवासी राम की एकाकी पत्नी का बलपूर्वक अपहरण किया था। उस काल का समाज कितना प्रबुद्ध रहा होगा कि पक्षिराज जटायु, वानरराज सुग्रीव तथा उनके मंत्री हनुमान, जामवन्त तथा युवराज अंगद आदि वनवासी जन सभी राम के साथ सहयोग करते हैं। रावण का भाई विभीषण विद्रोह करके राम का पक्षधर बनता है। समस्त रामकथा में रावण द्वारा सीताहरण के कार्य को समर्थन देने वाला एक भी पात्र नहीं है किन्तु द्वापर युग में द्रौपदी

के हरण का प्रयास उसका निकटतम सम्बन्धी जयद्रथ करता है। वनवासिनी द्रौपदी के अपहरण का प्रयास करने वाला जयद्रथ उसका नंदोई था।

रामकथा के युद्ध में अन्याय के पक्ष में खड़े होने को कोई तैयार नहीं है। अंगद को रावण यह कह कर तोड़ना चाहता है कि राम ने तुम्हारे पिता का वध किया है किन्तु अंगद रावण के असद् मार्ग का सहयात्री बनने को तैयार नहीं होता। विभीषण रावण से असहमत होने के कारण राम की शरण में आता है, लंकाधिपति बनने की अभिलाषा से नहीं। राम के पक्ष में भालू वानर जाति की जो विशाल सेना है, वह न युद्ध कौशल में निपुण है और न सभ्यता की दृष्टि से उत्कृष्ट किन्तु अन्यायी को दण्ड देने के लिए वे अपने प्राणों का उत्सर्ग करने को प्रस्तुत हैं, दूसरी ओर द्वापर में दुर्योधन व पाण्डवों के साथियों का अनुपात ग्यारह व सात का है। दुर्योधन के पक्षधर इतना नैतिक साहस नहीं रखते कि वे निर्णायक अवसर पर भी अनुचित को अनुचित कह सकें। युद्ध प्रारम्भ होने से पूर्व युद्ध स्थल में खड़े योद्धाओं का सम्बोधित करते हुए युधिष्ठिर ने कहा था–जिनको हमारा पक्ष न्यायोचित लगता हो, वे हमारी ओर से युद्ध करें। मैं उनको आमंत्रित करता हूँ। इस अपील पर केवल एक योद्धा युयुत्सु ही पाला बदलकर कौरव पक्ष से पाण्डवों की ओर आया था। आश्चर्य इस बात का है कि धृतराष्ट्र के इस जारजपुत्र में जितनी नैतिकता थी, वैसी भीष्म, द्रोण, कृप, कर्ण आदि योद्धाओं में क्यों नहीं जनमी। धृतराष्ट्र के सौ पुत्रों की मृत्यु भीम के हाथों से हुई किन्तु युयुत्सु न केवल जीवित रहा अपितु जब पाण्डव अन्तिम यात्रा पर हिमालय की ओर गये, तो इसे अपने पौत्र परीक्षित का संरक्षक बनाकर गये।

युद्ध में भी जो नैतिक मान्यता रामकथा में दिखाई देती है, वह महाभारत काल में नहीं दिखती। रामायण काल में सम्भवतः युद्ध के नियम भी इतने स्पष्ट नहीं थे जितने महाभारत काल में हो गए थे। महाभारत युद्ध में अभिमन्यु वध, जयद्रथ वध, द्रोणाचार्य की हत्या, भीष्म-शिखण्डी-युद्ध, भूरिश्रवा काण्ड, अश्वत्थामा मृतः, दुर्योधन-भीम-गदा युद्ध, अर्जुन कर्ण युद्ध, अश्वत्थामा द्वारा सोते हुए वीरों की हत्या आदि अनेक ऐसी घटनाएं हैं, जिनमें युद्ध के स्थापित नियमों का जानबूझकर उल्लंघन किया गया है, और इन अनुचित कार्यों के लिए उस पक्ष के व्यक्तियों ने कभी निन्दा नहीं की, जिस पक्ष के योद्धाओं ने यह पाप कर्म किये हैं। पाण्डव-पक्ष से अनुचित कार्य

कराने में स्वयं भगवान श्रीकृष्ण उत्प्रेरक का कार्य करते दिखते हैं। रामायण की कथा में ऐसे अन्याय युद्ध का उदाहरण मिलना असम्भव है।

एक ओर रामायण की कथा में अनेक ऐसे प्रसंग हैं जो समाज में छोटे बड़े के भेद को मिटाते प्रतीत होते हैं और दूसरी ओर महाभारत काल में ऊँच नीच की दीवार उठती दिखाई देती है। राम व उनके समस्त परिजन निषाद, भालू-वानर, वनवासीजन एवं विभीषण जैसे अन्य संस्कृति वाले मनुष्यों को बराबरी का सम्मान देते हैं। राम इनको भरत व लक्ष्मण के समान प्रिय मानते हैं। अपने को इनका आभारी बताते हैं। समय समय पर गले लगाते हैं। सुग्रीव व विभीषण को राजा बनाते हैं। ये सब राम के निकटतम् मित्र हैं दूसरी ओर द्रोणाचार्य एकलव्य को न तो अपना शिष्य बनाते हैं और यदि वह अपनी लगन के कारण दक्षता प्राप्त कर लेता है, तो उसका अंगूठा काट लेते हैं। राधा पुत्र कर्ण को सूत पुत्र होने के कारण अर्जुन से द्वन्द्व युद्ध योग्य नहीं माना जाता।

सामाजिक संरचना में तथाकथित बड़ी जातियों में भी महाभारत काल में वह सौमनस्य नहीं दिखता जो रामायण काल में था। रामायण काल में दशरथ व राम वशिष्ठ की कृपा के आंकाक्षी रहते हैं। दशरथ वशिष्ठ के कहने पर न चाहते हुए भी अपने दोनों लाडले पुत्रों को विश्वामित्र के यज्ञ की रक्षा के निमित्त भेज देते हैं। दूसरी ओर सम्पूर्ण महाभारत कथा मे ऐसा कोई ब्राह्मण या गुरु अथवा पुरोहित नहीं दीखता जिसके सामने राजा नत दिखते हों। इस युग में द्रोणाचार्य, कृपाचार्य व अश्वत्थामा जैसे ब्राह्मण दुर्योधन के सम्मुख सेवक जैसी भूमिका में दिखाई देते हैं। दुर्योधन इनसे कटु से कटु बात कहता है किन्तु किसी भी अवसर पर इनमें ब्रह्म-तेज दिखाई नहीं देता। पाण्डवपक्ष में भी द्रोणाचार्य की हत्या को अनुचित कहने वाला केवल अर्जुन ही था और अश्वत्थामा को दण्डित करने में सभी की सहमति थी।

एक विषमता और ध्यान देने योग्य है। राम ने सुबाहु, ताड़का, मारीच, खर, दूषण, त्रिशिरा, बालि व रावण के समस्त संगी साथियों का वध किया है किन्तु किसी के राज्य पर अपना अधिकार नहीं जमाया। जीतकर वह राज्य उनके जीवित उत्तराधिकारियों को ही सौंप दिया है। दूसरी ओर महाभारत का आयोजन दूसरे के राज्य को छीनने के लिए ही हुआ है। रामकथा में वशिष्ठ, विश्वामित्र, वाल्मीकि, अत्रि, भरद्वाज जैसे ऋषि समाज को आदर्श पथ पर ले जाने के प्रयास में अपने आचार-व्यवहार का श्रेष्ठ रूप प्रस्तुत

कर रहे हैं जबकि महाभारत कथा में पराशर-सत्यवती, शान्तनु-सत्यवती, ययाति-देवयानी-शर्मिष्ठ जैसे प्रसंग कुछ क्षण के लिए पाठक को विचलित कर देते हैं।

नारियों की स्थिति में भी इन दोनों युगों में बहुत अंतर आया है। रामकथा में कौशल्या, अरुन्धती, अनसूया, मन्दोदरी, शबरी व अहल्या जैसी सम्मानीय नारियाँ हैं। वाल्मीकि की अहल्या पत्थर नहीं अपितु तपस्विनी हैं, जो एकान्त में तप कर रही हैं। राम लक्ष्मण उसके आश्रम में जाकर अहल्या के चरण स्पर्श करते हैं। महाभारत काल में नारी केवल भोग्या बन गई हैं। सत्यवती को देखकर पराशर अपना ऋषित्व भूल गये। शान्तनु ने बेटे के विवाह की न सोचकर अपना विवाह कर लिया। ययाति पुत्रों की जवानी से विलास लीला करते हैं। भीष्म, श्रीकृष्ण, अर्जुन दूसरों की कन्याओं का अपहरण कर लेते हैं। अम्बिका, अम्बालिका, कुन्ती, माद्री पर पुरुषों से पुत्र उत्पन्न करती हैं। धृतराष्ट अपनी पत्नी के गर्भवती होने के कारण किसी वैश्य-स्त्री से युयुत्सु को उत्पन्न कर देते हैं। द्रौपदी पाँच व्यक्तियों की पत्नी बना ली जाती है। पुत्रहीन दशरथ पुत्रेष्टि यज्ञ करते हैं, जबकि पाण्डु अपनी पत्नियों को परपुरुष के समागम का अवसर प्रदान करते हैं। इस युग में भी धृष्टद्युम्न व द्रौपदी यज्ञ से उत्पन्न होते हैं किन्तु पाण्डु अपनी पत्नी को स्वयं यह कहते हैं कि अमुक देवता से पुत्र पैदा करो। धर्म, वायु व इन्द्र का प्रस्ताव स्वयं पाण्डु का था।

संक्षेप में यह कहा जा सकता है कि आधुनिक युग के समाज में व्याप्त ऊँच नीच का भाव, जातिवाद, राजनीतिक फरेब, दगाबाजी, असत्यता जैसे दुर्गुणों के बीज महाभारत काल में ही दिख जाते हैं। साथ ही यह मत भी पुष्ट होता है कि समय के साथ ही सामाजिक राजनीतिक व नैतिक मूल्यों में परिवर्तन होता रहता हैं। यह ह्रास की प्रक्रिया है जो युगानुसार चलती रहती है।

13. गहरे पानी पैठ

कबीर अक्षर ज्ञान से शून्य होने पर भी जीवन की पाठशाला के योग्य विद्यार्थी थे। सीधी सपाट भाषा में वे कभी-कभी बड़ी गम्भीर बात कह जाते हैं। संसार के सभी धर्म सम्प्रदाय किसी अज्ञात सत्ता की खोज में लगे हुए हैं। कबीर ने बताया कि खोजने पर उस सत्य को उसने ही पाया है जिसने गहरे पानी में प्रवेश किया है। गहरे पानी में प्रवेश करने से बचने वाले तो किनारे पर ही बैठकर लौट जाते हैं। कबीर की इस उक्ति को समझने के लिए ईश्वर या परमसत्ता की ओर जाने वाले विभिन्न मार्गों की समीक्षा आवश्यक है। स्वयं कबीर ने भी एक मार्ग बताया है जिसमें मंदिर, मस्जिद, गुरुद्वारे की निस्सारता, धर्मस्थानों की यात्रा की व्यर्थता, रोजा-नमाज, व्रत-उपवास की निरर्थकता को उजागर किया है। यदि इन सबको त्याग दिया जाये, तो मार्ग कौन सा अपनाया जाये। कबीर ने मन, वचन व कर्म की सत्यता पर बल देते हुए, कथनी करनी की एकता का प्रतिपादन किया जिसमें राम नाम का स्मरण करना अपरिहार्य बताया है। कबीर का राम दशरथ पुत्र राम नहीं है। यह अपनी-अपनी भाषा में ईश्वर, खुदा, गॉड या यहोबा किसी भी नाम से जाना जा सकता है। इस भूमिका से यह निष्कर्ष निकालना सरल है कि ईश्वर को पाने के लिए दो मार्ग है। एक सैद्धान्तिक व एक व्यावहारिक। धर्म ने भी विभिन्न शब्दावलियों का प्रयोग करते हुए दो मार्ग बताये हैं। उसे बाह्य या आन्तरिक अथवा कर्मकाण्ड व व्यावहारिक जैसे नाम दिये जा सकते हैं। आशय यह है कि धर्म नाम की संस्था सद्मार्ग पर चलने की प्रेरणा देते हुए उस परम सत्ता की ओर जाने का मार्ग बताती है।

यह जिज्ञासा स्वाभाविक है कि धर्म शब्द से आशय क्या है। सामान्यत: धर्म शब्द किसी सम्प्रदाय अथवा उपासना पद्धति का व्यंजक है किन्तु साधारण मनुष्य को उलझाने के लिए धर्म शब्द के विविध प्रयोग उत्तरदायी हैं।

मनु, धर्मशास्त्र के प्रथम व्याख्याता हैं, उन्होंने 'आचार: परमो धर्म:' –कहकर यह बता दिया कि व्यक्ति का आचरण ही प्रथम धर्म है अर्थात् आचरण की शुद्धता धर्म का प्रथम सोपान है। आचरण से आशय कर्तव्य से है अर्थात् यदि हम अपने कर्तव्य का पालन ढंग से या ईमानदारी से करते हैं, तो हम धर्म के मार्ग पर पहला पग रखते हैं। अत्यन्त संक्षेप में कहकर भी मनु ने बात बहुत गहरी कही है। सचमुच में यदि प्रत्येक व्यक्ति केवल अपने-अपने कर्तव्य कर्म का पालन करे तो इस संसार की समस्त समस्याएँ अपने आप सुलझ जायेंगी। कर्तव्यपालन से जहाँ संसार का लाभ है, वहाँ कर्तव्यनिष्ठ व्यक्ति भी महानता को प्राप्त होता है। यदि देवी-देवताओं की चर्चा न करके इस लोक के व्यक्तियों की ही बात की जाये तो विदित होगा कि कर्तव्यपालन करने वाले को ही देवत्व कोटि प्राप्त हुई है। राम, कृष्ण, गौतम, महावीर, ईसा आदि को जो देवत्व भाव प्राप्त है उसके मूल में उनके लोक कल्याणकारी कार्य हैं। हमें तो ऐसा प्रतीत होता है कि लोक कल्याण करने वाले मनुष्य ही नहीं पशु-पक्षी व वृक्षादि भी इस गुण के कारण देवत्व या पूजा के अधिकारी बन जाते हैं।

भारतीयों द्वारा गाय को पूज्य मानने के पीछे गाय की उपयोगिता ही थी। गाय हमारी आर्थिक समृद्धि का आधार थी। कृषि प्रधान देश में खेती उसके पुत्रों के बल पर सम्भव थी। उसका दूध स्वास्थ्यप्रद व पौष्टिक है, उसका गोबर व मूत्र उत्तम खाद है। अत: पंचगव्य की महत्ता को जानकर गाय को माता का पद प्राप्त हो गया। जीवन में ऑक्सीजन की आवश्यकता सर्वविदित है। वृक्ष ऑक्सीजन देते हैं किन्तु उनमें भी जो दिन-रात ऑक्सीजन दे, वह पीपल पूजनीय है। आशय यह है कि जो समाज का कल्याण करे, वह धार्मिक है। समाज कल्याण ही धर्म है। तुलसी, पीपल, बेल, बरगद आदि का महत्त्व उनकी उपयोगिता के कारण ही है।

यदि धर्म किसी एक परिभाषा में सिमट जाता तो धर्मों की इतनी भीड़ खड़ी नहीं होती। एक अन्य उक्ति के अनुसार लौकिक उन्नति ओर पारलौकिक कल्याण की प्राप्ति जिस कार्य से हो वह धर्म है; 'यतोभ्युदय नि:श्रेयससिद्धि स धर्म:।' आशय यह है कि व्यक्ति के वे कार्य जिनमें इस लोक में उन्नति के साथ परलोक सुधरने की आशा हो, धर्म कहलाते हैं। यहाँ इन दोनों को

एक साथ जोड़कर विरोधाभास सा प्रतीत होता है किन्तु विरोध नहीं है। लौकिक उन्नति अनुचित साधनों से भी हो सकती है किन्तु वे अनुचित साधन पारलौकिक कल्याण के मार्ग में रुकावट डालते हैं। अत: उचित कार्यों के माध्यम से यदि व्यक्ति लौकिक-हित-चिन्तन में प्रवृत्त रहेगा, तो उसका परलोक अपने आप ही सुधर जायेगा। यहाँ भी कर्म को मान्यता दी गई है।

गीता भगवान श्रीकृष्ण की वाणी है और भारत ही नहीं समस्त विश्व के मनीषी इस ग्रंथ की महत्ता को स्वीकार करते हैं। गीता में एक स्थान पर श्रीकृष्ण कहते हैं। 'स्वधर्मे निधनं श्रेय: परधर्मो भयावह':- इस उक्ति को पढ़कर सामान्य व्यक्ति उलझन में पड़ जाता है। यही भाव ज्यों का त्यों अत्रि संहिता में दिखाई देता है। वहाँ कहा गया 'परधर्मो भैवेत् त्याज्य: सुरूप परदारवत्।' अर्थात् जिस प्रकार दूसरे की स्त्री का सौन्दर्य भी त्याज्य होता है, उसी प्रकार परधर्म भी त्याज्य है। यह अपना या पराया धर्म क्या है? क्या यहाँ धर्म से आशय वही है जो हिन्दू, मुसलमान या सिक्ख धर्म कहते, समय, धर्म का अर्थ होता है। वस्तुत: श्रीकृष्ण अथवा अत्रि ऋषि का धर्म से आशय यहाँ करणीय कर्तव्य से ही है। प्रत्येक व्यक्ति का निश्चित कर्तव्य है, उसका पालन करना ही श्रेय है। अपने निश्चित कर्म में दक्षता के कारण हम अपना भी लौकिक हित करते हैं और समाज का भी हित करते हैं। गीता का यह परम्परागत धर्म शताब्दियों के बीत जाने के बाद भी अपनी गरिमा का निर्वाह करता दिखता है। वर्णव्यवस्था के भंयकर विरोधी भी इस सत्य को नहीं झुठला सकते कि आज भी ज्ञान में ब्राह्मण की, शक्ति में क्षत्रिय की, व्यापारिक कुशलता में वैश्य की और शारीरिक कार्यों में शूद्रों की श्रेष्ठता दबी जुबान से स्वीकृत की जा रही है। आरक्षण की बाड़ लग जाने के बाद भी विविध क्षेत्रों में कुछ जातियों का वर्चस्व होने का कारण परम्परागत व्यवसाय से जुड़े रहना है। यह दक्षता समाज या समष्टि के प्रति काम आने पर धर्म बनती है और यह समष्टि हित ही पारलौकिक कल्याण बन जाता है।

महाभारत ग्रन्थ के बारे में कहा जाता है, 'यन्नभारते तन्नभारते' अर्थात् जो महाभारत में नहीं है वह भारतवर्ष में नहीं है। इस ग्रन्थ में श्रीकृष्ण अर्जुन से कहते हैं, धर्म प्रजा को धारण करता है अर्थात् व्यवस्था में रखता है। आशय यह है कि धर्म केवल सैद्धान्तिक विवेचन मात्र नहीं है अपितु जिसे व्यवहार में लाया जाए, वह धर्म है। सत्य बोलो एक सद् उक्ति मात्र

है किन्तु सत्यवादी व्यक्ति सत्य धारण करने के कारण धार्मिक है। वह धर्म का साक्षात् स्वरूप है। धर्म प्रजा को नियंत्रण में रखता है अर्थात् करणीय कर्तव्य करने के लिए व्यक्ति धर्म से प्रेरणा पाते हैं। यहाँ कर्तव्य और प्रेरक दो भिन्न तत्त्व हैं। स्वाभाविक जिज्ञासा होती है कि प्रेरक कौन है? प्रेरक ही धर्म के लक्षण हैं। गोस्वामी तुलसीदास के अनुसार 'परहित सरिस धर्म नहिं भाई।' परपीड़ा सम नहिं अधमाई।। इसी प्रकार संस्कृत की यह सूक्ति 'परोपकाराय पुण्याय पापाय परपीडनम्' जिस धर्म की बात करते हैं, वह किसी देश, काल अथवा जाति समुदाय तक सीमित नही है। अपने से परे अर्थात् व्यक्ति के वे कार्य जो दूसरों के हित के लिए हैं लोक हिताय या लोक कल्याण के निमित्त हैं, वे धर्म हैं और जो दूसरों को पीड़ा देते हों वे अधर्म कोटि में आयेंगे। आशय यह है कि यदि व्यक्ति संसार के कल्याण के लिए कार्य करता है, तो वह धार्मिक है। संसार में व्यक्ति स्वयं भी निहित है, अतः उसके कार्यों से उसका हित होना भी स्वाभाविक है। यह दुहरे लाभ की स्थिति है, व्यक्ति अपना लाभ भी करता है और धर्म का अर्जन भी होता रहता है। यदि संसार का प्रत्येक व्यक्ति दूसरे के हित की सोचने लगे, तो उससे उसका स्वयं का हित अनुमान से बहुत आगे तक होता है। अपने हित की सोचने वाला व्यक्ति अकेला ही अपना हित चिन्तन करेगा किन्तु जब सभी दूसरों का हित चिन्तन करेंगे, तब हमारा हित चिन्तन करने वाले करोड़ों में नहीं अरबों में होंगे। इसी भावना से भावित होकर भारतीय मनीषियों ने संसार के कल्याण की कामना की है–

सर्वेभवन्तु सुखिनः सर्वे सन्तु निरामयाः।
सर्वे भद्राणि पश्यन्तु मा कश्चिद् दुःख भाग्भवेत्।।

कैसी विराट कामना है। संसार का प्रत्येक व्यक्ति हमारे लिए सुख की कामना कर रहा है। मनु ने धर्म के सम्बन्ध में एक और सूत्र वाक्य कहा है– आत्मनः प्रतिकूलानि परेषां न समाचरेत् – अर्थात् जो आपको अपने अनुकूल प्रतीत न हो, वह कार्य मत करो, तब आप से बड़ा धार्मिक कोई नहीं होगा। यदि यह उक्ति व्यवहार में आ जाये, तो संसार के समस्त पाप कर्म अपने आप समाप्त हो जायेंगे। हत्या, चोरी, लूट, डकैती, अपहरण, बेईमानी, चारित्रिक-हीनता जैसे दुर्गुण कहाँ टिक पायेंगे? कुछ भी करते समय यह ध्यान आयेगा कि यदि हमारे साथ कोई ऐसा ही व्यवहार करेगा तो हमें कैसा लगेगा? यह

सोचते ही अनुचित की ओर जाने से व्यक्ति रुक जायेगा और वह सद्मार्ग पर चल निकलेगा। इस मार्ग के पथिक से तो संसार का कल्याण ही होगा। एक अन्य श्लोक में धर्म को केवल एक शब्द में ही निहित कर दिया हैं-

नास्ति सत्यात् परो धर्मो, नानृतात पातकं परम्।
अतः सर्वेषु कार्येषु सत्यमेव विशिष्यते।

अतः यदि व्यक्ति सत्य का पालन करना धर्म मान लेगा, तो आचरण में पवित्रता आ जायेगी, असत्य उसे पातक लगेगा तो मिथ्याडम्बर अपने आप समाप्त हो जायेंगे।

इस विवेचन से एक बात स्पष्ट हो रही है कि आचरण की पवित्रता, कर्तव्य का पालन, परोपकार व सत्यता में से व्यक्ति किसी एक को भी अपना ले तो वह धर्म की गोद में ही होगा। यहाँ यह भी विचार करना असंगत नहीं होगा कि आचरण की पवित्रता के लिए करणीय कर्म का ज्ञान कैसे हो। प्रथम तो यह कहा जा सकता है कि शास्त्र विहित कर्म ही धर्म हैं और दूसरे सद् आचरण का निर्धारक व्यक्ति का मन है। शास्त्र किसी भी सम्प्रदाय का हो वह अच्छी बातों का ही प्रतिपादन करते हैं। शास्त्र धर्म के दो रूपों का वर्णन करते हैं- एक बाह्य जिसमें पूजा पद्धति या कर्मकाण्ड निहित होते हैं और दूसरा आन्तरिक जिसमें सदवृत्तियों का वर्णन होता है। कर्म व्यक्ति की वृत्तियों से ही प्रभावित होते हैं। अतः पहले कर्म से सम्बन्धित धर्म को देखना उचित होगा।

धर्म के कर्मकाण्ड व उपासना पद्धति में अनेकानेक भिन्नताएँ हैं। अतः उन विशेषताओं को देखें जो मानव मात्र के लिए प्रभावी हो सकती हैं। भारतीय परम्परा में मनुस्मृति धर्मशास्त्र का प्रथम ग्रंथ है। इस ग्रंथ में धर्म के लक्षण बताते हुए मनु कहते हैं-

धृतिः क्षमा दमोऽस्तेयं शौचमिन्द्रिय निग्रह।
धीर्विद्या सत्यमक्रोधो दशकं धर्म लक्षणम।।

-धृति, क्षमा, दम, अस्तेय, शौच (पवित्रता) इन्द्रिय-निग्रह, धी, विद्या, सत्य और आक्रोध ऐसे दस गुण हैं जिनको धर्म का लक्षण कहा है अर्थात इनसे युक्त व्यक्ति धार्मिक होगा, इसमें सन्देह नहीं। धैर्य को न त्यागकर उद्विग्नरहित स्थिति में कर्तव्यपथ से च्युत न होते हुए भी हर स्थिति में सन्तोष

ही धृति है। धैर्य की परीक्षा तब होती है, जब विकार के कारण होने पर भी व्यक्ति विकृत नहीं होता। तुलसी इसे आपातकाल कहते हैं। 'धीरज धरम मित्र अरु नारी। आपतकाल परखिये चारी।' कालिदास इसी धैर्य परीक्षा की कसौटी इस प्रकार बताते हैं। 'विकारहेतौ सति विक्रियन्ते येषां न चेतांसि तएव धीराः।' धैर्य की इस कसौटी पर खरा उतरने वाला व्यक्ति कभी भी कर्तव्य पथ से विचलित नहीं होगा और फिर उसके समस्त कार्य परहित में ही होंगे। अपने प्रति दूसरे के बुरे व्यवहार को देखकर उत्तर देने की क्षमता होने पर भी मन को वश में रखकर उसके अपराध के कारण बदले की भावना को न उठने देना क्षमा है। क्षमा शक्तिशाली का आभूषण है। बुराई का बुराई से उत्तर देना सद्मार्ग से विचलित होना है। अतः क्षमा धृति का ही एक अंग है। विकार के कारण उपस्थित होने पर भी मन को विकृत न होने देना, मन में निर्विकार भाव को बनाये रखना बहुत कठिन कार्य है। जिसने इस मन की चंचलता पर विजय प्राप्त कर ली, वह बुरी बातों से स्वतः ही दूर हो जायेगा। दूसरे के धन के प्रति किसी प्रकार की कामना या लालसा करना ही अस्तेय है। जिस प्रकार मार्ग में पड़े ढेले को देखकर उसे पाने की लालसा मन में नहीं होती, उसी प्रकार की भावना दूसरे के धन के प्रति उत्पन्न होना ही अस्तेय है। इस भाव के आने पर चोरी, लूट-डकैती, अपहरण, तस्करी, घूसखोरी जैसे पाप कर्मों के लिए अवसर स्वतः ही समाप्त हो जाते हैं। आन्तरिक एवं बाह्य पवित्रता के साथ व्यवहार की पवित्रता का नाम शौच है।

मन में बुरे विचारों का न उठना आन्तरिक शौच के अन्तर्गत है और स्वच्छ वस्त्र तथा शरीर की निर्मलता बाह्य शौच है। व्यवहार की पवित्रता से तात्पर्य कार्यों की पवित्रता से है। इस व्यावहारिक शौच का एक उदाहारण मनु ने इस प्रकार दिया है- 'सर्वेषामेव शौचानां अर्थशौच विशिष्यते' अर्थात् हमारे धन का स्रोत भी पवित्र होना चाहिए। विषयों के प्रति इन्द्रियों की आसक्ति को रोककर, उनको संयम में रखते हुए उनके सद्प्रयोग का नाम ही इन्द्रिय निग्रह है। यह इन्द्रिय समूह बड़ा बलवान है। इनको वश में करलेनेवाला व्यक्ति सद्गुणों से युक्त होना स्वाभाविक है। बुद्धि की उस निर्मलता की स्थिति को जो भले बुरे का ज्ञान रखती है, 'धी' कहते हैं। आत्म-अध्ययन

अथवा बहुश्रुत होने के कारण आत्म-अनात्म विषयक ज्ञान को विद्या के द्वारा ही प्राप्त किया जा सकता है। विद्या ज्ञान चक्षु का कार्य करती है -'नास्ति विद्या समं चक्षुः।' मिथ्या या अहितकर वाणी को त्यागकर प्रिय यथार्थ बोलने का नाम ही सत्य है। क्रोध के कारण उपस्थित होने पर भी क्रोध न करना ही अक्रोध है। मनु के द्वारा वर्णित धर्म के ये दस लक्षण देश, काल, जाति, सम्प्रदाय से बाधित नहीं है, जिनको मनु के नाम से ये स्वीकार न हो, वे अपने आराध्य या मान्य के उपदेश व कार्यों में भी इन गुणों को खोज सकते हैं। धर्म के विपरीत कार्य अधर्म है।

धर्म-अधर्म का सम्बन्ध मन, वाणी और कर्म से होता है। अतः मनसा, वाचा, कर्मणा के इन तीन प्रकार के पापों की संख्या भी मनु ने दस बतायी है। पाप कर्म व्यक्ति को धर्म विमुख बनाते हैं और धर्म के दस लक्षणों का पालन करने वाला व्यक्ति धार्मिक बन जाता है अर्थात् धर्म के दस लक्षण करणीय कर्तव्य हैं और आगे वर्णित अधर्म अकरणीय। वे अधर्म इस प्रकार हैः- दूसरे के धन को प्राप्त करने के लिए जो उपाय, चिन्तन, मनन एवं प्रयास किये जाते हैं वे अधर्म वर्ग में आते हैं। मन मैं निषिद्ध कर्मों का जागना ही मानसिक अधर्म है। जीव, आत्मा, परमात्मा, स्वर्ग-नरक में अनास्था रखते हुए केवल शरीर को ही सब कुछ मान बैठना भी अधर्म है। कठोर-भाषण, मिथ्या भाषण, परनिन्दा, व्यर्थ का वार्तालाप सभी पाप वर्ग में आते हैं। बिना दिये हुए किसी की वस्तु लेना भी पाप कार्य है। तन, मन अथवा वाणी से किसी को दुःख पहुँचना भी अधर्म है। परपुरुष या पर स्त्री के साथ शारीरिक सम्बन्ध भी पाप की श्रेणी में आता है। इन पाप कर्मों से बचकर जो व्यक्ति पूर्ववर्णित धर्म के दस लक्षणों का पालना करता है, वह पूर्ण धार्मिक है।

इन विधि निषेध का पालन करने वाले व्यक्ति के पास लक्ष्मी, वृद्धि, श्रद्धा स्वतः ही आ जाती हैं क्योंकि ये बातें प्रत्येक स्थान, काल और व्यक्ति पर लागू होती हैं। संसार के हित में जो भी कार्य ईमानदारी से किया जाये, वह धर्म बन जाता है और उन कार्यों के पहले धर्म स्वतः आ बैठता है यथा धर्मशाला, धर्मकांटा शब्दों में धर्म का प्रयोग। सार्वभौम धर्म सबके लिए है, तो सामान्य धर्म का सम्बन्ध व्यक्ति विशेष से होता है। अपने पद व व्यवसाय के अनुसार प्रत्येक व्यक्ति का एक उत्तरादायित्व होता है और इस उत्तरादायित्व का पालन

करना ही सामान्य धर्म कहलाता है। पिता का धर्म है सन्तान का समुचित पालन पोषण, गुरु का धर्म है शिष्यों को उत्तम ज्ञान का उपदेश वाणी व व्यवहार से देना, राजा का धर्म है अपनी प्रजा की रक्षा और सुख सुविधाएँ जुटाना।

एक ही व्यक्ति के अनेक धर्म हो सकते हैं। एक व्यक्ति ही पिता, पुत्र, पति, अधिकारी व अधीनस्थ अनेक रूपों में हो सकता है और प्रत्येक स्थिति में उसके धर्म में भिन्नता स्वाभाविक है। मनुष्य का यह कर्तव्य कर्म ही यदा कदा धर्म की संज्ञा पा जाता है। धर्म के कर्मकाण्ड रूप में हम किसी देवी देवता की पूजा करते हैं। माता-पिता व गुरु की सेवा को धर्म मानने वाले विचारक ने ही 'मातृ देवो भव। पितृ देवो भव। आचार्य देवो भव। अतिथि देवो भव।' का वैदिक आदेश दिया होगा। यही भाव विकसित होकर प्रत्येक कर्म के कर्ता से जुड़ता चला गया, जैसे राजधर्म, स्वामीधर्म, सेवक धर्म आदि।

कर्तव्य ही धर्म है, इसका सबसे अच्छा उदाहरण गीता में मिलता है। विषादग्रस्त अर्जुन श्रीकृष्ण से कुल धर्म व जातिधर्म की बात कहता है। वह कहता है कि कुल-क्षय से कुल धर्मनष्ट हो जाएगा:

कुलक्षये प्रणश्यन्ति कुलधर्मा:सनातना:।

आगे वह कहता है कि ये शाश्वत कुल धर्म व जाति धर्म वर्णसंकर कारक दोषों से नष्ट हो जाते हैं:- उत्साद्यन्ते जाति धर्मा: कुलधर्माश्च शाश्वता:।

आशय यह है कि कुल व जाति का भी अपना धर्म होता है अर्थात् कुल व जाति के कुछ करणीय कर्तव्य होते हैं। जाति या कुल की अपनी मर्यादाएँ या परम्पराएँ होती हैं। युद्ध में युवकों के वीरगति को प्राप्त होने पर वृद्ध व विधवाएँ ही शेष रहती हैं। उनको जीवन निर्वाह करते समय उन आदर्श परम्पराओं व मर्यादाओं का पालन करना असम्भव दिखने लगता है। अत: कुलक्षय या जातिक्षय का भय उपस्थित हो गया। अर्जुन अपने स्वजनों की हत्या के भय से भयभीत है। अत: वह क्षात्रधर्म के स्वरूप को त्यागना चाहता है। क्षत्रिय के नाते युद्ध करना उसका धर्म है, उसका कर्तव्य है। श्रीकृष्ण ने उसे समझाया कि स्वधर्म को देखते हुए क्षत्रिय को धर्मोचित युद्ध करना, अपने कर्तव्यधर्म का पालन करना है। अर्जुन शास्त्र सम्मत कर्म की अवहेलना करना चाहता है। मनु कहते हैं कि आततायी कोई भी हो, मारने योग्य है

गुरुं व बाल वृद्धं वा ब्राह्मण वा बहुश्रुतम्।
आततायिनमायान्तं हन्यादेवाऽविचारयन्।।

अन्याय के विरुद्ध युद्ध करना धर्म है। प्रत्येक परिवार में जाति या राष्ट्र में व्यक्ति का एक दायित्व होता है और यह दायित्व ही उसका धर्म है। उसका पालन ही स्वधर्म का पालन है। मनुष्य का स्वाभाविक धर्म कर्तव्य कर्म का पालन है।

करणीय कर्तव्य को धर्म और शास्त्र विहित कर्म को करणीय कर्तव्य मानने के बाद भी कर्तव्य का कोई निश्चित सांचा नहीं है। यह देश काल व्यक्ति सापेक्ष भी होता है। एक ही कर्म कभी प्रशंसनीय व कभी निन्दनीय हो सकता है। यथा युद्ध में अधिक से अधिक शत्रुओं को मारने वाला वीर प्रशंसनीय योद्धा है किन्तु आतंकवादियों के द्वारा किया गया कत्लेआम नृशंस हत्या का निन्दनीय कार्य है। कक्षा में छात्र की जिज्ञासाओं का शमन करना अध्यापक का धर्म है किन्तु परीक्षा भवन में अधर्म। कुछ समय पूर्व सागर पार करके विदेश जाना हिन्दुओं के लिए धर्म विरुद्ध कार्य माना जाता था किन्तु आज विदेश यात्रा अतिरिक्त योग्यता के रूप में मान्य है। एक ही कार्य दृष्टिकोण भेद से भी धर्म व अधर्म बन जाता है। स्वतंत्रता आन्दोलन के समय स्वतंत्रता सेनानी ब्रिटिश सरकार की दृष्टि में विद्रोही थे किन्तु स्वतंत्र भारत सरकार की दृष्टि में वे स्वतंत्रता सेनानी देशभक्त हैं। 1857 ई० का संघर्ष भारतीयों के लिए प्रथम स्वतंत्रता संग्राम है और ब्रिटिश सरकार की दृष्टि में सिपाही विद्रोह या गदर ही कहलाता रहा। ऐसे उहापोह के समय कर्तव्य का निर्धारण करते समय स्वयं के हित को त्यागकर अधिक से अधिक के हित को यदि ध्यान में रखा जायेगा तो सही मार्ग या दृष्टिकोण स्वतः ही मिल जायेगा।

सद्आचरण का निर्धारक शास्त्र के अतिरिक्त मनुष्य का अपना मन है। धर्म का निर्णय तर्क-वितर्क या विभिन्न मतों के विवेचन से सम्भव नहीं है। मन उचित अनुचित को बता देता है किन्तु बुद्धि की प्रबलता व इन्द्रियों का आकर्षण हमें अनुचित की ओर खींच लेता है। मन के अतिरिक्त लोकाचार भी आचरण की पवित्रता-अपवित्रता को निर्धारित करता है। लोकहित की कसौटी भी धर्म के निर्धारण में विशेष महत्त्व रखती है। इसी कारण व्यक्ति-व्यक्ति ही नहीं अपितु कभी कभी दो समाजों के धर्म में भिन्नता देखी जाती हैं। यह

भिन्नता बाह्य आचरण व आन्तरिक प्रवृत्तिगत दोनों प्रकार की हो सकती हैं। उदाहरण के लिए इस्लाम के मानने वालों में चाचा, ताऊ, मामा, फूफी के लड़के-लड़की पति-पत्नी बन सकते हैं। ऐसा करके वे न किसी नियम का उल्लंघन करते हैं और न सामाजिक दृष्टि से कोई अनुचित कार्य किन्तु इसी प्रकार का विवाह हिन्दुओं में कानूनन अवैध है और सामाजिक दृष्टि से पाप या अधर्म है। प्रवृत्तिगत उदाहरण देखें तो सन्तोष ब्राह्मण का गुण है किन्तु क्षत्रिय का अवगुण 'असन्तुष्टा द्विजा नष्टा, सन्तुष्टाच महीपति' नीति वाक्य यही प्रकट करता है। लोकाचार या परम्परा के अवसर पर धर्म को निर्वाह करने के लिए इस नीति वाक्य को ध्यान में रखना हितकर होगा

धर्मस्य तत्त्वं निहितं गुहायां, महाजनो येन गत: स पन्था:।

धर्म को कर्तव्य का पर्याय मान लेने पर सद्शास्त्र भी धर्म के विषय में प्रमाण हो जाते हैं। भगवान श्रीकृष्ण गीता में अर्जुन से कहते हैं कि तेरे लिए कर्तव्य और अकर्तव्य की व्यवस्था में शास्त्र ही प्रमाण हैं:-

तस्माच्छास्त्रं प्रमाणं ते कार्याकार्यव्यस्थितौ।

शास्त्रों में भले ही विविधता है किन्तु फिर भी सभी शास्त्र अकरणीय कर्मों के प्रति एकमत हैं। अत: उपनिषद्कार कहता है:-

यानि अनवद्यानि कर्माणि तानि सेवितव्यानि नो इतराणि।

धर्म के कर्तव्य पक्ष के विवेचन के उपरान्त् धर्म के उस स्वरूप की चर्चा भी अपेक्षित है, जहाँ धर्म अपना अभिधापरक अर्थ दे रहा है। जब धर्म से उपासना पद्धति या आस्था विश्वास परक अर्थ लिया जाता है, तब उसके अन्तर्गत कुछ कर्मकाण्डों या पूजा-उपासना विधान का वर्णन होता है। हिन्दू, मुस्लिम, सिख, बौद्ध, जैन, ईसाई, यहूदी आदि अनेक उपासना पद्धति अथवा कर्मकाण्ड के ही भेद हैं। यह भेद क्रमश: बढता ही जाता है और इसी कारण एक मूल शाखा से अनेक शाखा प्रशाखा फूटती रहती हैं। विभाजन की यह प्रक्रिया अनवरत है और इतनी विध्वसंक है कि प्राय: धर्म के नाम पर आन्दोलन, खून-खराबा एवं युद्ध सामान्य घटना बन कर रह गये हैं। इस कर्मकाण्ड या उपासना पद्धति को हृदय अथवा भावना से जोड़कर बुद्धि को निष्कासित

कर दिया जाता है। प्रतिशोध एवं हिंसा की आग को प्रज्वलित किया जाता है। उसका दुष्परिणाम यह होता है कि एक व्यक्ति का अपराध उस उपासना पद्धति को मानने वाली समस्त जाति का अपराध मान लिया जाता है। इतिहास में इस मनोवृत्ति के अनेक उदाहरण मिल जायेंगे। धर्म के आन्तरिक स्वरूप पर कोई मतभेद न होने के कारण इस आधार पर झगड़े-झंझट नहीं होते, बल्कि कलह का मूल कारण हमारा बाह्य आचरण है। बाह्य आचरण को ही धर्म मानना अथवा अपने बाह्याडम्बरों को ही एक मात्र सही मानना संघर्ष का कारण बनता है। वास्तविकता यह है कि मूलतः सभी धर्म अच्छे हैं किन्तु उनके अनुयायी जब धार्मिक कर्मकाण्ड को धर्म का आवरण दे देते हैं, तब स्थिति विकराल हो जाती है। व्यक्ति और उसके व्यक्तित्व में जैसे विभाजक रेखा खींचनी सम्भव नहीं है, उसी प्रकार धर्म और व्यक्ति के आचरण में भी विभाजक रेखा नही खींची जा सकती है। धर्म व्यक्ति को महानता देता है किन्तु व्यक्ति भी धर्म को महान बनाता है। प्रत्येक धर्म में महान् व्यक्ति हुए हैं जिनको उस धर्म के माननेवालों ने अवतार, देवदूत, देवपुत्र, पैगंबर और मसीहा आदि कहा है किन्तु धार्मिक बाह्याडम्बरों के द्वारा दूसरों को कष्ट देनेवालों के कारण धर्म बदनाम भी होता है। कौन नहीं जानता कि ओसामा बिन लादेन और उसके अनुयायी आतंकवादी संगठनों के कारण इस्लाम के प्रति दुनिया का नजरिया प्रभावित हुआ है।

किसी पंथ, सम्प्रदाय या उपासना पद्धति की सीमा केवल पूजा पाठ या उपासना स्थल तक ही सीमित नहीं होती। धर्म के क्षेत्र की व्यापकता के कारण धर्मशास्त्र के साथ ही नीति, लोक-व्यवहार एवं सदाचार भी इसके अन्तर्गत आते गये। यही कारण है कि प्रत्येक पंथ एवं सम्प्रदाय ने कुछ नीतियों एवं नैतिक मान्यताएँ निर्धारित की हैं। यदि इन समस्त सम्प्रदायों की मान्यताओं का अवलोकन किया जाये तो एक बात स्पष्ट देखने को मिलेगी कि इन नीतियों एवं नैतिक मान्यताओं में प्रायः कोई मूलभेद नहीं है। भेद केवल बाह्याचार या कर्मकाण्ड अथवा पूजा की विधि का है। किसी भी सम्प्रदाय ने बुरी बातों को अच्छा नहीं कहा है और न अच्छी बातों की निन्दा की है। सत्य, अहिंसा, परोपकार, क्षमा, दया, उदारता आदि को सभी ने स्वीकार किया है और हिंसा, असत्य, परपीड़ा आदि को अधर्म कहा है। भेद

केवल यह रहा है कि पूजा तीन समय की संध्या के रूप में उत्तराभिमुख होकर की जाये अथवा पांच बार की नमाज काबाभिमुख हो कर की जाये। आश्चर्य तो तब होता है, जब उन बातों पर संघर्ष देखते हैं, जिन पर उनका विश्वास स्वयं दृढ़ नहीं है। उदाहरण के लिए आज के बुद्धिवादी युग में कितने प्रतिशत लोग यह मानते कि वेद अपौरुषेय है, कुरान खुदा का कलाम है, बाईबिल ईश्वर की वाणी है अथवा वह परम सत्ता पृथ्वी पर अवतार लेती है, ईसा ईश्वर का पुत्र है, मुहम्मद को खुदा ने अपने दूत के रूप में भेजा है किन्तु इन विश्वासों के विरुद्ध एक बात भी कोई सुनने को तैयार नहीं है। प्रत्येक धर्म के उपदेशकों ने अपने धर्म प्रवर्तकों के साथ अनेक काल्पनिक कथा जोड़ दी हैं और उनकी सत्यता पर सन्देह करने वालों को अधार्मिक या काफिर घोषित कर दिया जाता है।

संसार में धर्म के नाम पर जितना रक्त बहा है, उतना साम्राज्य विस्तार के नाम पर राजाओं या योद्धाओं ने भी नहीं बहाया है। कहने को हम इक्कीसवी सदी के मानव हैं किन्तु जब धर्म का प्रसंग आता है, तब हमारी सोच मध्यकालीन इतिहास के पन्ने पलटने लगती है। धर्म का आन्तरिक रूप, सत्य, अहिंसा, क्षमा, दया, परोपकार, अस्तेय, पवित्रता, इन्द्रिय-निग्रह, अक्रोध आदि सभी सम्प्रदायों या मतों में स्वीकार्य है किन्तु धर्म का असली स्वरूप केवल प्रवचन के ही निमित्त रह गया है। धर्म का दूसरा रूप बाह्य आचरण है। पूजा-पाठ, व्रत-उपवास, रोजा-नमाज, तीर्थयात्रा अथवा हज यात्रा, खान-पान, वेशभूषा, त्योहार आदि इसके ही अंतर्गत है। बाह्य आचरणों का पालन करने वालों की संख्या प्रत्येक समुदाय में बहुतायत से मिलती है।

यह बाह्याचरण या कर्मकाण्ड कलह का जनक है। एक मूल से सम्बन्ध रखने पर भी हिन्दुओं, बौद्धों, जैनों व सिक्खों के मतभेद तथा इसी प्रकार यहूदी, ईसाइयों व मुसलमानों के संघर्ष इसके उदाहरण हैं। इस ब्राह्यचरण के कारण हिन्दू-मुसलमान, यहूदी-मुसलमान, ईसाई-यहूदी, शैव-शाक्त, शिया-सुन्नी, दिगम्बर-श्वेताम्बर, हीनयान-महायान, केशधारी-मोना या निरंकारी संघर्ष ने मानव जाति का जितना अहित किया है, क्या उसका अनुमान लगाना सम्भव है। दोनों का विश्वास ईसा में है किन्तु कैथोलिक व प्रोटेस्टेण्ट संघर्षरत हैं। दोनों मुहम्मद साहब को मानते है किन्तु शिया-सुन्नी

एक साथ बैठने को तैयार नहीं। दोनों यज्ञ मे विश्वास करते हैं किन्तु सनातनी कुण्ड में और आर्यसमाजी वेदी पर आहुति देने को राजी नहीं। यज्ञ गौण हो गया है आहुति का पात्र या स्थान महत्त्वपूर्ण बन गया है। स्पष्ट है कि बाह्यचार या कर्मकाण्ड ही संघर्ष का कारण है।

वैज्ञानिक उन्नति के कारण आज संसार इतना छोटा हो गया है कि एक विश्व समाज, विश्व सरकार या विश्व ग्राम की कल्पना की जाने लगी है। यदि धार्मिक जन अहंकार और हठवादिता को त्यागकर दूसरों की मान्यताओं एवं आस्थाओं के प्रति भी उदार दृष्टिकोण अपनायें तो एक ऐसा मार्ग निकल सकता है, जिस पर हर कोई चल सकता है। यह मार्ग विश्व कल्याण की ओर जाने वाला होना चाहिए। विश्व कल्याण की कसौटी क्या है? स्वार्थ या निज की हित-सिद्धि को छोड़कर अन्य सभी कार्य विश्वहित में हो सकते हैं। शर्त केवल इतनी है कि वे कार्य दुराग्रह या अहंकार के वशीभूत होकर न हो रहे हों।

बाह्याचार या कर्मकाण्ड की इस प्रवृत्ति के अनेक उदाहरण देखने के बाद मानव जाति का हित इसी में है कि पूजा-पद्धति, कर्मकाण्ड या बाह्याचार को गौण मानते हुए मानवीय मूल्यों- सत्य, अहिंसा, परोपकार, दया, क्षमा, इन्द्रिय-निग्रह, सहनशीलता, सरलता, उदारता, अक्रोध आदि पर विशेष बल देना चाहिए। ऐसा व्यक्ति दुर्गुणों से अपने को बचायेगा और काम, क्रोध, लोभ, मोह, मद, ईर्ष्या, राग-द्वेष, असत्य, छल-कपट आदि से पूर्ण छुटकारा पाने का प्रयास करेगा। धर्म के नाम पर परमसत्ता में विश्वास व कर्मफल के सिद्धान्त में आस्था रखने से उदात्तगुणों में दृढ़ता आयेगी। ऐसे उपासक के लिए माता-पिता, गुरु व अतिथि का सम्मान ही देव प्रतिमा होगी। मन वाणी और कर्म की शुद्धता ही उसका पूजा-पूर्व स्नान होगा। बाह्य व आन्तरिक शौच ही उसके वस्त्र होंगे। मधुर वाणी, उत्तम संकल्प, कष्ट-सहिष्णुता, सेवाभाव, इन्द्रिय-निग्रह व समदर्शिता ही उसकी पूजा सामग्री होगी। सच्चरित्रता, अनुसूया, सन्तोष, शान्ति, मनोनिग्रह आदि भाव ही इस पूजा का प्रसाद होगा। वहाँ उदात्त कर्म धर्म के लक्षण होंगे। इस धर्म के मानने वालों में किसी प्रकार का कलह या संघर्ष नहीं होगा। इस धर्म में समस्त मानवता ही नहीं, जीव जगत् मात्र समाहित हो जाता है। धर्म मूलतः

एक है, ऊपरी भेद सम्प्रदायों की विभिनता के कारण हैं। "एकम् सद् विप्रा: बहुधा वदन्ति" – सत्य एक ही है, विद्वत्जनों ने उसे विविध रूपों में व्यक्त किया है। इस निष्कर्ष पर वही पहुँच सकता है जिसने गहरे पानी में प्रवेश करने का साहस किया हो। वही उसमें से मोती निकाल कर ला सकता है। तट पर बैठने वालों को सीपियों से ही संतोष करना पड़ेगा।

14. संस्कार

संस्कार से आशयः- सम्+कृ+घयं संयोग से निर्मित संस्कार शब्द मूलतः संस्कृत शब्द से सम्बंधित है। कत् प्रत्यय लगने से संस्कृत व घयं लगने से संस्कार शब्द बनता है। दोनों के अर्थ में भी बहुत समानता है। दोनों ही परिष्कृत, अभिमंत्रित, पवित्रीकरण आदि अर्थ के द्योतक हैं। संस्कृत इस देश की सांस्कृतिक भाषा है, अतः संस्कारों का भी भारतीय हिन्दू समाज में विशेष महत्त्व है। संस्कार शब्द से पूर्ण करना, संस्कृत करना, मनः शक्ति, विचार, अलंकरण आदि अनेक अर्थ निकलते हैं किन्तु मुख्य अर्थ है- मानव के विकास एवं वस्तुओं की शुद्धि के लिए समय-समय पर किये जाने वाले वे आयोजन विशेष जिनके करने से आत्मा व शरीर शुद्ध एवं पवित्र होते हैं।

संस्कारों की संख्या- भारतीय धर्मशास्त्र के सर्वप्रथम ग्रन्थ मनुस्मृति में संस्कारों का विशद् वर्णन हुआ है। ये संस्कार कब-कब और किस-किस प्रकार आयोजित हों यह भी बताया गया है। मनु ने बारह संस्कारों का उल्लेख किया गया है। कुछ ग्रन्थों ने सोलह संस्कार बताये हैं। कुछ भाष्यकारों ने भी सोलह संस्कार बताये हैं। अन्य ग्रन्थों के आधार पर समाज सोलह संस्कार की ही बात को जानता है। गर्भाधान, पुंसवन, सीमन्तोन्नयन, जातकर्म, नामकरण, निष्क्रमण, अनप्राशन, मुण्डन या चूडाकर्म, उपनयन, बेदारम्भ, केशान्त, समावर्तन, विवाह, वानप्रस्थ, संन्यास व अन्त्येष्टि सोलह संस्कार मनुस्मृति के कुछ भाष्यकारों ने गिनाये हैं। हिन्दू धर्मकोश ने वानप्रस्थ व संन्यास को संस्कार न मानकर विद्यारम्भ व कर्णवेध दो और संस्कार बताये हैं। आज मुख्यतः नामकरण, विवाह व अन्त्येष्टि ही प्रचलित रह गये हैं। कुछ परिवारों में अन्नप्राशन, मुण्डन व उपनयन को भी

मनाया जाता है। अन्य संस्कारों का न तो समाज को ज्ञान है और न इनकी महत्ता ही उनको स्वीकार्य है।

1. गर्भाधानः- गर्भ+आधनम् से बना गर्भाधान संस्कार धार्मिक पक्ष में विवाह की पूर्णता को व्यक्त करता है। स्त्री का गर्भधारण प्रत्येक परिवार में सुखद एवं आह्लाद कारक होता है क्योंकि नारी की पूर्णता मातृत्व में ही है। सृष्टि के विकास क्रम को बनाये रखने वाले इस संस्कार की पवित्रता को पुष्ट करने की दृष्टि से शास्त्र ने अत्यधिक सतर्कता की अपेक्षा करते हुए निर्देश किया कि ऋतुकाल में पत्नी से सम्बन्ध जोड़ना चाहिए। [1]गर्भाधान के लिए पुरुष व नारी की आयु का भी ध्यान रखने का विधान है।[2]

पुरुष की पच्चीस व नारी की सोलह वर्ष की आयु से पूर्व गर्भाधान नहीं होना चाहिए। शास्त्र ने गर्भाधान के लिए समय भी निश्चित किया है। रजोदर्शन की चार रात्रियों के बाद आगे की बारह रात्रियाँ गर्भाधान के लिए मानी जाती है। धर्मग्रन्थों ने गर्भाधान से पूर्व कुछ नियमों एवं पूजादि के आयोजन का भी वर्णन किया है। ऋतुस्नान के बाद नारी सहवास अनिवार्य है। कौटिल्य के मत से यदि कोई पति ऋतुकाल के बाद पत्नी के पास नहीं जाता है, तो उस छियान्वें पण का अर्थ दण्ड देना चाहिए। [3]उन्होंने ऋतुकाल के उल्लंघन को धर्मवध के समान अपराध माना हैं। [4]मनु ने ऋतुस्नान के बाद पत्नी सहवास आवश्यक कर्तव्य बताया है। [5]निषिद्ध दिवसों अर्थात् अमावस्या, पौर्णमासी, अष्टमी व चतुर्दशी तिथियों तथा रजोदर्शन के बाद ग्यारहवीं व तेरहवीं रात्रि को छोड़कर ऋतुकाल के शेष दिनों में नारी सहवास करने वाले गृहस्थ भी ब्रह्मचारी ही कहलाते हैं।[6]

2. पुंसवनः- स्त्री में गर्भाधान के चिह्न प्रकट होने पर दूसरे या तीसरे मास में परिष्कारात्मक या शुद्धिकरण सम्बन्धी वह संस्कार जो पुत्रोत्पत्ति के उद्देश्य से किया जाता है पुंसवन कहलाता है। [7]यह संस्कार पुत्रकामना से किया जाता था। सर्वप्रथम इसका उल्लेख अथर्ववेद में हुआ है किन्तु बाद में यह भ्रूण की पुष्टि के लिए किया जाने लगा। महर्षि दयानन्द सरस्वती का मत है कि पुंसवन के बाद गर्भस्थ शिशु के पिता को बालक के जन्म के दो मास बाद तक ब्रह्मचारी रहकर स्वप्न में भी वीर्य को नष्ट नहीं करना चाहिए, जिससे दूसरी सन्तान भी उत्तम होवे।

3. सीमन्तोन्नयनः- गर्भिणी स्त्री के मन को सन्तुष्ट करने, शरीर के आरोग्य एवं गर्भ की स्थिरता व उत्कृष्टता के निमित्त सीमन्तोनयन नामक तीसरा संस्कार गर्भाधान के बाद चौथे, छटे या आठवें मास में किया जाता था। आश्वलायन गृहसूत्र चौथे मास की बात कहता है[8] और पारस्कर गृहसूत्र छटे या आठवें मास की बात कहते हैं। [9]कुछ ग्रन्थ इसका आयोजन तीसरे मास में मानते हैं "व्यक्ते गर्भे तृतीये तु मासे पुंसवनं भवेत्।" इस संस्कार में पति अपनी गर्भिणी पत्नी के बालों को सवाँरता है तथा गर्भस्थ शिशु के स्वास्थ्य की कामना करता है। सौभाग्यवती वृद्ध कुलीन स्त्रियाँ गर्भिणी के पास बैठकर प्रसन्नता की बातें करें तथा आशीर्वाद दें। इस अवसर पर खिचड़ी खाने का भी महत्त्व वर्णित है।

4. जातकर्म- यह संस्कार शिशु के जन्म के बाद नाल काटने से पहले किया जाता है। कुछ मंत्रों को पढ़ते हुए असमान मात्रा में मिले हुए घी व शहद को सोने की शलाका से शिशु को चटाया जाता है। उसी शलाका से बालक की जीभ पर मधु व घृत के मिश्रण से ॐ लिखना चाहिए तथा उसके दाँये कान में पिता वेदोसीति (तेरा गुप्त नाम वेद है) कहे। इस संस्कार में पिता नाड़ी छेदन करता है, शिशु को आशीर्वाद देता है, उसका सिर सूंघता है और कहता है कि मेरे अंग-अंग से तुम्हारा जन्म हुआ है हदय से तुम उत्पन्न हुए हो। पुत्र नाम से तुम मेरी ही आत्मा हो। सौ वर्ष तक जीवित रहो। [10]बार-बार आशीर्वाद देता है- पत्थर के समान दृढ़ हो परशु के समान शत्रुओं के लिए ध्वंसक बनो, शुद्ध सोने के सामन पवित्र रहो।[11]

5. नामकरण- नाम व्यक्ति की पहचान है जन्म के दसवें, बारहवें या किसी भी शुभ दिन बालक का नामकरण संस्कार किया जाता है। [12]कुछ गृह सूत्रों ने दसवें दिन को माना है[13] और आजकल प्रायः दसवें दिन ही यह संस्कार किया जा रहा है। महर्षि दयानन्द ग्यारहवें अथवा एक सौ एकवें दिन अथवा दूसरे वर्ष के प्रारम्भ में जिस दिन जन्म हुआ हो, नाम रखने की बात कहते हैं। [14]जीवन में नाम का विशेष महत्त्व है, अतः नाम बहुत सोच-विचार कर सुन्दर, सार्थक, मांगलिक व प्रभावशाली होना चाहिए। धर्मशास्त्रों ने नाम को समस्त व्यवहारों का हेतु बताया है। नाम शुभ का वहन

करने वाला तथा भाग्य का कारण है। मनुष्य नाम से ही कीर्ति प्राप्त करता है, इसलिए नामकरण की क्रिया बहुत महत्त्वपूर्ण है।[15]

6. निष्क्रमण:- जन्म के कुछ मास तक बालक को घर से बाहर नहीं निकाला जाता है। अत: जब पहली बार बालक को घर से बाहर निकालते हैं, तब उस आयोजन को निष्क्रमण संस्कार कहते हैं। यह संस्कार जन्म से दूसरे या चौथे मास में होना चाहिए।[16] महर्षि दयानन्द बालक को किसी शुद्ध स्थान अथवा यज्ञशाला में ले जाने की बात कहते हैं। इस संस्कार का अब पालन नहीं होता है और जन्म के बाद से ही प्राय: डॉक्टरों की शरण में जाना पड़ता है। इस संस्कार के समय बालक को अपने बड़ों का आशीर्वाद मिला करता था।[17]

7. अन्नप्राशन:- पाँचवे से आठवें महीने के मध्य जब बालक को पहली बार विधिवत् अन्नयुक्त भोजन कराया जाता है, तब किये जाने वाले धार्मिक आयोजन को अन्नप्राशन संस्कार कहते हैं। बालक को तेजस्वी बनाने के उद्देश्य से घृतयुक्त भोजन के साथ दही व शहद भी खिलाना चाहिए। मनु इस संस्कार को छटे महीने में करने की बात कहते हैं। [18]अश्वालायन भी दही, शहद, घी मिश्रित भोजन छटे मास में कराने का विधान करते हैं।[19]

8. चूडाकर्म या मुण्डन संस्कार:- प्रथम या तृतीय वर्ष में बालक के प्रथम बार सिर के बाल उतारने के आयोजन को चूडाकर्म संस्कार कहते हैं। मनु इसे द्विजातियों के लिए वेदानुकूल धार्मिक संस्कार मानते हैं।[20] अश्वालायन इस संस्कार को तीसरे वर्ष[21] में तथा पारस्कर प्रथम वर्ष में मानते हैं।[22] यह संस्कार किसी देवी देवता के स्थान या पवित्र नदियों के घाट पर मनाया जाता है।

9. कर्णवेध या कर्ण छेदन:- यह संस्कार तीसरे या पाँचवे वर्ष में किया जाता है।[23] इस संस्कार में बालक के कानों का तथा बालिकाओं के कान तथा नासिका का वेधन किया जाता है। वैश्य समाज इस संस्कार को परोजन कहता है और बहुत धूमधाम से मनाता है।

10. उपनयन:- इसे यज्ञोपवीत संस्कार भी कहते है। उपनयन शब्द का अर्थ समीप ले जाना है। जब बालक को गुरु के समीप ले जाते थे, तब गुरु उसे यज्ञोपवीत की दीक्षा देते थे। ब्राह्मण क्षत्रिय व वैश्य बालक का क्रमश: आठवें, ग्याहरवें व बारहवें वर्ष में यह संस्कार होना चाहिए।[24] यह समय गर्भाधान तथा जन्म दोनों में से किसी से भी गिना जा सकता है। मनु इस

संस्कार के लिए कुछ ढील देते हैं, अतः पाँच से लेकर चौबीस वर्ष की आयु तक इस संस्कार का हो जाना आवश्यक मानते हैं।[25] आजकल यह संस्कार विवाह से पहले दिन होता है।

11-12. वेदारम्भ व विद्यारम्भः- कुछ विद्वानों ने इनको पृथक् पृथक् संस्कार माना है।[26] मनु वेदारम्भ को ही मानते हैं। गुरु के पास बैठकर वेदों का अध्ययन प्रारम्भ करने का कार्य ही इस संस्कार का प्रयोजन है। महर्षि दयानन्द उपनयन व वेदारम्भ संस्कार एक ही दिन में करने की बात कहते हैं। यदि उस दिन सम्भव न हो, तो एक वर्ष के भीतर हो जाने की छूट भी महर्षि ने दी है।

13. केशान्तः- मनु के अनुसार ब्राह्मण, क्षत्रिय, वैश्य को क्रमशः सोलहवें, बाईसवें, व चौबीसवें वर्ष में केशान्त कर्म अथवा क्षौर मुंडन कराना चाहिए।[27] आजकल इस संस्कार का आयोजन नहीं किया जाता।

14. समावर्तनः- विद्याध्ययन के उपरान्त छात्र के घर लौटने के समय यह संस्कार आचार्य के घर अथवा गुरुकुल में ही होता था। यह आजकल का दीक्षान्त समारोह है। इसके बाद शिष्य को गृहस्थाश्रम में प्रवेश की अनुमति मिल जाती थी तथा उसे स्नातक की उपाधि मिलती थी। समावर्तन के बाद स्नातक का कर्तव्य है कि वह अपनी सामर्थ्यानुसार गुरु दक्षिणा दे।

15. विवाहः- पच्चीस वर्ष की आयु होने के बाद गृहस्थाश्रम में जाने के लिए स्त्री व पुरुष के सम्बन्धों को वैध बनाने वाला संस्कार विवाह कहलाता है। विवाहोपरान्त गृहस्थ धर्म का पालन करते हुए सन्तानोत्पत्ति करना शास्त्रीय विधान है। मानव के जीवन में यह सबसे महत्त्वपूर्ण संस्कार है। भारतीय आठ प्रकार की विवाह पद्धति का स्वीकार करते हैं।

16. अन्त्येष्टिः- यह मानव का अन्तिम संस्कार है जिसका जन्म होता है उसकी मृत्यु भी अनिवार्य है। मृत व्यक्ति की दाह क्रिया से लेकर तेरहवें दिन शोक समाप्ति तक की समस्त क्रियाएँ इसी संस्कार के अन्तर्गत आती हैं। प्रथम पन्द्रह संस्कार जहाँ से एहिक जीवन को पवित्र व सुखी बनाने के निमित किये जाते हैं, वहाँ यह अन्तिम संस्कार परलोक-सुधार के लिए किया जाता है।

उपसंहारः- आज के व्यस्त जीवन व वैज्ञानिक सोच ने इस सोलह संस्कारों में से अनेक को पूर्णतः भुला दिया है परम्पराओं में आस्था रखने वाला यह देश नामकरण, विवाह व अन्त्येष्टि जैसे संस्कारों को आज भी पूरी श्रद्धा व

सामार्थ्यनुसार मनाता है। संस्कारों के आयोजनों को मनुस्मृति अथवा महर्षि दयानन्द सरस्वती की पुस्तक संस्कार विधि का अध्ययन करना चाहिए।

1. संदर्भ ऋतु काले दाराभिगमन कार्यक्रम।

2. पंचविंशे ततो वर्षे पुमानारीन्नारी तु षोडशे। समत्वागतवीर्यो तौ जानीयात् कुशलो भिषकः। सुश्रुत अध्याय 35

3. तीर्थगृहमनागमने षण्णवर्ति दण्डः। चतुर्थ अध्याय, तृतीय अधिकरण

4. तीर्थोपरोधो हि धर्मवध इति कौटिल्य।

5. ऋतु कालभिगामी स्यात्रवदारनिरतः सदा। मनुस्मृति 3/45

6. निन्द्यास्वष्टासु चान्यासु स्त्रियो रामिषु वर्जयन।

ब्रह्मचार्येव भवति यत्र तयाश्रमे बसन्।। मनुस्मृति 3/50

7. अथ पुसवनं पुरास्यन्दत इति मासे द्वितीये तृतीये वा/पारस्कर गृहसूत्र

8. चतुर्थे गर्भमासे सीमान्तोन्नयनम्। आश्वलायन गृहसूत्र

9. पुंसवनवत्प्रथमे गर्भे मासे षष्टेऽष्टमे वा। पारस्कर गृहासूत्र

10. अंगाद् अंगात् संभवसि हदया दधिजायसे।

आत्मा वै पुत्र नामासि स जीव शरदःशतम्।।

11. अश्मा भव, परशुर्भव, हिरण्यमस्त्रुतं भव।।

12. नामधेयं दशम्यां तु द्वादश्यां कारयेत्।

पुण्ये तिथौ मुहूर्ते वा नक्षत्रे वा गुणाविन्बते।। मनुस्मृति 2/30

13. दशुम्यामुत्थाप्य पिता नाम करोति।

14. देखें अथ संस्कार विधि पृष्ठ 62

15. नामाखिलस्य व्यवहारहेतु शुभावहं कर्मसु भाग्यहेतु।

नाम्नैव कीर्ति लभते मनुष्यस्ततः प्रशस्तं खलु नामकर्म।। बृहस्पति

16. चतुर्थेमासि निष्क्रमणिका सूर्यमुदीक्षयति तच्चक्षुरिति। पारस्करगृहासूत्र

17. त्वं जीव शरदः शतं वर्धमानः। अथ संस्कार विधि पृष्ठ 68

18. चतुर्थेमासि कर्तव्यं शिशोनिष्क्रमणं गृहात्।

षष्ठेऽनप्राशनम् मासि यद्वेष्टं मंगल कुले।। 2/34

19. षष्ठे मासि अन्नप्राशनम्। दधि मधु घृतमिश्रितमन्नं प्राशयेत्।

20. चूडाकर्म द्विजातीनां सर्वेषामेव धर्मतः। ;; प्रथमऽब्दे तृतीये वा कर्तव्यं श्रुति चोदनात्।। 2/35

21. तृतीये वर्षे चौलम।

22. सांवत्सरिकस्य चूडाकरणम्।

23. कर्णवेधो वर्षे तृतीये पंचमे वा। संस्कार विधि पृष्ठ 76

24. अष्टमे वर्षे ब्राह्मणमुपनयेत्। एकादशे क्षत्रियम्। द्वादशे वैश्यम्।

25. देखें मनुस्मृति 2/62-63।

26. देखें हिन्दू धर्म कोश पृष्ठ 645?

27. केशान्तः षोडशे वर्षे ब्राह्मणस्य विधीयते।

राजन्यबन्धो द्वाविंशे वैशयस्य द्वयधिके ततः।।

15. चतुवर्ग

भारतीय समाज-व्यवस्था के सुचारु संचालन के उद्देश्य से हमारे पूर्वज ऋषिमुनियों ने वर्णाश्रम व चतुवर्ग का सिद्धान्त प्रतिपादित किया था। चार वर्ण, चार आश्रम व चार पुरुषार्थ भारतीय समाज-व्यवस्था के आधार हैं। चार वर्ग या चार पुरुषार्थ-धर्म, अर्थ काम व मोक्ष की महत्ता का वर्णन प्रायः सभी धर्मशास्त्रों में मिलता है। वैदिक ज्ञान, पौराणिक मान्यताओं व दार्शनकि सिद्धान्तों के आधार पर मानवजीवन चार पुरुषार्थ के बल पर ही सफल होता है। वैदिक मान्यतानुसार जीवन का एक चक्र है। जन्म के बाद मृत्यु और मृत्यु के बाद जन्म अनिवार्य है।"[1] इस आवागमन के छुटकारे का नाम ही मोक्ष है। इस लक्ष्य तक पहुँचने के लिए पुरुषार्थों के पड़ावों से होकर गुजरना पड़ता है। धर्म पहला पुरुषार्थ है किन्तु यह अर्थ और काम के साथ रहता है और धर्म से संयुक्त होने पर ही ये दोनों पुरुषार्थ कोटि में आते हैं अर्थात् धर्म मार्ग से अर्जित धन व धर्मानुकूल कामसेवन को ही पुरुषार्थ कहा जा सकता है। मोक्ष एक उद्देश्य हैं, लक्ष्य है, धर्म दो पुरुषार्थ- अर्थ व काम का विशेषण है। इन चार पुरुषार्थों के समूह का नाम ही चतुवर्ग हैं।

धर्मः- 'ध्रियते लोकोऽनेन इति धर्मः' अर्थात् जिससे लोक धारण किया। जाये, वह धर्म है, अथवा 'द्यारिति लोकं इति धर्मः' जो लोक की धारण करे वह धर्म है। धृ धातु में मन् प्रत्यय लगने से बनने वाला धर्म शब्द अनेक अर्थों को व्यक्त करता है। धर्म शब्द मानव के चार पुरुषार्थों में से एक का वाचक होने के साथ ही कर्तव्य, नीति, जाति या सम्प्रदाय विशेष के आचार, औचित्य, रीति-प्रणाली, प्रथा, अच्छे कार्य, स्वभाव, चरित्र आदि अनेक अर्थों को व्यक्त करता है। धर्म शब्द किसी अन्य शब्द के पहले आने पर अनेक नये शब्द बना देता है, जिनका अर्थ उत्तर पद के आधार पर बदलता रहता

है। धर्मशास्त्र, धर्मक्षेत्र, धर्मपुत्र, धर्मपत्नी, धर्मशाला, धर्मकाँटा, धर्मासन, धर्माचरण, धर्मसभा, धर्मशील आदि अनेक शब्द अपना पृथक्-पृथक् अर्थ रखते हैं। इस प्रकार के शब्दों के आधार पर धर्म के क्षेत्र की सीमा का विस्तार होना स्वाभाविक है।

धर्म का स्वरूप विवेचनः- विभिन्न अर्थों के होने पर भी धर्म शब्द का अभिधापरक अर्थ किसी जाति या सम्प्रदाय के आचार पालन से लिया जाता है और उसी आधार पर हिन्दू, मुसलमानों, सिक्ख, पारसी, यहूदी, जैन, बौद्ध आदि के भेद बने हैं। धर्म शब्द को जब उसके व्यापक अर्थ में देखते हैं, तो उसका क्षेत्र बहुत विशाल प्रतीत होता है। इस दृष्टि से धर्म के दो भेद किये जा सकते हैं- एक बाह्य दूसरा आन्तरिक। बाह्य के क्षेत्र में पूजापाठ, व्रत उपवास, रोजा-नमाज, तीर्थयात्रा, देवदर्शन आदि आते हैं। इस क्षेत्र में खानपान, वेश-भूषा, भाषा आदि भी यदाकदा आ जाते हैं। धर्म का यह रूप व्यक्ति को व्यक्ति से बाँटता है। इस बाह्याचरण की हठवादिता के कारण मानवजाति का जितना रक्त बहा है, उतना किसी अन्य कारण से नहीं। बाह्याचरण का आधार उपासक की आस्था और उसका अन्धविश्वास है। यथा-स्वर्ग, जन्नत या हैविन की मान्यता या वेद, कुरान व बाइबिल को ईश्वर, खुदा या गॉड के शब्द मानना आस्था के कारण ही सम्भव है। बाह्याचरण वाले इस धर्म के कारण जहाँ रक्तपात हुआ है, वहाँ इस प्रकार के धर्म का विभाजन भी होता रहता है। वैदिक धर्म अनेक भेदों में विभाजित हो गया। उससे निकले हुए बौद्ध, जैन व सिक्ख धर्म भी विविध रूपों में विभाजित हो गये। कुरान व खुदा को दोनों मानते हैं, फिर भी शिया-सुन्नी बाह्याचरण के भेद के कारण एक दूसरे से शत्रुता रखते हैं। कैथोलिक व प्रोटैस्टेण्ट के धर्म युद्ध क्रूसेड के नाम से प्रसिद्ध है। इस विभाजन को देखकर आश्चर्य होता है, यथा-श्वेत वस्त्र पहनों तो श्वेताम्बर और बिल्कुल ना पहनों तो दिगम्बर।

धर्म का आन्तरिक स्वरूप मानव जाति में एक समान है। यह धर्म शब्द गुण स्वभाव को व्यक्त करता है। भारतीय धर्मशास्त्र के प्रथम प्रणेता मनु ने धर्म के दस लक्षण बताये हैं।[2] धैर्य, क्षमा, दम, अस्तेय, शौच, इन्द्रियनिग्रह, धी विद्या, सत्य और अक्रोध को धर्म के दस लक्षण मानने पर मानव के लिए कुछ निश्चित गुणों का विधान किया गया है। ये ऐसे गुण हैं, जो प्रत्येक उपासना पद्धति में नाम भेद से स्वीकार्य हैं। व्यास अत्यन्त संक्षेप में धर्म का

स्वरूप बताते हुए कहते हैं- धर्म का सर्वस्व सुनो और सुनकर इसे धारण करो, अपनी प्रति जो कार्य अच्छा लगे, वैसा कार्य दूसरों के प्रति न करो।[3] वेद को सम्पूर्ण धर्म का मूल कहा गया है।[4] यह कथन वैदिक धर्म से भिन्न उपासना पद्धति वालों को भले ही मान्य न हो किन्तु वेद के इस कथन से- धर्म का पालन करें।"[5] या धर्म से सुख होता है[6] अथवा धर्म में प्रमाद नहीं करना चाहिए[7], कौन असहमत होगा? वस्तुतः धर्म मनुष्य की आन्तरिक प्रवृत्ति है, जिसे समाप्त नहीं किया जा सकता। इसके स्वरूप में यदा कदा परिवर्तन हो सकता है। मानव की पूर्णता और सृष्टि के समुचित संचालन के लिए धर्म के आन्तरिक स्वरूप की महती आवश्यकता है। धर्म शब्द को निरूक्तकार ने 'नियम' कहा है। अतः जिन नियमों से लोक या संसार को धारण किया जाता है, वे सभी धर्म के अंग हैं। धर्मपालन से संसारिक उन्नति व पारलौलिक कल्याण दोनों मिलते हैं, ऐसा महर्षिकणाद का मत है।[8] अतः धर्म-पालन और सुख की प्राप्ति अन्योन्याश्रित है।

धर्म व्यक्ति या वस्तु के अंतर्गत समाहित गुण या स्वभाव का नाम है। अग्नि का धर्म उष्णता है और जल का धर्म शीतलता है। इसी प्रकार व्यक्ति का भी एक धर्म है जो स्थान व काल के आधार पर बदलता रहता है। एक ही व्यक्ति अपने पिता के साथ पुत्र-धर्म का पालन करता है, स्वामी के सम्मुख सेवक-धर्म का निर्वाह करता है और पत्नी के साथ पति धर्म निभाता है। अतः शास्त्र ने विभिन्न प्रकार के धर्म बताये हैं। इस धर्म का पालन करना अनिवार्य है क्योंकि धर्म नित्य है और सुख दुःख अनित्य हैं।[9] धर्म की इस व्यापकता के कारण ही राजा-प्रजा, स्वामी-सेवक, पिता, पुत्र, पति-पत्नी, गुरु शिष्य आदि के धर्म भिन्न-भिन्न कहे गये हैं। जिस व्यक्ति को प्रथम पुरुषार्थ रूप धर्म का ज्ञान होगा, वही अन्य पुरुषार्थों की ओर अग्रसर होकर अन्तिम लक्ष्य मोक्ष को पा सकता है।

अर्थः- इस शब्द से-आशय, प्रयोजन, धन, लक्ष्य, उद्देश्य, अभिलाषा, कारण आदि का बोध होता है। अनेक अर्थों का द्योतक होने पर भी मुख्य अर्थ धन ही है। सांसारिक जीवन में धन का विशेष महत्त्व है। यह हो सकता है कि कहीं धन महत्त्वपूर्ण है और कही मान सम्मान को महत्त्व अधिक हो।[10]

धन जीवन का सुचारू संचालन करता है अतः उसकी गणना पुरुषार्थ के रूप में की गई है। धन का अर्जन न्यायोचित मार्ग से होना चाहिए। शास्त्रीय शब्दावली में कहें, तो धनोपार्जन के उपाय धर्मानुकूल होने आवश्यक हैं। यों तो चोर-डकैत, लुटेरे, अपहरणकर्ता, रिश्वतखोर, तस्कर आदि भी धनार्जन करते है, किन्तु यह धन अच्छा नहीं समझा जाता, भले ही इस धन का कुछ अंश धर्मकार्यों में भी लगता हो। परिश्रम और ईमानदारी से अपने धर्मानुकूल व्यवसाय को करते हुए जो धनार्जन होता है वह धन ही श्रेष्ठ है और इस श्रेष्ठ धन का संसार के कल्याण के निमित्त प्रयोग ही उत्तम निवेश है। धर्मयुक्त उपायों से किया गया धनार्जन ही पुरुषार्थ है। यदि व्यक्ति धर्म को जानता हुआ भी दुर्योधन के समान धर्म में प्रवृत्त नहीं होता- 'जानामि धर्मं न च मे प्रवृत्ति, जानाम्यधर्मं न च मे निवृत्तिः'- भावना रखता है, तो वह धार्मिक नहीं कहलाता, ठीक इसी प्रकार धर्मानुकूल उपायों से धनार्जन करने के बाद भी यदि उसका सद्उपयोग नहीं होता, तो वह पुरुषार्थ कोटि में नहीं आ सकता। धन का सही प्रयोग परोपकार में ही होता है। यही कारण है कि इस देश ने दानियों को तो स्मृति-पथ में रखा है, धन कुबेरों को नहीं। हरिश्चन्द्र, कर्ण, दधीचि, रघु, हर्षवर्धन, भामाशाह जैसे दानियों की कहानी सुनी जाती है, किन्तु आश्चर्यजनक सत्य है कि सत्ययुग से लेकर आज तक किसी धनपति का नाम भारतीय पौराणिकी अथवा इतिहास में नहीं लिया जाता। धन के देवता कुबेर की भी देवरूप में पूजा नहीं होती।

अर्थ के प्रति आसक्ति को भारतीय ऋषि मुनियों ने अच्छा नहीं कहा है। उसे दुख का कारण बताया है क्योंकि उसके अर्जन, रक्षण, नाश व व्यय सभी में प्रायः दुख की अनुभूति होती है।[11] किन्तु यह भावना उस धन के प्रति है जिसका अर्जन धर्मानुकूल न हो और उसका उपयोग परोपकार में न किया गया हो। अन्याय अर्जित धन में स्थायीत्व का अभाव है और वह निन्दनीय है। साथ ही यह भी आवश्यक है कि धन के प्रति लालसा का होना अच्छा नहीं है। सद्कर्म के फलस्वरूप प्राप्त धन कर्म का उपहार है। जोड़-तोड़ से उपहार रूपी फल की आशा तृष्णा या लालसा है, जो सदैव निन्दनीय है।[12] अतः मन से पूर्ण सन्तुष्ट रहते हुए जो मिल जाये वह ठीक है।[13]

कामः- कम्+घञ् प्रत्यय से बने काम शब्द का अर्थ- कामना, इच्छा, कामुकता, कामदेव, विषयभोग की इच्छा, विषयों से तृप्ति की अभिलाषा, कार्य आदि होता है। विषयसेवन की इच्छा अर्थ में काम का प्रयोग करते हुए मनु कहते हैं।

न जातु कामः कामानामुपभोगेन शाम्यति।
हविषा कृष्णवर्मेव भूय एवाभिवर्धते।।

जिस प्रकार अग्नि में ईंधन व घी डालने से अग्नि बढ़ती ही जाती है, उसी प्रकार विषयों के उपयोग से विषयासक्ति शान्त नहीं होती है। काम शब्द के अनेक अर्थ हो सकते हैं किन्तु पुरुषार्थ कोटि में आने वाले काम से आशय केवल विषय वासनाओं की अभिलाषा तक ही सीमित है। भिन्न लिंगी के प्रति नर नारी का आकर्षण काम का विषय है। सांसारिक अन्य सुख-सुविधाओं की अभिलाषा भी अर्थ व काम के क्षेत्र में आती है। काम का भी धर्मसम्मत होना आवश्यक है। इस कामभाव की संतुष्टि व इसे धर्म सम्मत बनाने के उद्देश्य से प्रत्येक सभ्य समाज ने विवाह नामक संस्था को जन्म दिया है। नर-नारी का एक दूसरे के प्रति आकर्षण प्रकृतिदत्त है, स्वभावगत है। सृष्टि के क्रम को चलाने के लिए यह आकर्षण अनिवार्य है। अतः इसकी तृप्ति के लिए विवाह करते हैं। यह कामतृप्ति धर्मानुकूल है और सभी के द्वारा स्वीकृत है किन्तु यह धर्मरहित होने पर वासना का निन्दनीय रूप बन जाता है। वासना में भी आकर्षण है किन्तु फल बुरा है। ऐसी वासना नारद का उपहास कराती है, विश्वामित्र के तप को भंग करती है, अहल्या व इन्द्र को शापित कराती है, बाली का वध व शूर्पणखा की नाक कटवाती है।

काम मनोविकारों में अत्यन्त प्रबल है। इसका सम्बन्ध, नेत्र, कान व त्वचा से है। इनके आकर्षण से बँधकर पंतग, मृग व हाथी मृत्यु को प्राप्त करते हैं, या बंधन में पड़ते हैं। मनुष्य को काम पुरुषार्थ की साधना करते हुए आठ प्रकार के मैथुन-स्मरण, श्रवण, कीर्तन, प्रेक्षण, केलि, शृंगार, गुह्य-भाषण तथा स्पर्श से बचना चाहिए तथा अपनी अभिलाषाओं को सीमित रखना चाहिए। यह ध्यातव्य है कि संत-महात्मा, नीतिज्ञ या कथावाचक अपने उपदेश या प्रवचनों में जिस प्रकार काम के विग्रहणीय रूप का ही वर्णन करते हैं, काम उतना त्याज्य नहीं है। धर्मशास्त्रों में ऋतु-स्नान के बाद पत्नी

को ऋतुदान न करना पाप बताया है। भारतीय सभ्यता व संस्कृति के आदर्श ग्रन्थ रामचरितमानस में गोस्वामी तुलसीदास ने जानबूझ कर जनकपुर वाटिका प्रसंग को जोड़ा है। इसके माध्यम से श्रीराम व सीता के जिस आकर्षण का वर्णन किया गया है, वह यौवनोचित काम आदर्श है। काम को सामाजिक मान्यता देने के लिए वैदिक धर्म के सभी देवता, ऋषि, मुनि, अवतार आदि गृहस्थी हैं। अतः धर्मानुकूल काम सेवन तृतीय पुरुषार्थ है।

मोक्षः- मोक्ष शब्द का अर्थ मुक्ति, छुटकारा, बचाव, उद्धार, स्वतंत्रता, परित्राण, आवागमन के चक्र से मुक्ति आदि है। भारतीय मान्यतानुसार जीव अनेक योनियों में जन्म लेता है। वह जन्म और मृत्यु के चक्र में फंसा रहता है। पुण्य या पाप का फल भोगने के लिए स्वर्ग या नरक में जाता है। कुछ काल बाद पुनः जन्म और मृत्यु के चक्र में पड़ जाता है। स्वर्ग या नरक का निवास सीमित अवधि के लिए होता है। इस दुःख से छुटकारे का मार्ग मोक्ष है। जीव परब्रह्म का अंश है, उसका ही स्वरूप है, वह अपने मूल से पृथक् होकर दुःख भोगता है। जीव परब्रह्म से तादात्म्य चाहता है, उसमें विलीन हो जाना चाहता है। मोक्ष तादात्म्य की स्थिति का ही नाम है। मोक्ष की प्राप्ति के लिए तैयारी बहुत पहले से करनी पड़ती है। धर्मयुक्त जीवन जीने वाले व्यक्ति धर्मानुकूल अर्थोपार्जन के द्वारा परोपकार में रत रहते हैं और धर्मयुक्त काम का सेवन करते हुए परस्त्री और पराये धन को त्याज्य मानते हैं।[14] मुमुक्षु को सर्वप्रथम वीतराग होना पड़ता है। राग की समाप्ति के बाद ही मुमुक्षु को वन की ओर जाना चाहिए अन्यथा रागी व्यक्ति वन में भी दोषों से प्रभावित हो जाता है।[15] मुमुक्षु शरीर, धन, स्त्री, पुत्र, मान, अपमान, यश, अपयश सभी से ऊपर उठकर प्रत्येक आसक्ति को छोड़कर उस परमत्त्व का चिन्तन करता हुआ, इस चोले को छोड़ देता है। यही जीवन का लक्ष्य है। यही जीवन यात्रा का अन्तिम पड़ाव है। इसे ही मोक्ष कहते है।

1) जातस्य हि ध्रुवो मृत्युर्ध्रुवं जन्म मृतस्य च।

तस्मादपरिहार्येऽर्थे न त्वं शोचितुमर्हसि।।

2) धृतिः क्षमा दमोऽस्तेयं शौचमिन्द्रियनिग्रहः।

धीर्विद्या सत्यमक्रोधो दशकं धर्मलक्षणम्।।

3) श्रूयतां धर्म सर्वस्व श्रुत्वा चौवावधार्यताम्।

आत्मनः प्रतिकूलानि परेषां न समाचरेत्।।

4) वेदोऽखिलो धर्ममूलं।

5) धर्मं चर।

6) धर्मेण सुखमासीत्।

7) धर्मान्न प्रमदितव्यम्।

8) यतोऽम्युदय निःश्रेयस सिद्धि स धर्मः।

9) न जातु कामनान्न भयान्न लोभाद धर्म त्येज्जीवितस्यापि हेतोः।

नित्यो· धर्मः सुख दुःखे त्वनित्ये जीवो नित्यो हेतुरस्य त्वनित्यः।।

10) अधमा धनमिच्छन्ति धनं मानं च मध्यमाः।

उत्तमा मानमिछन्ति मानो हि महतां धनम्।।

11) अर्थानाम् अर्जने दुःखं अर्जितस्य च रक्षणे।

नाशे दुःखं व्यये दुःखं धिक् अर्थान् दुःखसम्प्रदान।।

12) अन्यायोपार्जितं वित्तं दशवर्षाणि तिष्ठति।

प्राप्ते चौकादशे वर्षे समूलमेव विनस्यति।।

13) सा तु भवति दरिद्रो यस्य तृष्णा विशाला।

मनसि च परितुष्टे कोऽर्थवान् को दरिद्रः।।

14) मातृवत्परदारेषु परद्रव्येषु लोष्टवत्।

आत्मवत्सर्वभूतेषु यः पश्यति स पण्डितः।।

15) वनेऽपि दोषाः प्रभवन्ति रागिणाम्।

16. नौ करणीय व अकरणीय

मूल अंकों में नौ जहाँ सबसे बड़ा है, वहाँ सबसे अधिक शुभ भी है। यह मूल अंकों का बड़ा भाई है। शुभ संख्या के लिए सात या नौ ही मान्य है। नौ संस्कृत के नव शब्द से बना है जिसका अर्थ नवीन या नूतन अथवा नया है। अंकों की गणना में नौ जहाँ भी अन्त में होगा उसके बाद नवीनता ही मिलेगी। यह परिवर्तन की सूचना लेकर आता है। धर्म प्रधान भारत में करणीय-अकरणीय सफल-असफल, गोपनीय-प्रकाश्य, आवश्यक अथवा निन्दित आदि धार्मिक बातों में नौ का विशेष महत्त्व है।

शरीर की नौ अवस्थाएँ:- धर्म का आधार शरीर है- शरीरमाद्यं खलु धर्मसाधनम्। सभी प्रकार के धार्मिक कार्य शरीर के द्वारा ही होते हैं। शरीर की भी नौ अवस्थाएँ हैं।

1. गर्भाधान, 2. गर्भवृद्धि, 3. जन्म, 4. बाल्यावस्था, 5. कुमारावस्था, 6. यौवन, 7. प्रौढ़ावस्था, 8. वृद्धावस्था व 9. मृत्यु

इन नौ अवस्थाओं में से पहली दो गर्भाधान व गर्भवृद्धि माता के उदर में होती हैं। जन्म के साथ ही मनुष्य का सम्बन्ध पृथ्वी से जुड़ता है। दस-बारह वर्ष की आयु तक बाल्यावस्था रहती है। इसके बाद पन्द्रह-सोलह साल की उम्र तक किशोरावस्था रहती है। इसके बाद यौवन का प्रवेश दिखाई देने लगता है जो पैंतीस से चालीस वर्ष तक चलता है। इसके बाद लगभग पचपन-साठ तक प्रौढ़ावस्था रहती है। वृद्धावस्था आने के बाद मृत्यु पर्यन्त बनी रहती है। अन्य अवस्थाओं में परिवर्तन आता है परन्तु वृद्धत्व अपरिवर्तनीय है। मृत्यु शरीर यात्रा का अन्तिम अथवा नौवाँ पड़ाव है।

सामान्य धर्म के नौ भेद:- मनु ने धर्म के भले ही दस लक्षण बताए हों किन्तु महाभारत में पितामह भीष्म ने व्यक्ति के पालन के लिए सामान्य

धर्म के नौ भेद बताए हैं-

अक्रोधः सत्यवचनं सविभागः क्षमा तथा।
प्रजनः स्वेषुदारेषु शौचमद्रोह एवं च।।
आर्जवं भृत्यभरणं नवैत सार्ववर्णिका।

अर्थात् 1. किसी पर क्रोध न करना, 2. सत्य बोलना, 3. धन को बाँट कर भोगना, 4. समभाव रखना, 5. अपनी ही पत्नी से सन्तान पैदा करना, 6. बाहर भीतर से पवित्र रहना, 7. किसी से द्रोह न करना, 8. सरल स्वभाव रखना, 9. भरण-पोषण योग्य व्यक्तियों का पालन करना सभी मानव जाति के लिए पालन योग्य सामान्य धर्म हैं। किसी भी पूजा पद्धति अथवा धर्मग्रन्थ में विश्वास रखने वाले व्यक्ति को इन नौ सामान्य धर्मलक्षणों को मानना मानव-कल्याण के लिए आवश्यक है।

नौ आवश्यक कर्म:- सामान्य धार्मिक जीवन जीने के लिए नौ ऐसे आवश्यक कर्म हैं जो प्रत्येक व्यक्ति को प्रतिदिन करने अपेक्षित हैं। इनको नौ करणीय कर्म कह सकते हैं:-

1. **संध्या-प्रातः**, सायं ईश वन्दना, 2. **स्नान-शारीरिक**- पवित्रता व स्वच्छता के लिए प्रातः कालीन का स्नान आवश्यक है, 3. **जप**- किसी मंत्र विशेष या पवित्र वचनों का स्नान के बाद जाप, 4. **होम**- देव ऋण से मुक्ति व पर्यावरण की शुद्धता के लिए हवन अथवा यज्ञ करना, 5. **स्वाध्याय**- ऋषिऋण से मुक्ति या ज्ञानार्जन के लिए धर्मग्रन्थों का अध्ययन, 6. **देव-पूजन**- अपने आराध्य देव की पूजा, 7. **बलिवैश्व-देव**- एक ऐसा यज्ञ जिसमें खाद्य पदार्थ (भात) के छः भाग करके पृथ्वी पर उनके प्राप्तकर्ताओं के निमित्त रखते हैं। ये छह भाग कुत्ता, पतित व्यक्ति, चाण्डाल, पापरोगी, काक व कृमि के निमित्त होते हैं किन्तु बलिवैश्वदेव यज्ञ का भात निकालते समय यदि कोई अतिथि आ जाये तो पहले वह भोजन उसे देना चाहिए अर्थात् आशय यह है कि भोजन का सर्वप्रथम हकदार व्यक्ति है। यदि अभावग्रस्त व्यक्ति सम्मुख नहीं है तो अन्य जीव को मिलना चाहिए। 8. **अतिथि-सेवा**- 'अतिथि देवो भव' की उक्ति इसी आवश्यक कर्म की पुष्टि करती है। 9. **यथाशक्ति** (देव, पितृ, मनुष्य, दीन-दुःखी, तपस्वी, माता-पिता आदि को) **यथाविधि, यथायोग्य भोजन व जलाँजलि देना।**

अतिथि के घर आने पर भी नौ करणीय कर्म करने चाहिए।

1. अतिथि को बैठने के लिए स्थान देना, 2. पीने के लिए जल देना, 3. बैठने के लिए आसन देना, 4. पैर धोने के लिए जल देना या स्वयं पैर धोना–यदि अतिथि पूज्य वर्ग का है तो गृहस्थ स्वयं पैर धोते हैं, अतिथि यदि अपने से छोटा या कम महत्त्वपूर्ण है, तो उसे पैर धोने के लिए जल देना चाहिए, 5. अभ्यंग देना– तेल या उबटन देना जिससे अतिथि अपने शरीर पर मालिस कर ले, 6. आश्रय– अतिथि को आवासीय सुविधा का आश्वासन, 7. शय्या– रात्रि को सोने की व्यवस्था करना। 8. यथाशक्ति भोजन–अपनी स्थिति के अनुसार सुरुचिपूर्ण भोजन, 9. मिट्टी, जल तथा अन्न–शौचादि कर्म के बाद प्रक्षालन व शुद्धता के लिए मिट्टी व जल तथा मार्ग के लिए अन्न।

नौ अकरणीय कर्म– इनको विकर्म या निन्दित कर्म भी कहते है :

1. असत्य भाषण– वाणी की शुद्धि को रखने के लिए सदैव सत्य वचन ही बोलने चाहिए, 2. परदारसेवन– यह करणीय कर्मो के एक दम विपरीत है। अतः निन्दित कर्म है, 3. अभक्ष्य–भक्षण– विधाता ने मनुष्य को शाकाहारी लक्षण दिए हैं। अतः माँसादि का खाना अभक्ष्य भक्षण है, 4. अगम्यागमन– शास्त्र व समाज द्वारा वर्जित व्यक्तियों से यौन सम्बन्ध जोड़ना विकर्म है, 5. अपेयपान– शराबादि पेयों का पान निन्दित कर्म है, 6. हिंसा– मनसा, वाचा, कर्मणा हिंसा बुरी बात है, 7. चोरी– यह महापातक है, 8. वेद– बाह्य कर्मों का आचरण– वेद या शास्त्र विरुद्ध कर्म वर्जित कोटि में होते हैं, 9. मैत्री धर्म का निर्वाह न करना– मित्र अपना ही स्वरूप होता है। दो मित्रों में एक दूसरे पर घोर विश्वास रहता है। अतः यदि संकट के समय मित्र का साथ नहीं दिया तो व्यक्ति निन्दित कर्मा माना जाता है। एक उक्ति देखें:

गुरु से कपट मित्र से चोरी।
या हो निर्धन या हो कोढी।।

गोस्वामी तुलसीदास कहते हैं:

जे न मित्र दुख होय दुखारी।
तिन्हहिं विलोकत पातक भारी।।

करणीय नौ मंगल बातें:– अतिथि के घर आने पर नौ करणीय कर्मों की चर्चा हम कर चुके हैं किन्तु भारतीय परम्परा में अतिथि को देवता माना गया

है। अत: अतिथि के घर आने पर गृहस्थ को नौ मंगल- कारक करणीय बातों का ध्यान रखना अपेक्षित होता है।

1. सौम्य मन, 2. सौम्य दृष्टि, 3. सौम्य मुख, 4. सौम्य वचन, 5. उठकर स्वागत, 6. कुशल पूछना, 7. प्रेमपूर्ण वार्तालाप, 8. सेवा तथा, 9. जाने पर कुछ दूर तक साथ जाना अर्थात् सौम्य मन, सौम्य दृष्टि व सौम्य मुख से सौम्य वचन कहते हुए उठकर अतिथि का स्वागत करें तथा उसके बाद कुशल-क्षेम पूछकर स्नेहपूर्वक वार्तालाप करें। समीप बैठा हुआ अतिथि जब जाने लगे तो कुछ दूर तक अतिथि के पीछे-पीछे जायें। नौ अविश्वसनीय:- इन नौ का विश्वास नहीं करना चाहिए:-

स्त्रीधूर्तकेऽलसे भीरो चण्डे पुरुषमानिनि।
चौरे कृतघ्ने विश्वासो ने कार्यो न च नास्तिके।।

1. स्त्री, 2. लम्पट, 3. आलसी, 4. डरपोक, 5. क्रोधी, 6. पुरुषत्व के अभिमानी 7. चोर, 8. कृतघ्न और 9. नास्तिक का विश्वास करना अच्छा नहीं है। नारी के पेट में गोपनीय बात छिप नहीं पाती। अत: विश्वास करके धोखा खाना पड़ेगा। लम्पट या धूर्त तो सदैव उल्टा-सीधा ही बकते हैं। आलसी का क्या भरोसा, वह विश्वास देने के बाद भी आलस्य में डूबा रहे, डरपोक का क्या भरोसा कब भाग खड़ा हो, क्रोधी कब काम बिगाड़ दे, पुरुषत्व के अभिमानी वास्तविकता को नहीं पहचान सकते, चोर तो स्वयं निकृष्ट जीव है, कृतघ्न तो अपने उपकारी का भी नहीं होता, वह अन्य की क्या सहायता करेगा और नास्तिक का विश्वास करने का अर्थ है- ईश्वर पर विश्वास न करना।

नवकुमारी, नवदुर्गा या नवशक्ति- भारतीय परम्परा में जब जब पुरुष ने अपने को असहाय, निराश या हताश पाया है, तब-तब वह नारी की शरण में गया है, भले ही अपने अहं के कारण उसे अबला कहता रहा हो। अपनी असहाय अवस्था में पुरुष ने जिन देवियों की शरण ली है, उनको नवकुमारी, नवदुर्गा या नवशक्ति के नाम जाना जाता है। इनकी पूजा आराधना के लिए वर्ष में दो बार नौ-नौ दिन का समय नवरात्र के रूप में निश्चित किया गया है। विक्रम संवत् का प्रारम्भ चैत्र शुक्ल प्रतिपदा से होता है। अत: वर्ष के प्रारम्भ के नौ दिन और ठीक छह मास बाद आश्विन मास के शुक्ल पक्ष

के नौ दिन नव दुर्गाओं के व्रत, पूजन अर्चन के निमित्त हैं। नवकुमारियों में कुमारिका, त्रिमूर्ति, कल्याणी, रोहिणी, काली, चंडिका, शम्भवी, दुर्गा और सुभद्रा नाम की नौ देवियाँ हैं।

चैत्र व आश्विन के नवरात्र में नौ दुर्गाओं की पूजा की जाती है, उनके नाम शैलपुत्री, ब्रह्मचारिणी, चन्द्रघंटा, कुष्मांडा, स्कन्दमाता, कात्यायिनी, कालरात्रि, महागौरी, व सिद्धिदा हैं। पुराणों में इन देवियों को प्रभा, माया, जया, सूक्ष्मा, विशुद्धा, नंदिनी, सुप्रभा, विजया और सर्वसिद्धिदात्री नाम से नौ शक्तियों के रूप में वर्णित किया गया है। देवी मूलत: भगवान शिव की शक्ति है जिनका कोमल व भयंकर दो रूपों में वर्णन है।

कोमल रूप में कुमारिका, महागौरी, सिद्धिदा, जगत्माता, भवानी, पार्वती, आदि नामों से सम्बोधित करते हैं और उग्र रूप में काली, दुर्गा, चण्डी या चण्डिका, भैरवी आदि नाम प्रचलित हैं।

उग्र रूप के उपासकों की देवी के खानपान व वेष विन्यास में भयंकरता की धारणा है। वह पराजित दानवों का रक्त पीती हुई दर्शायी गई है। वस्तुत: नवदेवी या नवदुर्गा शिवपत्नी के ही विविध रूप हैं। कुछ नाम उनके कार्यों के आधार पर पड़े हैं और कुछ नाम उनको अपने पति के परिवेश की विभिन्नता के कारण मिले हैं।

वह हिमालय की बेटी हैं, अत: शैलपुत्री हैं। भगवान शिव को तपस्या व ब्रह्मचर्य के बल पर प्राप्त करने के कारण ब्रह्मचारिणी हैं। कंठ में चन्द्रमा स्थित होने के कारण चन्द्रघंटा हैं तथा विविध तापयक्त संसार को अपने उदर में धारण करने के कारण कुष्माण्डा हैं। स्कन्द की माता होने के कारण स्कन्दमाता हैं और जो काल के लिए भी काल के समान हैं, वह कालरात्रि हैं। देवताओं के कार्य को भी करने के कारण कात्यायिनी हैं और तपस्या एवं कांतियुक्त गौरवर्ण के कारण माहगौरी हैं। सिद्धि एवं मोक्ष को देने वाली होने के कारण सिद्धिदात्री हैं। वस्तुत: भगवान की शक्ति ही उनकी पत्नी रूप में विविध संख्यक बन गई हैं।

नवधा भक्ति:- परलोक सुधार, स्वर्गप्राप्ति की कामना, ब्रह्म-सामीप्य अथवा आवागमन से छुटकारा पाने के लिए मनुष्य विविध प्रकार के

साधना-पथ अपनाते हैं किन्तु उनमें भक्ति भावना का पथ अपनी सरलता के कारण अधिक आकृष्ट करता है। यह भक्ति भी नवधा है-

श्रवणं कीर्तनं विष्णो: स्मरणं पादसेवनम्।
अर्चनं वन्दनं दास्यं सख्यमात्मनिवेदम्।।

भगवान के नाम गुणों का श्रवण, धर्मग्रन्थों का पढ़ना व सुनना ही श्रवण भक्ति है। ईश्वर के नाम, लीलाओं व गुणों का कीर्तन दूसरी भक्ति है। ईश्वर के नाम, गुणों एवं लीलाओं का स्मरण तृतीय और उनके चरणों का ध्यान, चिन्तन, पूजन चौथे प्रकार की पादसेवन की भक्ति है। अर्चन में भगवान के श्रीविग्रह का विधिविधान से श्रद्धापूर्वक पूजन किया जाता है। जीवमात्र को भगवान का स्वरूप मानकर सब को प्रणाम करना वन्दन कोटि की भक्ति है। श्रीमद्भागवत तो कुत्ता, चाण्डाल और गधे सभी को दण्डवत प्रणाम की बात कहती है- 'प्रणमेद दण्डवद् भूमौ आश्व चाण्डाल गौ खरान।' ये छह भेद साधन भक्ति के हैं। इनके आचरण या पालन से भक्ति का उदय होता है। इसके बाद उत्पन्न भक्ति का स्वरूप दास्य, सख्य व आत्मनिवेदन के द्वारा व्यक्त होता है। भगवान को अपना स्वामी मानकर स्तुति करना दास्यभाव की भक्ति है। हनुमान, भरत, लक्ष्मण, निषाद, शबरी, आदि की भक्ति इसी प्रकार की है। गोस्वामी तुलसीदास तो अपने को राम का गुलाम या चाकर ही मानते हैं। वस्तुत: भक्त भगवान से अपना कोई ना कोई सम्बन्ध बनाता है। कबीरदास अपने को राम की बहुरिया बताते हैं। दास्य भाव के आवेग में कभी-कभी इतनी तीव्रता आ जाती है कि कबीर अपने आपको 'राम की कुतिया' तक कहते हैं-

कबीर कुतिया राम की मुतियां जाको नांव।
गले राम की जेबरी, जित खींचे तित जाव।।

मीराँ सांसारिक पति होने के बाद भी परमात्मा पति को पाने के लिए लोकलाज तक की चिन्ता नहीं करती। भगवान से मित्रता का भाव रखना सख्यभाव की भक्ति है। गोप-गोपियाँ, सुदामा व द्रौपदी की श्रीकृष्ण के प्रति भक्ति व गोपियाँ कृष्ण को अपने सखा से ज्यादा नहीं मानते:

जात-पाँति तुम ते कम नाहीं।
नहिं बसत तुम्हारी छैयां।

अति अधिकार जमावत यातें
अधिक तुम्हारे हैं कछु गैयाँ।।

भगवान के प्रति माधर्यु भाव की भक्ति में उससे पति रूप में भी सम्बन्ध जोड़ा जाता है। राधा की कृष्ण के प्रति भक्ति इसी भाव की है किन्तु ये सब भक्ति भावनाएँ सख्य के अन्तर्गत ही समाहित रहती हैं। ईश्वर के सम्मुख अपनी पीड़ा-निवेदन करना ही आत्मनिवेदन है। कबीर, सूर, तुलसी मीराँ ने बार-बार भगवान के सामने अपनी पीड़ा व्यक्त की है। सूर कहते हैं।

हरि हों सब पतिपन कौ टीकौ।
और पतित सब द्यौस चारिके, हौं जन्मान्तर ही को।।

भक्ति में मन, कर्म व वाणी का सहयोग लिया जाता है। आत्म निवेदन, सख्य, दास्य व स्मरण प्रकार की भक्ति मन से होती है जबकि वंदन, अर्चन, श्रवण व पादसेवन कर्म से होने वाली भक्ति है। कीर्तन वाणी से होने वाली भक्ति है। परमात्मा की निकटता पाना ही नवधा भक्ति का साध्य है।

नवग्रह पूजनः- भारतीय परम्परा में किसी भी शुभ कार्य के प्रारम्भ में नवग्रह पूजन किया जाता है। फलित ज्योतिष की मान्यता है कि नवग्रह-सूर्य चन्द्र, मंगल, बुध, गुरु, शुक्र, शनि, राहु और केतु - की गति से पृथ्वी निवासी प्रभावित होते हैं। इन ग्रहों की पूजा के लिए उनकी मूर्तियों बनाने के भी नियम हैं। सूर्य की ताम्र की, चन्द्रमा की स्फटिक की, मंगल की लाल चन्दन की, बुध व बृहस्पति की सोने की, शुक्र की चांदी की, शनि की लोहे की, राहू की सीसा की एवं केतु की कांसे की प्रतिमा बनाई जाती है। भौगोलिक विद्या के अनुसार सूर्य ग्रह नहीं है, अपितु उसका एक मण्डल है और उस सौर-मण्डल या सूर्यपरिवार के नौ ग्रह-बुध, शुक्र, पृथ्वी, मंगल, गुरु, शनि, अरुण, वरुण, व यम हैं। ये सभी ग्रह सूर्य के चारों और घूम रहे हैं। भूगोल वेत्ताओं के अनुसार पृथ्वी स्वयं ग्रह है तथा राहु व केतु ग्रह नहीं है।

शरीर के नवद्वारः- मनुष्य के शरीर में नवद्वार या नवछिद्र की भी महत्ता है। शरीर में दो नेत्र गोलक, दो कर्ण गहवर, दो नासिका छिद्र, एक मुख, एक गुदा और एक उपस्थ नौ इन्द्रिय द्वार या नव छिद्र हैं। साधना पथ के पथिक सदैव इन इन्द्रिय द्वारों की पहरेदारी की आवश्यकता बताते हैं। रूप, शब्द, गंध, स्वाद व स्पर्श की आकांक्षा इनके द्वारा ही होती है और

यह आकांक्षा ही मन को विचलित करने की मूल कारण है। शब्द, स्पर्श, रूप, गंध और रस में से एक आकर्षण के प्रति आसक्त होकर क्रमशः मृग, हाथी, कीट-पतंग, भ्रमर और मत्स्य या तो बन्धन में पड़ जाते हैं या मृत्यु के ग्रास बनते हैं किन्तु मनुष्य को तो ये पाँचों ही आकर्षित करते हैं। वह पाँचों इन्द्रियों से पाँचों का सेवन करता है, वह तो मारा ही जाएगा-

कुरंग मातंग पतंग भृंग मीना हता पंचभिरेव पंच।
एक प्रमाथी स कथं न घात्यो य सेवते पंचभिरेव पंच।।

वस्तुतः ये नवद्वार शरीर की विभिन्न प्रकार की स्थूल गन्दगी को बाहर निकालने के माध्यम हैं और शरीरस्थ पंचप्राण भी मृत्यु के समय इन छिद्रों से ही बाहर निकलते हैं। इसी कारण योगीजन इन नवद्वारों पर पहरेदारी की बात करते हैं। इन नवद्वारों को वशवर्ती बना लेना ही साधना का प्रथम सोपान है।

नौ से विरोध उचित नहीं - समझदार व्यक्ति को नौ का विरोध नहीं करना चाहिए। सीता अपहरण में रावण का सहयोग करने में आनाकानी करने वाले मारीच को जब रावण ने जान से मारने की धमकी दी तो मारीच विचारकर मन ही मन सोचता है:-

तब मारीच हृदय अनुमाना। नवहिं विरोधे नहिं कल्याना।।
सस्त्री, मर्मी, प्रभु सठ धनी। वैद बंदी कबि भानस गुनी।।

शस्त्रधारी ने जाने कब प्रहार कर दे, मर्मी हमारे किस गोपनीय रहस्य को खोल दे, स्वामी कब दण्डित कर दे, मूर्ख क्या अज्ञानता कर बैठे, धनवान से कब सरोकार पड़ जाए, वैद्य से शत्रुता तो प्राणघातक हो सकती है। कवि व भाट विरुदावल्ली भी गा सकते हैं किन्तु कब निन्दा पुराण लिख-बाँच दें, क्या पता तथा रसोइया विरोधी होकर कब क्या खिला दे? महर्षि दयानन्द सरस्वती की मृत्यु रसोइये के कारण ही हुई थी-

शिष्य के नौ गुणः आज गुरु-शिष्य सम्बन्धों में यदा कदा कटुता देखने को मिलती है जिसका कारण यह है कि शिष्य बनाते समय गुरुओं को उनके गुणों के परीक्षण का अवसर नहीं मिलता। अनजाने अपरिचित युवा युवतियों को गुरुओं के सम्मुख खड़ा कर दिया जाता है। भारतीय परम्परा में नौ गुणों के होने पर ही शिष्यत्व मिलना चाहिएः-

आमन्यमत्सरो दक्षो निर्ममो दृढसोहृद:।
असत्वरोऽर्थ जिज्ञासुरनसूयरमोघवाक।।

शिष्य को 1. अभिमान से रहित, 2. किसी का अहित चिन्तन न करने वाला, 3. कार्य में निपुण, 4. ममता रहित, 5. गुरुप्रेम में दृढ, 6. कार्य में जल्दबाजी न करने वाला, 7. परमार्थज्ञान का इच्छुक, 8. दूसरे में दोष न निकालने वाला तथा 9. व्यर्थ की बात न करने वाला- नौ गुणों से युक्त होना चाहिए। तभी अर्जुन, एकलव्य, शिवाजी, विवेकानन्द जैसे शिष्य पैदा हो सकते हैं।

नौ गोपनीय व नौ प्रकाश्य बातें: नौ ऐसी गोपनीय बातें हैं जिनको प्रकट करना हितकर नहीं है।

1. अपनी आयु, 2. धन, 3. घर का कोई रहस्य, 4. मंत्र, ५. मैथुन, 6. औषधि, 7. तप, 8. दान तथा 9. अपमान को छिपाकर रखना ही उचित है। इनका प्रकट होना अपमान जनक, हानिकारक, पीड़ादायक अथवा अनर्थकारी हो सकता है। नौ ऐसी बातें हैं जिनको प्रकट करना ही हितकर है।

1. ऋण लेना, 2. ऋण चुकाना, 3. दान में प्राप्त वस्तु, 4. विक्रय की गई वस्तु 5. कन्यादान, 6. अध्ययन, 7. वृषोत्सर्ग, 8. एकान्त में किया गया पाप तथा 9. शुभ कर्म की बातें प्रकट कर देना ही उचित हैं। वृष साँड को कहते हैं। मृत पुरुष के नाम पर दाग कर साँड को छोड़ देना ही वृषोत्सर्ग है।

दान के लिए उपयुक्त व अनुपयुक्त नौ पात्र:

सामान्य उक्ति है कि दान सुपात्र को ही देना चाहिए, कुपात्र को नहीं। नौ प्रकार के व्यक्तियों को जो कुछ भी दिया जाता है, वह सफल एवं अक्ष्य हो जाता है।

1. माता, 2. पिता, 3. गुरु, 4. मित्र, 5. विनयी, 6. उपकारी, 7. दीन, 8. अनाथ तथा 9. साधु सज्जन को जो भी दिया जाय, वह उत्तम है। साथ ही नौ प्रकार के व्यक्तियों को जो भी दिया जाता है, वह व्यर्थ हो जाता है।

1. धूर्त, 2. बन्दी, 3. मूर्ख, 4. अयोग्य वैद्य, 5. जुआरी, 6. शठ, 7. चाटुकार 8. चारण तथा 9. चोर को कुछ भी दिया जाये, निष्फल ही रहता है।

नौ अदेय वस्तुएँ:- नौ ऐसी अदेय वस्तुएँ हैं जो आपत्तिकाल में भी किसी को नहीं देनी चाहिए- 1. जनता की सम्पत्ति, 2. चन्दे की राशि, 3. धरोहर की सम्पत्ति, 4. बन्धन की वस्तु, 5. अपनी पत्नी, 6. पत्नी का

धन, 7. जमानत की सम्पत्ति, 8. अमानत की वस्तु और 9. सन्तान के होने पर भी अपनी सम्पूर्ण सम्पत्ति –नौ ऐसी वस्तुएँ हैं कि ये अधिकारी पात्र को ही मिलनी चाहिए। यदि कोई व्यक्ति इन अदेय वस्तुओं को भी देता है, तो वह प्रायश्चित करने के बाद ही शुद्ध हो सकता है।

अन्त में नौ ब्राह्मणों व नौ पवित्र नदियों का स्मरण करते हुए लेखनी को विराम देना चाहता हूँ। नौ ब्राह्मण निम्न हैं:

1. मरीचि, 2. अत्रि, 3. अंगिरा, 4. पुलस्त्य, 5. क्रतु, 6. भृगु, 7. वशिष्ठ और 8. प्रचेता ये नौ ऐसे ब्राह्मण हैं जिनको भगवान नारायण ने योग विद्या के द्वारा मानस संकल्प से पैदा किया था। नौ पवित्र नदियाँ मुझे पवित्र करें, ऐसी कामना सभी की होती है

गंगा सिन्धुश्च कावेरी यमुना च सरस्वती।
रेवा महानदी गोदा ब्रह्मपुत्र पुनातु माम्।।

17. प्राचीन व नूतन ब्राह्मणवाद

संसार की समस्त सभ्य जातियों में प्राचीनतम संस्कृति भारत की है और संसार के समस्त लिपिबद्ध ज्ञान में प्राचीनतम वेद भी इसी राष्ट्र की धरोहर हैं। वेद की भाषा संस्कृत है। संस्कृत कभी ब्राह्मणों व राजाओं की भाषा रही है। अतः वेद, संस्कृत और ब्राह्मण का परस्पर सम्बन्ध अत्यंत निकट का है। यही कारण है कि वैदिक धर्म को ही ब्राह्मणधर्म कहा जाता है और वैदिक ग्रंथों में से कुछ ग्रंथों के नाम भी ब्राह्मण ग्रन्थ हैं। ब्राह्मण धर्म का मूलाधार वर्णाश्रम व्यवस्था है। यह व्यवस्था भी इसी संस्कृति की अनूठी विशेषता है। आज वर्णाश्रम व्यवस्था के आश्रमों का तो लोप हो ही गया है तथा वानप्रस्थ व संन्यास आश्रम केवल पुस्तकों तक ही सीमित रह गये हैं अथवा यदाकदा कुछ व्यक्ति अपवाद स्वरूप इस ओर चले जाते हों, अन्यथा 90 वर्ष के बूढ़े भी कुर्सी, धन, पद, मान-सम्मान के लिए लालायित दिखते हैं। वर्ण-व्यवस्था पर भी पिछले कुछ दिनों से भयंकर आघात हो रहे हैं।

वैदिक संस्कृति की वर्ण-व्यवस्था वैज्ञानिक विभाजन था। विधाता ने मानव को भिन्न रुचियों एवं सामर्थ्य का बनाया है। बाहरी शारीरिक समानता होने पर भी रुचिवैचित्र्य एवं दक्षता तथा सामर्थ्य की भिन्नता स्पष्ट दिखाई देती है। यह वर्णव्यवस्था इतनी संस्कारगत थी कि शक्तिसम्पन्न होने पर भी ब्राह्मण या क्षत्रिय ने इसमें व्यतिक्रम उत्पन्न करने का प्रायः प्रयास नहीं किया। परशुराम ने अनेकबार क्षत्रियों को पराजित करने के बाद कभी राजसिंहासन पाने की इच्छा प्रकट नहीं की। इसी प्रकार शुकदेव जैसे ऋषियों को भी शिक्षा देने की सामर्थ्य होने के बाद भी राजर्षि जनक ने कभी ब्रह्म- ऋषि बनने की लालसा को अपने पास नहीं आने दिया। यदि इस व्यवस्था में कभी उलटफेर का किसी ने प्रयास किया तो समाज ने उसे स्वीकृति नहीं दी। वस्तुतः वर्ण व्यवस्था का आधार विशेषता थी। जन्मना बनने के बाद ही इसमें दोष उत्पन्न हुए।

ऐसा प्रतीत होता है कि वैदिक संस्कृति की इस वर्ण-व्यवस्था के विकास के पूर्व मूलत: दो ही वर्ण रहे होंगे, भले ही उनका नाम कुछ भी रहा हो। मानव की दो प्रकार की प्रवृत्तियाँ होती हैं। अंतर्मुखी व बाह्यमुखी अथवा बहिर्मुखी। इसी को दूसरे शब्दों में आध्यात्मिक व भौतिक भी कह सकते है। अंतर्मुखी प्रवृत्ति के व्यक्ति के लिए सांसारिक आकर्षण विशेष महत्त्व नहीं रखते और बाह्यमुखी व्यक्ति ईश्वर, जीव, आत्मा आदि के विषय में श्रद्धा रखता हुआ भी सांसारिक उन्नति के लिए प्रयत्नशील रहता है। इस आधार पर यह कहना अनुचित ने होगा कि मूल वर्ग दो ही थे- ब्राह्मण व क्षत्रिय। पहला अंतर्मुखी और दूसरा बाह्यमुखी। अत: समस्त भारतीय मूलत: या तो ब्राह्मण हैं या क्षत्रिय। 'असन्तुष्टा द्विजा नष्टा संतुष्टा च महीपति' (असन्तोषी ब्राह्मण व सन्तोषी क्षत्रिय का नाश हो जाता है) उक्ति इन दो प्रवृत्ति या दो वर्गों के ही अस्तित्व की ओर इंगित करती है।

इस मान्यता को स्वीकार करने के बाद दो वर्ण वैश्य व शुद्र के उद्भव का प्रश्न उठना स्वाभाविक है। ऐसा प्रतीत होता है कि शूद्र का उद्भव ब्राह्मण से और वैश्य का विकास क्षत्रिय से हुआ है। ब्राह्मण के लिए ब्राह्मणत्व कुछ विशिष्टताओं की सीमा बांधता है अर्थात् उसे ज्ञान गरिमा के संचय के अतिरिक्त अन्य वस्तुओं के प्रलोभन से बचना चाहिए, धन-लोभ या पदलाभ उसके लिए वर्जित क्षेत्र हैं, उसे संस्कारी अर्थात् आचारवान होना चाहिए। यदि वह इन गुणों से रहित है, तो उसे उसी प्रकार शूद्र की संज्ञा मिली होगी जैसे काफिर कोई जाति नहीं है अपितु इस्लाम के पवित्र नियमों की अवहेलना करने वाला ही काफिर है। यह काफिर गैर मुस्लिम नहीं है, अपितु वह मुसलमान भी है जो खुदा में आस्था नहीं रखता, धर्म में ईमान नहीं लाता आदि-आदि। इसी प्रकार क्षत्रिय में शक्ति, तेज, धीरता, त्याग, बलिदान आदि गुणों का समावेश होना अनिवार्य था। जिन क्षत्रियों में शूरता के स्थान पर कायरता, निडरता के स्थान पर भीरुता, त्याग के स्थान पर संग्रह आदि ने अपना वर्चस्व स्थापित कर लिया, वे क्षत्रियत्व से च्युत होकर वैश्य बन गये।

अपने मूल वर्ण से च्युत होने के बाद भी इन दोनों वर्गों में अपने पूर्ववर्ण की बहुत सी विशेषताएं आज भी सुरक्षित हैं। उदाहरणार्थ शूद्र कहे जाने वाली जातियों में आज भी लोभ या संचयी प्रवृत्ति बहुत कम है। परायी वस्तु को हड़पने की अथवा बेईमानी के दुर्गुण से वे अपने को बचाने का प्रयास करते

हैं। वैश्य में शक्ति संचय की प्रवृति अथवा असंतोष का भाव आज भी उसकी क्षत्रियोचित प्रवृत्ति को व्यक्त करता है, भले ही उसका रूप बदल गया हो।

क्षत्रिय शारीरिक बलवैभव को महत्त्व देते थे तो वैश्य धन बल को महत्त्व दे रहा है। आज भी संस्कार विहीन, पवित्रता-अपवित्रता का ध्यान न रखने वाले व्यक्ति को बोलचाल में शूद्र कह देते हैं। भले ही वह उच्चवर्ण हो। ठीक इसी प्रकार भीरू अथवा कायरता की बात करने वाले को छूटते ही बनिया कह दिया जाता है, चाहे उसका जन्म से वर्ण कुछ भी हो। किसी भीरू या डरपोक व्यक्ति को न कोई शूद्र कहता है और न किसी असंस्कारी या पवित्रता का ध्यान न रखने वाले को कोई वैश्य कहता है क्योंकि दोनों वर्गों में आज भी यह दुगुर्ण नहीं दिखते। अतः यह स्पष्ट है कि वर्ण गुण के आधार पर बने थे। सारा झंझट जन्म को मानने से है।

वर्ण व्यवस्था का यह विभाजन प्रारम्भ से ही इतना लचीला रहा है कि कोई भी व्यक्ति अपने गुणों के आधार पर किसी भी वर्ण को स्वीकार कर सकता है। अनेक ऋषिमुनि जन्म से ब्राह्मण नहीं थे किन्तु कर्मणा ब्राह्मण बनने के बाद हम यह भूल गये कि उनका जन्म किस वर्ण में हुआ था। महर्षि व्यास धीवर कन्या से उत्पन्न हुए हैं। वशिष्ठ व अगस्त्य के जन्म का कारण उर्वशी है। महर्षि व्यास की जननी धीवर कन्या सत्यवती ही आगे चलकर कुरुवंश की मूल बनीं। द्रोण व शुकदेव के जन्म का कारण भी घृताची नामक एक अप्सरा ही थी। उर्वशी, मेनका या घृताची देवलोक की गणिका ही हैं। मध्यकाल में कबीर व रैदास की शिष्य परम्परा में सभी वर्गों के व्यक्ति थे। दादूदयाल कबीर के शिष्य हैं और जन्मना ब्राह्मण थे। मीराँ मेवाड़ के राजवंश की वधू हैं और वह रैदास की शिष्या थीं। स्वामी हरिदास के विषय में कितने लोग जानते हैं कि वे जन्म से मुसलमान थे और महाप्रभु वल्लभाचार्य ने उनका चरणोदक पान किया था। वस्तुतः ब्राह्मणत्व एक गुण समूह का नाम है, जिसके मूल में आचार व ज्ञान की प्रधानता है।

हिन्दुओं में वेद, इस्लाम में कुरान और ईसाइयों में बाईबल को जो स्थान प्राप्त है, वहीं स्थान गुरुग्रंथ साहेब का सिख धर्म के मानने वालों के हृदय में है। पहले तीन धर्म अपने ग्रंथों को ईश्वर की वाणी कहते हैं, जबकि उसी सम्मान को प्राप्त ग्रंथ साहब में कबीर, रैदास, नानक व सूरदास की वाणी

को समान सम्मान मिला है। कहीं छोटे-बड़े का भेद नहीं है। शूद्र या ब्राह्मण होने के कारण कोई अन्तर नहीं है। इस देश की समन्वय की नीति का ही परिणाम है कि यहाँ हिन्दू धर्म के विरोध में दूसरे धर्म के प्रवर्तक गौतम व महावीर को भी हिन्दुओं ने देवत्व प्रदान किया है। गौतम को तो विष्णु का अवतार मान लिया गया। सिख धर्म के प्रत्येक गुरु के प्रति हिन्दूजगत् में अपार श्रद्धा व अपनत्व है। दूसरी और यहूदी धर्म में उत्पन्न ईसा को यहूदियों ने शूली पर चढ़ाया और मंसूर को उसके ही धर्म के भाइयों ने शूली पर चढ़ाया। जीव मात्र में समानता का विश्वासी वैदिक धर्म ऊंच-नीच की बात नहीं मानता, भले ही उसके व्याख्याताओं में यह दोष आ गया हो।

आधुनिक युग में ब्राह्मणवाद एक राजनीतिक नारा है। देश के कुछ राजनेताओं ने अपने राजनीतिक स्वार्थ के लिए विरोध के स्वर को तीव्र दिखाने की भावना से ब्राह्मण और उससे संबधित मान्यताओं पर चोट करनी प्रारम्भ की है, जिनमें दक्षिण के नेक्कर स्वामी की पहल पर ब्राह्मण, संस्कृत, हिन्दी, श्रीराम, ईश्वर आदि का विरोध प्रारम्भ हुआ। मन्दिरों से संस्कृत के अक्षरों को मिटाया गया, श्रीराम के साथ अपमानजनक व्यवहार किया गया, हिन्दी के विरोध में आत्मदाह हुए किन्तु इस सबके बाद भी ब्राह्मणत्व का वर्चस्व नहीं मिट पाया क्योंकि ब्राह्मणत्व का अर्थ ब्राह्मण जाति से लगाना भूल है। उत्तर भारत के कुछ राजनेताओं ने भी ब्राह्मणों या ब्राह्मणवाद के विरुद्ध अनर्गल प्रलाप प्रारम्भ किया है। इसका दुष्परिणाम यह हुआ कि देश में राष्ट्रीय नेता का अभाव हो गया और वर्तमान राजनेता किसी जाति विशेष के नेता मात्र रह गये हैं। राष्ट्रीय आंदोलन के नेताओं की जाति जानने की कभी किसी भारतीय ने आवश्यकता नहीं समझी थी। गांधी, नेहरु, पटेल, सुभाष, मौलाना आजाद, रफी अहमद किदवई, शास्त्री जी व मोरारजी देसाई तक की परम्परा में किसी ने इन पर जातिवादी लेबिल नहीं चिपकाया था। चन्द्रशेखर आजाद, रामप्रसाद बिस्मिल, राजेन्द्र लाहिड़ी, भगत सिंह, असफाकउल्ला आदि के विषय में प्रांत व जातिगत जानकारी किसी ने प्राप्त नहीं की थी। कुछ दिग्भ्रमित लोग अपने निहित स्वार्थों की पूर्ति के लिए राष्ट्र में जातिगत वैमनस्य के बीज बो रहे हैं। गांवों मे बसा यह देश

अपनी उस विशिष्टता को खोता जा रहा है, जिसमें गांव के समस्त व्यक्ति एक दूसरे के सम्बन्धी होते हैं। ये शहरी लोग नहीं जान सकते कि गांव में पैदा होने वाले व्यक्ति के लिए गांव के सभी सदस्य उसके चाचा, ताऊ, बाबा, भाई-भतीजा, पौत्र, चाची, ताई, दादी, भाभी, अनुज वधूएँ या पुत्रवधू आदि के सम्बन्धों से जुड़े होते हैं, जिसमें जातिगत भेद की गुंजाइश नही है। वहां घर में शौचालय को सफाई करने वाली जमादारिन के लिए भी ब्राह्मण, क्षत्रिय, वैश्य आदि की कुल वधुओं को 'अम्मा पैरों पड़ों' कहकर नमस्कार करना होता है और जमादारिन अपने आशीष से बहुओं की गोद भर देती हैं। ये सफाई कर्मचारिन इन बहुओं को संबोधन में तू ही कहती हैं और बहुओं से आप या तुम सम्बोधन पाती हैं। इस प्रकार गाँव में मान्य इस उक्ति 'गाँव की बेटी सबकी बेटी' के आधार पर वाल्मीकि घर का दामाद भी सारे गांव के लिए मान्य होता आया है। ग्रामीण समाज के ब्राह्मण व वैश्य आदि जातियों में अपनी विवाहिता बेटी के ससुराल के यहां का कुछ खाते पीते नहीं हैं। शहरी पाठकों को यह जानकार आश्चर्य होगा कि यदि किसी गांव में अपने गांव की किसी भी जाति की लड़की की सुसुराल है, तो उस गांव का पानी पीना भी ग्रामीण व्यक्ति अपने लिए वर्जित मानता आया है। जिस प्रकार शहर या कस्बे में एक ही मोहल्ले के लड़के-लड़की के बीच शादी हो जाती है, उस प्रकार बड़े से बड़े गाँव के लड़के-लड़की के बीच शादी होना आज भी असंभव बात है क्योंकि वे जन्म से ही एक दूसरे को भाई-बहन के रूप में में देखते हैं। हमारे राजनेताओं ने जातिगत वैमनस्य का जो पौधा रोपा है, उससे ब्राह्मणवाद या मनुवाद का अहित या आंबेडकरवाद का हित तो शायद ही हो परन्तु हमारे समाज के तानेबाने का विनाश निश्चय ही हो जायेगा। हाँ ये नेता अपने लिए कुछ काल के लिए कुर्सियों व मालाएं की व्यवस्था अवश्य कर लेंगे। पिछड़ी जाति में पैदा होने वाले आंबेडकर के महान कार्य को ये लोग अपनी करतूतों से उदासीनता या घृणा में बदल देंगे और व्यास, वशिष्ठ, कबीर व रैदास की परम्परा के इस महान संत को उनके जैसे सम्मान से वंचित करा देंगे क्योंकि क्रिया की प्रतिक्रिया होना स्वाभाविक है।

इन राजनेताओं ने जातिगत आधार पर समाज को बाँट कर बड़ा अहित किया है। कृषकनेता चौधरी चरण सिंह को कुछ लोग एक जाति तक ही सीमित करने का कार्य कर रहे हैं। आंबेडकर व वाल्मीकि जयन्ती के अवसर जाति विशेष के ही व्यक्ति दीखते हैं। भगवान के अवतार परशुराम केवल ब्राह्मणों तक ही सीमित हो गए हैं। राष्ट्रनायक महाराणा प्रताप व शिवाजी पर भी कुछ जातियाँ ट्रेडमार्क लेने का प्रयास कर रही हैं। डर है, कही भगवान राम या कृष्ण केवल राजपूत बनकर न रह जाएं। सरदार पटेल जैसे राष्ट्रनायक को कुर्मी हथियाना चाहते हैं। इससे बुरी बात क्या होगी कि अब प्रतिभाओं का सम्मान भी जाति के आधार पर हो रहा है।

यदि हमारी पुरातन सोच बनी रहती तो परमाणु वैज्ञानिक पूर्व राष्ट्रपति अब्दुल कलाम ब्राह्मणत्व में ब्रह्मर्षि के तुलनीय होते। कल्याण के आदि सम्पादक हनुमान प्रसाद पोद्दार आधुनिक व्यास कहलाते। अंबेडकर, विदुर चाणक्य या पराशर की परम्परा में नीतिज्ञ गिने जाते। लाल बहादुर शास्त्री व श्रीमती इंदिरा गांधी चक्रवर्ती सम्राटों की पाँत में बैठते।

किन्तु सन्तोष की बात यह है कि अभी आशा की किरण शेष है। हमने यह जानना भी नहीं चाहा कि गावस्कर, कपिलदेव, सचिन, राहुल द्रविड, अनिल कुम्बले, धोनी किस जाति के हैं। अजहरुददीन, इरफान पठान, शाहरुख खान, सानिया मिर्जा, महेश भूपति, लिएण्डर पेस की उपलब्धियों पर किसी को उनका धर्म जानने की जरुरत महसूस नहीं होती। कितने लोगों को पता है कि सुभाष, लालबहादुर शास्त्री, विवेकानन्द की जन्मना क्या जाति थी। आज भी समाज का बहुत बड़ा वर्ग ऐसा है जो व्यक्ति का वर्ण उसके गुणों में देखता है, जाति में नहीं। जाति प्राचीन काल में कर्मणा थी, इस तथ्य के अनेक उदाहरण भारतीय ग्रंथों में हैं। उदाहरण के लिए सप्त ऋषियों में मूर्धन्य स्थान प्राप्त वशिष्ठ का जन्म देवलोक की गणिका उर्वशी से हुआ था। उनके पौत्र पराशर की माता चाण्डाल कन्या थी किन्तु पराशर गोत्र प्रवर्तक ऋषि हुए। वेद के ज्ञान को को चार भागों में बाँटने वाले, महाभारत व अठारह पुराणों के रचयिता महर्षि व्यास का जन्म धीवर कन्या से हुआ था। वे शूद्र नहीं अपितु ब्राह्मण श्रेष्ठ स्वीकार्य हैं। नापित पुत्र मतंग

ब्राह्मणी से उत्पन्न हुए थे, अत: वर्ण व्यवस्था में चाण्डाल होने चाहिए थे किन्तु इन्होंने तप के द्वारा ब्राह्मणत्व प्राप्त किया था। भगवान राम सीता व लक्ष्मण के साथ इनके आश्रम में ऋषि-दर्शन के लिए गए थे।

परवर्ती काल में महाराज शान्तनु ने धीवर कन्या सत्यवती से विवाह किया था। कौरव पाण्डव उसकी परम्परा में ही आए। चन्द्रवंशी राजा नहुष के पुत्र ययाति ने ब्राह्मण कन्या शुक्राचार्य की पुत्री देवयानी से विवाह किया था। प्रतिलोम विवाह के कारण सन्तान शूद्र होनी चाहिए थी किन्तु देवयानी व ययाति के पुत्र यदु के वंश में ही भगवान कृष्ण पैदा हुए। शर्मिष्ठा असुर कन्या थी और देवयानी की दासी थी किन्तु ययाति व शर्मिष्ठा का पुत्र पुरु प्रसिद्ध पुरुवंश का प्रवर्तक हुआ।

प्राचीन काल में जातिगत श्रेष्ठता भी स्वीकार्य नहीं थी। अत: विवाह सम्बन्ध अन्तरजातीय भी होते थे। देवराज इन्द्र की पत्नी शची दानवराज पुलोमा की पुत्री थी। जरत्कारु नामक ब्राह्मण ऋषि ने नागराज वासुकि की बहन से विवाह किया था। इनसे उत्पन्न पुत्र आस्तीक ऋषि हुआ। आस्तीक ने ही जनमेजय को सर्पों के सर्वनाश से विरत किया था। भगवान श्रीकृष्ण की पत्नी जामवती आर्येतर जाति की थीं। श्रीकृष्ण के ही पौत्र अनिरुद्ध ने दैत्य वाणासुर की पुत्री उषा से विवाह किया था। अर्जुन ने नागराज कौरव्य की पुत्री उलूपी से विवाह किया था। भीम की पत्नी हिडिम्बा नरभक्षी राक्षस हिडिंब की बहन थी। अनेक राजाओं के होते हुए द्रौपदी का विवाह अज्ञात कुल ब्राह्मण कुमार के साथ हुआ था। यह तो बाद में पता चला कि ब्राह्मण कुमार के वेष में अर्जुन था।

ऐतिहासिक काल में जन्मना जाति को महत्त्व नहीं दिया गया। चन्द्रगुप्त मौर्य को इतिहासकार शूद्र बताते हैं। उसने यवन सम्राट सेल्यूकस की पुत्री हेलन या कार्नेलिया से विवाह किया। इसका पुत्र बिन्दुसार व पौत्र सम्राट अशोक प्रसिद्ध क्षत्रिय सम्राट के रूप में स्वीकार्य हैं। गुप्तकाल के शासक जन्मना वैश्य थे किन्तु चन्द्रगुप्त द्वितीय विक्रमादित्य ने अपनी कन्या प्रभावती गुप्ता का विवाह वाकाटक नरेश रुद्रसेन द्वितीय से किया था जो जन्म से ब्राह्मण था। ब्राह्मण सम्राट पुष्पमित्र शुंग के पुत्र अग्निमित्र ने मालविका

नामकी क्षत्रिय कन्या से विवाह किया था। सम्राट हर्षवर्धन जन्मना वैश्य था। उसने अपनी पुत्री वल्लभी का विवाह क्षत्रिय राजा ध्रवुभटट् के साथ किया था। वस्तुतः वर्ण कर्म पर निर्भर करता था। प्रसिद्ध ब्राह्मण व गोत्र प्रवर्तक ऋषि भरद्वाज के पुत्र द्रोण कर्म से क्षत्रिय थे। द्रोण का वध करने के बाद भी धृष्ठघुम्न को ब्रह्म हत्या का पाप नहीं लगा था। परशुराम ब्राह्मण होने के बाद भी क्षत्रिय रूप में मान्य रहे। आशय यह है कि ब्राह्मणत्व स्वयं अर्जित किया जाता था। महाभारत के शान्तिपर्व में कहा हैं वेदाध्ययन, सदाचार, सत्यपरायणता आदि गुणों से ब्राह्मणपद प्राप्त होता है। प्रजापालन, शक्ति, तेज, आदि गुणों से मनुष्य क्षत्रिय बनता है। कृषि, गोरक्षा व धनार्जन से वैश्य बनता है और जो वेदों को त्याग देता है, अमांगलिक रहता है, खाद्य-अखाद्य का विचार नहीं रखता, वह शूद्र होता है।

18. सोलह प्रकार के व्यर्थ दान

भारत आस्थावान धार्मिकजनों का देश है। इस देश में तपस्वियों, बलिदानियों, त्यागियों व दानियों की सुदीर्घ परम्परा है। हमारी मान्यता है कि प्रत्येक युग के देवता, तीर्थ, कर्तव्य भी पृथक् पृथक् होते हैं। उसकी भावना से कलियुग का सबसे महत्त्वपूर्ण करणीय कर्तव्य दान को ही बताया है 'दानमेकं कलौ युगे।' इस दान की महत्ता को वर्णित करते हुए कहा गया है- 'दानने वशगादेवा भवन्तीह सदा नृणाम' अर्थात् दान से तो देवता भी दानी के वशीभूत हो जाते हैं। दान की इस महत्ता को जानते हुए प्रत्येक भारतीय की कुछ न कुछ दान करने भी इच्छा सदैव रहती है। दान भारतीय व्यक्ति के स्वभाव में है। अतः वह किसी ने किसी प्रकार कुछ न कुछ दान करता है। वह निर्धन होकर भी भिखारी को एक चुटकी आटा देना अपना कर्तव्य मानता है। अपने भोजन से कुत्ते को टुकड़ा डालना नहीं भूलता। चींटी को आटा देना, गाय की रोटी निकालना, बन्दरों को फल या चने खिलाना, मंदिर में चढ़ावा चढ़ाना, व्रत व त्योहार पर किसी निर्धन को भोजन देना आदि-आदि कार्य मानव की दान वृत्ति के कारण ही किए जाते हैं।

दान की इस प्रवृत्ति के कारण व्यक्ति यह भी भूल जाता है कि दान सुपात्र को जा रहा है, या कुपात्र को। ऐसे लोगों को भी यदा-कदा दान दे दिया जाता है, जो उसके पात्र नहीं होते। यहाँ दान के उन सोलह स्वरूपों का वर्णन इस निमित्त कर रहे हैं कि दानी को यह विदित हो जाए कि ये क्षेत्र दान के लिए वर्जित है। मार्कण्डेय जी ने- 'वृथा दानानि षोडश' कहकर राजा युधिष्ठिर को बताया कि जो वानप्रस्थ या संन्यास आश्रम में जाकर पुनः गृहस्थ में लौट आया हो, उसे आरुढ़ पतित कहा जाता है। वह व्यक्ति वानप्रस्थी व संन्यासी के रूप में दान के लिए सुपात्र था किन्तु वह पथ विचलित होकर अथवा गृहस्थाश्रम के आर्कषणों से आर्कषित होकर जब

पुन: गृहस्थी हो गया, तब वह दान के लिए सुपात्र नहीं रहा। ऐसे व्यक्ति को दिया गया दान व्यर्थ जाता है। यदि किसी व्यक्ति ने अन्याय के द्वारा धन अर्जित किया है और वह व्यक्ति उस धन के कुछ अंश को दान करता है, तो उसकी मनोवृत्ति दान की नहीं होती, अपितु वह दान के द्वारा अपनी ही कंलक कालिमा को साफ करना चाहता है। ऐसे व्यक्ति के दान से देवता वशीभूत नहीं होते। यह दान व्यर्थ जाता है। ब्राह्मण को दान देना बहुत अच्छा है किन्तु यदि कोई ब्राह्मण केवल जन्मना ब्राह्मण है अन्यथा वह कर्मों से पतित है, वह चोर, तस्कर, हत्यारा, व्यभिचारी अथवा मद्यप है, तो उसे दिया गया दान व्यर्थ ही जाता है। दानदाता को उसका पुण्यलाभ नहीं मिलता। इसी प्रकार यदि किसी चोर को दान दिया जाता है तो वह व्यर्थ चला जाता है।

माता-पिता आदि गुरुजनों को दिया गया दान भी व्यर्थ जाता है इसका आशय यह नहीं है कि माता-पिता को कुछ नहीं देना चाहिए अपितु आशय यह है कि माता-पिता की सेवा करना, उनकी आवश्यकताओं की पूर्ति करना सन्तान का कर्तव्य है। उनको जो कुछ भी सन्तान देती है, उसमें दान की भावना नहीं रखनी चाहिए, अपितु सेवा भाव की भावना रहनी चाहिए। यही कारण है हमारी कुलवधुएँ सास-श्वसुर को त्योहारों पर वस्त्र, खानेपीने का समान, रूपये पैसे पूजा के रूप में देवतुल्य मानकर देती हैं, दान समझकर नहीं। दानरूप में अपनी नन्द, नन्दोई, भांजी-भांजों को दिया जाता है। माता-पिता के शीर्षक में अपने अन्य बड़े भी समाहित माने गए हैं। वे चाहे चाचा-ताऊ, बाबा-दादा, अध्यापक अथवा सास-श्वसुर कोई भी हों।

- जो व्यक्ति मिथ्यावादी हो अर्थात असत्य जिसके स्वभाव में हो, 'झूठहिं ही खाना झूठहिं सोना' जिसके प्रत्येक व्यवहार में हो, जो झूठ बोलकर ही जीविका चलाता हो, उसको दिया गया दान व्यर्थ चला जाता है। अदालतों में कुछ रेडीमेड गवाह होते हैं जो किसी भी वाद में पैसा लेकर साक्षी बन जाते हैं। वे धर्मग्रन्थों की मिथ्या शपथ लेकर गवाही देते हैं। ऐसे व्यक्तियों को दिया गया दान दान कोटि में नहीं आता। पापकर्मों में लीन व्यक्ति को भी दान नहीं देना चाहिए। जो व्यक्ति असत्यवादी है, चोर है, हत्यारा है उसके किसी बाह्यरूप से प्रभावित होकर यदि उसे दान दे दिया गया तो दान व्यर्थ ही चला जाता है। पाप करने वाले को पापी कहते हैं किन्तु महापाप करने वाले को महापापी कहा जाता है। कुछ कर्म महापातक कहलाते हैं।

ब्रह्महत्या, मद्यपान, चोरी, गुरु-पत्नी से यौन सम्बन्ध तथा ऐसे महापातकियों से मेल-मिलाप रखना पंच महापातक कहलाते हैं। इन महापातकियो के लिए प्रायश्चित करने को शास्त्र व समाज ने उपाय बताए हैं किन्तु कृतघ्न तो ऐसा विशिष्ट पातकी है कि उसका उद्धार तो हो नहीं सकता। अत: यदि किसी ने कृतघ्न को दान दिया है, तो वह दान दाता को भी कष्ट दे सकता है। वह दान तो व्यर्थ रहेगा ही।

पौरोहित्य कर्म को रामचरितमानस में मुनि वशिष्ठ ने 'पौरोहित्य करम अति मन्दा' कहकर अच्छा नहीं बताया है किन्तु वे स्वयं रघुकुल के पुरोहित थे। उन्होंने अपने पुरोहित बने रहने का कारण भी दिया है। यह भी सत्य है कि यज्ञ-संस्कृति में पुरोहत सम्मानजनक पद है किन्तु यदि कोई व्यक्ति गाँव भर का ग्राम पुरोहित है, तो पौरोहित्य कर्म उसकी जीविका का साधन है। उस ग्राम-पुरोहित के लिए दिया गया दान व्यर्थ जाता है क्योंकि वह दान उसकी जीविका के निमित्त है या उसकी सेवा के कारण है। उस दान में न तो दान भावना रहती है और न पाने वाले में दान लेने की सुपात्रता होती है। वेद ईश्वर की वाणी है, ज्ञान के मूल स्रोत हैं। वेदज्ञ सम्मानित व्यक्ति माने जाते हैं किन्तु वेद-विक्रय करने वाला दान का पात्र नही होता। गधे पर कुरान रखने से गधा गाय नहीं बन सकता। वेद बेचने वाले से आशय यह है कि जो लोग बुकसेलर के रूप में वेद के ग्रंथों को बेच रहे हैं अथवा वेद की चर्चा करके बदले में सुनने वालों से धन ले रहे हैं अथवा वेदों पर प्रवचन देकर धन कमा रहे हैं वे वेद का व्यापार कर रहे हैं। ऐसे वेद बेचने वालों को दिया गया दान भी व्यर्थ चला जाता है।

यज्ञ भारतीय संस्कृति के मूल में हैं। हम प्रत्येक शुभ अवसर पर यज्ञ करते हैं किन्तु इस यज्ञ का एक विधान है। मीमांसा दर्शन कर्मकाड पर आधारित है। श्रीमदभगवतगीता में भगवान श्रीकृष्ण भी शास्त्र सम्मत कर्म करने का आदेश देते हैं। अत: यज्ञ भी शास्त्र विधि से होना चाहिए। यज्ञ में होता, उद्गाता, अध्वर्यु व ब्रह्मा के प्रतिनिधि के रूप में ब्राह्मण वेदोच्चार करते हैं। यदि कोई व्यक्ति इस परम्परा से हठकर किसी शूद्रकर्मी व्यक्ति से यज्ञ कराता है, तो यज्ञ कराने वाले को दिया गया दान व्यर्थ जाता है। आशय यह है कि जो स्वयं अशास्त्रीय कर्म कर रहा हो, उसको इस आशय से दान मत देना कि यह यज्ञ जैसा पुण्य करा रहा है। शास्त्र में ब्राह्मण के छ: कर्म

बताए हैं- अध्ययन करना व अध्ययन कराना, यज्ञ करना व यज्ञ कराना, दान देना व दान लेना। यदि कोई ब्राह्मण कुल में जन्मा व्यक्ति इन कार्यों को न करके शराब का व्यापारी है, चोरी करता है, वेश्यागमन करता है, मद्यपी है तो उसकी संज्ञा नीच ब्राह्मण की मानी जाती है। ऐसे नीच ब्राह्मण को दिया गया दान भी व्यर्थ ही चला जाता है।

दान का सबसे बड़ा सुपात्र ब्राह्मण होता है किन्तु ब्राह्मण यदि पथ से विचलित हो गया है, तो दान पाने का सबसे बड़ा कुपात्र भी वही बनता है। पतित ब्राह्मण व नीच ब्राह्मण की कुपात्रता का वर्णन हो चुका है। एक स्थिति और भी है जब ब्राह्मण मानकर दिया गया दान व्यर्थ चला जाता है। ब्राह्मण को अधिकार है कि वह अपने वर्ण से इतर क्षत्रिय या वैश्य कन्या से विवाह कर सकता है किन्तु उसे शूद्रा से विवाह का अधिकार नहीं है। यदि किसी ब्राह्मण ने शूद्रा से विवाह किया है तो उसने शास्त्र की मर्यादा तोड़ी है और वासना के वशीभूत निन्दनीय कार्य किया है। शूद्रा का पति ब्राह्मण दान पाने का अधिकारी नहीं होता। उसे दिया गया दान व्यर्थ चला जाता है। भारतीय परम्परा में जीव जन्तुओं को, कीट पतंगों को भी मान-सम्मान दिया गया है। सर्प हमारी संस्कृति में महत्त्वपूर्ण स्थान रखते हैं। पृथ्वी धारण से लेकर सागर मन्थन तक में सर्प जाति का योगदान अमूल्य है। अतः हम नागपूजा के अवसर पर आज भी सर्पों को दूध पिलाते हैं। ऐसे साँपों को पकड़ने का व्यवसाय करने वाले व्यक्ति भी दान पाने के योग्य नहीं होते हैं। इनको दिया गया दान व्यर्थ जाता है।

जिस प्रकार माता-पिता गुरुजनों को दिया गया दान नहीं कहलाता उसी प्रकार सेवकों अथवा घर की नारियां को दिया गया धन दान कोटि में नहीं आता। इनको दिए गए दान को यह समझना भूल है कि हमने दान किया है क्योंकि स्त्रियों और नौकरों का पालनपोषण करना तो मनुष्यों का कर्तव्य है। अतः इनको दिया दान व्यर्थ जाता है। इनको देना चाहिए किन्तु उसे अपना कर्तव्य मानकर चलना चाहिए। दान के अनेक प्रकार हैं किन्त उन दानरूपों को अपनाने से पहले सोलह व्यर्थ दानों को भी जान लेना हितकर होगा।

19. विश्वास का संकट

मानव सृष्टि के सुचारू संचालन में कतिपय मनोभावों का योगदान बहुत महत्त्वपूर्ण होता है। प्रेम, करुणा, अहिंसा, आशा और विश्वास ऐसे ही भाव हैं। प्रेम और करुणा का उद्देश्य एक ही है- दूसरों को सुख पहुँचाना और कष्टों से छुटकारा दिलाना। यह हो सकता है कि इन दोनों भावों के क्षेत्र, मात्रा व विस्तार में अन्तर हो। अहिंसा दूसरे जीव की महत्ता की स्वीकारोक्ति है। आशा और विश्वास की निकटता तो इतनी अधिक है कि कभी कभी दोनों एक होने लगते हैं। आशा बहुत शक्तिशाली भाव हैं। सांसारिक जटिलताओं एवं भयंकर से भयंकर परिस्थितियों में संघर्ष की भावना आशा के स्तम्भ पर ही टिकी रहती है। तनिक उस स्थिति की कल्पना कीजिए, जब महाभारत के युद्ध में पितामह भीष्म शर-शैया पर चले गए, द्रोणाचार्य व कर्ण मारे जा चुके हैं, सत्रह दिन के युद्ध में एक भी कुन्तीपुत्र को कौरव सेना मार नहीं सकी है, दुर्योधन के अनेक भाई मारे जा चुके हैं, तब दुर्योधन की मन:स्थिति किस प्रकार की होगी। शल्य कल तक कर्ण के सारथी थे, अब उनको सेनापति बनाना पड़ा है। यह घोर निराशा की स्थिति है किन्तु व्यास दुर्योधन को आश्वासन दिलाते हैं। 'आशा बलवती राजन् शल्यो जेष्यति पाण्डवा:।' इस आशा में सक्रियता आने पर विश्वास का जन्म होता है। विश्वास उस दृढ़ निश्चय का नाम है जो आशा को साकार रूप देने के निमित्त कार्यक्षेत्र में कूदकर अमूर्त को मूर्त किया करता है। सब कुछ नष्ट हो जाने के बाद भी दुर्योधन, भीम से गदायुद्ध के लिए तैयार हो जाता है क्योंकि उसे विश्वास है कि न्यायोचित गदायुद्ध में उसे कोई पराजित नहीं कर सकता।

आज की अर्थप्रधान व भोगप्रधान संस्कृति में मानव मूल्यों व उनके मानदण्डों में इतना बड़ा परिवर्तन आ गया है कि अनेक उदात्त भावों के अस्तित्त्व पर ही प्रश्न चिह्न लग गया है। यह संकट विश्वास जैसे पवित्र व

दृढभाव पर भी आया है। संसार में अपनी जीवन-यात्रा चलाने के लिए एक दूसरे पर अनेक क्षेत्रों में विश्वास करना पड़ता है। बिना विश्वास किए हम कोई भी कार्य सिद्ध नहीं कर सकते क्योंकि सांसारिक जीवन का समष्टि से प्रभावित होना स्वाभाविक है। अपने भरण-पोषण, सुरक्षा, सुख-सुविधा आदि जैसे विविध क्षेत्रों में व्यक्ति को किसी न किसी पर विश्वास करके ही चलना होता है।

जीव संसार में आगमन के समय से ही पराश्रित होता है। परमात्मा ने गर्भस्थ शिशु के भरण-पोषण का दायित्व माता को सौंपा है। संसार में आने के बाद भी बालक के लालन-पालन की पहली जिम्मेदारी माता-पिता की ही होती है। माता-पिता पर विश्वास की भावना में अविचलता सुमेरु जैसी दृढ़ होती है किन्तु जब आए दिन कर्ण व कबीर की परम्परा के बालक मिलते हैं, अथवा जन्म से पूर्व ही भ्रूण-परीक्षण की मार सहकर नाली में फेंक दिए जाते हैं, तब विश्वास का यह गढ़ ध्वस्त होता दिखाई पड़ता है। आज तो कर्ण व कबीर जैसे बालकों की संख्या इतनी बढ़ गई है कि वात्सल्यधाम अथवा अनाथाश्रम खोलने पड़ रहे हैं। जब माँ बाप छोटे-छोटे बच्चों को मजदूरी करने भेज देते हैं अथवा कटोरा हाथ में देकर भीख माँगने को बाध्य करते है, तब माँ-बाप के प्रति विश्वास उठने लगता है। जब छोटी-छोटी बालिकाओं को चंद सिक्कों के लालच में अरब धनपतियों की तथाकथित बेगम बनाने के लिए बाध्य किया जाता है, तब विश्वास के संकट का जन्म होता है। जब यदा-कदा पढ़ने या सुनने को यह मिलता है कि अमुक व्यक्ति ने अपनी ही पुत्री के साथ यौन सम्बन्ध स्थापित कर लिए हैं तो वह विश्वास टूट जाता है जिसमें यह बताया गया था कि विवाह तक कुमारी पुत्री की रक्षा का दायित्व पिता का है। आज तो यह समस्या इतनी भयावह है कि कुछ समझदार माताएँ अपनी पुत्री की रक्षा का भार पिता अथवा भाई पर भी नहीं छोड़ना चाहतीं। यदा-कदा भाई-बहन के पवित्र सम्बन्धों के भी कलंकित होने की खबरें आ जाती हैं।

भाई-भाई के मध्य विश्वास का सबसे श्रेष्ठ उदाहरण राम व भरत का है। राम को इस बात का दुख नहीं कि राज्य मुझको न देकर भरत को दिया जा रहा है। भरत राम के होते हुए पिता द्वारा दिए गए राज्य को लेने से मना कर देते हैं। भरत राम को वन से लौटाने के लिए जाते हैं। लक्ष्मण के मन में उत्पन्न अविश्वास पर राम कहते है:-

भरतहिं होई न राजमद विधि-हरिहर पद पाई।
कबुहुँ कि कांजी सीकरनि क्षीर सिंधु विलगाइ।।

किन्तु आज भाई भाई के मध्य कलह, मार-काट, मुकदमेबाजी, हत्या आदि की इतनी घटनाएँ सुनने को मिलती हैं कि ऐसा नहीं लगता कि ये एक ही माँ बाप की सन्तान हैं अथवा ये सहोदर है जो बचपन में साथ-साथ खेले थे, एक दूसरे के सुख दुख में सहभागी रहे थे, वे आज दुश्मन बन बैठे। अभी कुछ दिन पहले तक यह आम बात थी कि पिता के बाद बड़ा भाई पिता की जिम्मेदारियों को अपनी मान लेता था। छोटे भाई-बहन बड़े भाई को पिता के समान आदर देते थे। आज 'मैं और मेरे मियां' का ही परिवार बनने से ये आदर्श किस्से भर रह गए हैं। संयुक्त परिवार के विघटन से अपनों के प्रति विश्वास समाप्त हो गया है। 'विश्वास फलदायकं संशयात्मा विनश्यति' उक्ति का अर्थ ठीक विपरीत हो गया है।

वृद्धावस्था में माता- पिता सन्तान पर निर्भर करते हैं। श्रवणकुमार के इस देश में यूरोपीय वातावरण के प्रभाव के कारण सन्तान इस दायित्व को त्याग रही है। 'सन्तान बुढापे की लकड़ी होती है', ऐसा जनमानस का विश्वास टूट चुका है। पृथक् परिवार बनाकर पुत्र-पुत्रवधू माता-पिता को पूर्णतः भूल चुके हैं। वृद्धाश्रमों की संख्या नित प्रति बढ़नी है। इस स्वकेन्द्रित अर्थ प्रधान संस्कृति में उन माता-पिताओं की स्थिति तो दयनीय है जिनकी आय का कोई स्रोत नहीं है, साथ ही जिनके पास धन है, उनकी सन्तान उनकी मृत्यु की कामना करती रहती है, जिससे शीघ्रातिशीघ्र धन का स्वामित्व उनको मिले। अतः सन्तान पर से भी विश्वास उठता जा रहा है।

माता-पिता के बाद बालक गुरु या अध्यापक के समीप्य में आता है। भारतीय संस्कृति में गुरु को माता-पिता से ही नहीं, ईश्वर से भी बढ़कर स्थान प्राप्त था। गुरु के संरक्षण में बालक निश्चित रहता था। राजा-महाराजाओं के पुत्रों को भी शिक्षा के लिए गुरु के घर ही जाना पड़ता था। राम व कृष्ण को भी क्रमशः वशिष्ठ व संदीपन की शरण में जाना पड़ा था। गुरुओं के आचरण व विद्वत्ता का समाज लाभ उठाता था। आज का स्वार्थी व धन लोभी गुरु अपने छात्रों का हितचिन्तक नहीं रह गया है। वह केवल वेतनभोगी कर्मचारी है। अब विद्यार्थियों के शोषण की भी बात आम हो गई है। छात्रों से अनुचित रूप में धन वसूलने, ट्यूशन के लिए

बाध्य करने, धन लेकर नम्बर बढ़ाने या नकल की सुविधा देने के उदाहरण भी सामने आने लगे हैं। छात्राओं के यौन-शोषण के निन्दनीय उदाहरण भी सामने आने लगे हैं। विवश छात्राएँ सुखद भविष्य के सपनों की आशा में यह सब सहन करती हैं किन्तु यदा-कदा निराशा में आत्महत्या का भी निर्णय ले लेती हैं। गुरु को ईश्वर से बढ़कर समझने वाले छात्र भी अब बदल गए हैं। वे गुरुओं की पिटाई करने लगे हैं, कभी कभी हत्या के समाचार भी आते रहते हैं। अब छात्र-छात्राओं को गुरुओं पर विश्वास नहीं रह गया है और अध्यापक को भी छात्रों से भय लगने लगा है।

शिक्षा प्राप्ति के बाद गृहस्थ जीवन में दो भिन्न लिंगी दो भिन्न शरीर होने पर एक आत्मा बनते हैं। मानव के प्रेम सम्बन्धों में पति-पत्नी के सम्बन्ध के समान प्रगाढ़ता अन्य किसी सम्बन्ध में नहीं होती। एक दूसरे पर कितना अटूट विश्वास कि अपना जीवन, अपना सब कुछ न्यौछवार कर घोर विश्वास की शृंखला में आबद्ध होते हैं। व्यक्ति सामान्य क्रय विक्रय में प्रमाण के लिए रसीद चाहता है किन्तु अनुमान लगायें कि भारतीय नारी किसी अपरिचित को जब अपना जीवनसाथी बनाती है, तो सुरक्षा का कोई प्रमाण नहीं माँगती, केवल विश्वास के आधार पर ही माता-पिता, घर-परिवार को छोड़कर अपरिचित व्यक्ति व अनजान स्थान की ओर निश्चिन्त होकर चल देती है। पुरुष अपनी धन-दौलत, घर-मकान सब उसे सौंपकर जीवन संग्राम में कूद पड़ता है किन्तु आज विश्वास का यह दुर्ग भी हिल गया है। नवबधुओं की होली जल रही है। कोई उनको तन्दूर में भून रहा है तो कोई उसे मगरमच्छ के सम्मुख फेंक रहा है। पत्नियाँ, पतियों की हत्या करवा रही हैं। वे अपने बालकों के वात्सल्य और पति के स्नेह को धता बताकर प्रेमियों के साथ अन्यत्र बसेरा बना रही हैं।

अपने शरीर के विषय में व्यक्ति को परमात्मा के बाद सबसे बड़ा विश्वास चिकित्सक पर होता है। वे उसे परमात्मा का ही दूसरा रूप मानते हैं। आज चिकित्सकों के प्रति इतना अविश्वास है कि दबी जुबान से रोगी उनको लुटेरा व हत्यारा तक कहते हैं। भ्रूण परीक्षण के रूप में तो आए दिन हत्या हो ही रही है, अब तो रोगियों के अंग भी सुरक्षित नहीं हैं। किडनी कांड ने तो सारे देश को हिला दिया है। नर्सिंग होम तो लूट के अड्डे हैं, जहाँ मृत व्यक्ति को कई-कई दिन तक जीवित बताकर लूट चलती रहती है।

.. जनता अपनी रक्षा, सामान्य सुविधाओं एवं जीवन के सुचारु संचालन के लिए राजा पर विश्वास करती है। आधुनिक युग में राजा का स्थान सरकार ने ले लिया है। सरकार के कार्यपालिका, व्यवस्थापिका व न्यायपालिका तीन रूप हैं। व्यवस्थापिका का चयन जनता करती है। यह व्यवस्थापिका ही सरकार का रूप धारण कर लेती है। दूसरे शब्दों में एक निश्चित सरकारी मशीनरी के माध्यम से राजनेता देश का शासन चलाते हैं। ये राजनेता जनता के प्रतिनिधि होते हैं। अत: यह विश्वास करना स्वाभाविक है कि राजनेता जनता का हित संवर्धन करेंगे किन्तु आज विश्वास पर सबसे बड़ी चोट राजनेताओं ने मारी है। आज के राजनेताओं ने अपने कारनामों से ऐसा घिनौना वातावरण बना दिया है कि नेता का नाम सुनते ही एक भ्रष्ट, बेईमान, चरित्रहीन, देशद्रोही व्यक्ति का चित्र मानस पटल पर उभर आता है। देश का दुर्भाग्य है कि ये चोर-लुटेरे, हत्यारे, माफिया, घोटालेबाज राजनेता लोकतंत्र के पवित्र मंदिरों तक पहुँच रहे हैं। प्रायोजित हत्या करवाने अथवा मधुमिता शुक्ला या भंवरी देवी कांड में आए दिन इनके नाम उछलते रहते हैं। रक्षक ही जब भक्षक वन जाएं तो विश्वास किस पर करें।

विश्वासों के सभी स्तम्भों के हिल जाने के बाद केवल न्याय व्यवस्था पर ही विश्वास किया जाता है। इस देश में अवन्ति नरेश महाराज विक्रमादित्य और मुगल बादशाह जहाँगीर अपनी न्यायप्रियता के लिए प्रसिद्ध हैं। भारतीय संविधान में न्यायपालिका को सर्वोच्च स्थान देकर इसी परम्परा को पुष्ट किया था किन्तु आज तो न्यायपालिका की ओर भी अंगुली उठने लगी हैं। जिला स्तर की अदालतों के भ्रष्टाचार के किस्से तो जन सामान्य के मध्य प्राय: चर्चित होते रहते हैं। उच्च व उच्चतम न्यायालय के विषय में अवमानना के अपराधी बनने के भय से डर लगता है, अन्यथा राजनेता प्रत्येक अपराध से प्राय: बरी हो जाते हैं, के कारण खोजने पड़ेंगे। विश्वास का यह सबसे सुदृढ़ गढ़ भी ढहने लगा है।

आधुनिक युग में नैतिक मूल्यों के रक्षण में पत्रकारों का भी बहुत योगदान रहा है। देश ने अनेक ऐसे ख्याति प्राप्त देशभक्त पत्रकार दिए हैं, जिनके नाम को सुनकर ही उनके प्रति श्रद्धा से सिर झुक जाता है किन्तु भारतीय पत्रकारों ने उन आदर्शों को आज भुला दिया है। आज तो पत्रकार

भी किसी दल विशेष या व्यक्ति विशेष से जुड़े हुए दिखते है। कुछ तो पीत-पत्रकारिता करने में भी संकोच नहीं करते। यदाकदा तो सरकारें पत्रकारों को खरीद लेती हैं। अनेक पत्रकार अपने राजनीतिक सम्बन्धों के कारण संसद की शोभा बढ़ाते हैं। वे अपने दल के हित को देखकर ही लिखते हैं। ऐसे सुविधा लोभी व्यक्ति पत्रकार के गुरुगम्भीर दायित्व का वहन नहीं कर पाते।

देश और समाज को जगाने या सचेत करने के लिए साहित्यकारों ने सदैव प्रयास किए हैं। धर्म, नीति, सदाचार, नियम, आस्था, भक्ति, विश्वास, प्रेम, श्रद्धा, संस्कृति सभी क्षेत्रों में साहित्यकारों ने अमूल्य योगदान दिया है। आज भी रहीम, कबीर, तुलसी जैसे कालजयी कवियों की सूक्तियों से समाज अपनी समस्याओं का समाधान खोजता है किन्तु आधुनिक कवि जिन अकविताओं को लिख रहे हैं उनसे हमारा क्या हित होगा? अब तो साहित्यकार खेमों में बँटकर किसी जाति विशेष के भौंपू बन कर रह गए हैं। प्रगतिवादी साहित्यकार एक दल विशेष से आबद्ध रहे हैं तो दलित साहित्य के कवि और लेखक भारतीय चिन्तन के नकारात्मक स्वरूप का वर्णन करना ही अपना लक्ष्य मानते हैं। यथार्थ के नाम पर नग्नता परोसने वाले इन साहित्यकारों पर कितने लोग विश्वास कर रहे हैं, इसका ज्ञान उनको भी है और प्रबुद्ध समाज को भी है। अनेक जातिवादी व भ्रष्ट राजनेताओं पर चालीसा लिखे जा रहे हैं। अतः विश्वास किस पर करें।

विश्वाास का एक स्तम्भ हमारी वर्ण व्यवस्था भी थी। ब्राह्मण का ज्ञान, क्षत्रिय का तेज, वैश्य का धन और शूद्र की सेवा जन-कल्याण के निमित्त होती थी। आज का कर्मणा ब्राह्मण धनलोभी, वासनाग्रस्त, कलहप्रिय, ईर्ष्यालु और क्रोधी है। जनता के रक्षण-कार्य में लगी फौज व पुलिस भ्रष्टाचार में लिप्त हैं। ट्रेन में बैठे यात्री फौजियों के प्रवेश करते ही आतंकित हो जाते हैं। पुलिस या थाने में जाने से व्यक्ति डरता है। उचित अनुचित रूप से धन कमाना ही वैश्य का धर्म बन गया है। सेवाकार्य में लीन कर्मणा चतुर्थ वर्ण हड़ताल व तोड़फोड़ के अस्त्रों से सुसज्जित होकर कामचोरी व सीनाजोरी को ही अपना कर्तव्य मानता है।

धर्म क्षेत्र से जुड़े साधु संन्यासियों पर भी इस देश ने बहुत विश्वास

किया। गेरूआ कपड़े पहने व्यक्ति को देखकर आम आदमी श्रद्धा से नत होता आ रहा है। किन्तु आज इन धर्म-प्रचारकों, मठाधीशों, जगद्गुरुओं, मुल्ला-मौलवियों, सूफियों, हाजियों, संतों, मिशनरियों के कार्यों को देखकर, सुनकर या पढ़कर इनके प्रति घोर अविश्वास उत्पन्न होने लगा है। ये छद्मवेष में व्यापार व राजनीति करते हुए दोनों क्षेत्रों के दुर्गुणों से युक्त प्रतीत होते हैं। इनमें से अनेक अब राजनीति की कीचड़ में भी लेट रहे हैं।

निष्कर्ष रूप में यही कहा जा सकता है कि आखिर विश्वास किस पर करें किन्तु निराशा में जीना भी उचित नहीं है और कहीं न कहीं किसी न किसी का विश्वास तो करना ही पड़ेगा। अत: समस्या के समाधान के लिए आप जिस क्षेत्र में भी हों, स्वयं दूसरों के विश्वासपात्र बनें। आपके व्यवहार व आचरण को देखकर दूसरे लोग भी प्रभावित होंगे। अविश्वास का वातावरण घटेगा क्योंकि विश्वास के बल पर ही संसार चल रहा है।

20. आधुनिक विवशता

जमींदार की कठोरता एवं क्रूरता के सम्मुख विवश हुए खेतिहर मजदूर या किसान के हृदय की अनुभूति का वर्णन लेखकों व कवियों की लेखनी का प्रिय विषय रहा है। दास-दासी प्रथा के उन्मूलन से पूर्व मनुष्य के क्रय-विक्रय की घटनाओं को पढ़कर, पशु के समान हाँके जाते हुए मनुष्यों की विवशताओं का अनुभव सहृदय पाठकगण करते आए हैं। जवान बेटी के हाथ पीले करने की इच्छा और उस इच्छापूर्ति के मार्ग में धनाभाव रूपी अवरोध ने माँ-बाप को कितना विवश किया है, यह शाश्वत विवशता रही है। सूदखोर सेठ-साहूकारों की निर्दयता एवं हृदयहीनता का दिग्दर्शन अनेक प्रगतिवादी साहित्यकारों के साहित्य का विषय रहा है। उन कृतियों में महाजन के व्यवहार एवं आसामी की विवशता को पढ़कर, व्यवस्था के प्रति आक्रोश उत्पन्न होता है। प्रेमचन्द्र की कहानी 'सवा सेर गेहूँ' में हिन्दी पाठक ऐसी ही विवशता को पढ़ चुके हैं। धनाभाव के कारण सन्तान को पौष्टिक भोजन न दे पाने की विवशता भी पुरातन है। कहते हैं कि कौरव-पांडवों के शिक्षक बनने से पूर्व द्रोणाचार्य के घर में इतनी निर्धनता थी कि वे अपने एकमात्र पुत्र अश्वत्थामा को दूध भी नहीं पिला सकते थे। अतः बालक अश्वत्थामा के दूध माँगने पर उसकी माँ कृपी आटे के पानी को दूध बताकर बालक को बहका देती थी। माता के हृदय की इस विवशता को भी शाश्वत कहा जा सकता है। विद्या-प्राप्ति के पश्चात् प्राचीन काल में गुरु दक्षिणा की परम्परा रही है, परन्तु कितने ही शिष्य अपने सम्मानित गुरुजनों को उपयुक्त दक्षिणा देने में असमर्थ जानकर विवशता की स्थिति में रहे हैं। कौत्स की गुरु-दक्षिणा का वर्णन तो साहित्य की धरोहर है। महर्षि दयानन्द भी अपने प्रज्ञाचक्षु गुरु स्वामी विरजानन्द के सम्मुख विवशता में ही लौंग का जोड़ा लेकर उपस्थित हुए थे।

नियमों में बँधे हुए व्यक्ति द्वारा अपने सामर्थ्य का प्रदर्शन न कर पाने की विवशता भी नूतन नहीं कही जा सकती, अन्यथा मध्यम पाण्डव अर्जुन और महाबली भीम अपनी आंखों के सम्मुख दु:शासन और दुर्योधन द्वारा अपनी प्राणप्रिया द्रौपदी के अपमान को सहने में विवश नहीं होते। स्वामी की आज्ञा-पालन में सेवक की असामर्थ्य पर सम्भावित दण्ड की आशंका भी नूतन विवशता नहीं कही जा सकती। ऐसी विवशता सुग्रीव के उस खोजी दस्ते के सम्मुख भी थी, जिनको सीता का पता लगाने का एक मास का समय मिला था और जो सागर के किनारे पर खड़े होकर सागर पार करने की अपनी असामर्थ्य की विवशता पर रो रहे थे। भला हो जामवन्त का जिसने हनुमान के बल को जाग्रत कर दिया अन्यथा सभी को सुग्रीव के हाथों मृत्यु दण्ड भोगना पड़ता। स्वामी के आदेश से उत्पन्न हुई विवशता को जैसे तैसे आठ मास सह लेने के बाद कालिदास का यक्ष आषाढ़ के प्रथम दिन इतना विह्वल हो गया था कि बेचारे ने चेतन-अचेतन का भेद भूलकर बादल को सन्देशवाहक बना लिया था।

इन शाश्वत विवशताओं के अतिरिक्त आधुनिक युग मे युगानुकूल परिवेश के कारण कुछ नूतन विवशताओं ने जन्म लिया है। आज का युग राजनीति प्रधान है। अत: इस क्षेत्र से बात प्रारम्भ करते है। इतिहास के छात्र भली-भांति जानते हैं कि किसी राजा की गद्दी छीनने के लिए युद्ध का ही सहारा लिया जाता था किन्तु आज के सिंहासनारूढ़ शासक की गद्दी अनपढ़, अशिक्षित एवं असभ्य मतदाताओं की भीड़ के द्वारा छिन जाने पर किस विवशता का अनुभव होता होगा, यह शासकजन ही बता सकते हैं। इतना ही नहीं, जब किसी राजनेता की गद्दी हाईकमान नामक शक्ति के आदेश से रातों-रात में छिन जाती है और फिर भी उस हाईकमान के प्रति वफादार रहने की दुहाई देनी पड़ती है, उस विवशता का नामकरण आधुनिक शब्दावली में दलीय-अनुशासन है। तनिक कल्पना तो कीजिए उस विवशता की जिस 'क' ने 'ख' का मुख्यमंत्रित्व छीना है, उसी 'ख' से मुख्यमंत्रीपद के लिए 'क' के नाम का प्रस्ताव कराया जाता है। ऐसा प्रतीत होता है कि इस दलीय अनुशासन नामक आधुनिक विवशता ने मानव को शाश्वत भावों की अनुभूति से ऊपर उठा दिया है। एक दसरे को पानी-पी-पीकर कोसने वाले दल या नेता जब कुर्सी के लाभ में गलबहियाँ करते हैं, तब इनके हृदय की इस विवशता को क्या नाम दिया जाये, मैं नहीं जानता।

सामाजिक क्षेत्र में अनेक नई विवशताओं ने जन्म लिया है। सवर्ण कहे जाने वाले प्रतिभाशाली प्रथम श्रेणी युवक-युवती को जब किसी पद से इसलिए वंचित कर दिया जाता है क्योंकि यह पद आरक्षित है, तो उस हृदय की विवशता को नया नाम देना सम्भवत: मनोवैज्ञानिकों का काम है। वैसे इस विवशता का अनुभव प्रवेश, नौकरी पाने तथा प्रमोशन के समय भी होता रहता है। विधानसभा अथवा लोकसभा सीट को सुरक्षित देखकर राजनीति में प्रवेश के इच्छुक तथाकथित सवर्ण जाति के उस क्षेत्र के व्यक्तियों की विवशता का नामरण भी अपेक्षित है।

आर्थिक क्षेत्र में भी कुछ नई विवशताएँ दिखाई दे रही हैं। प्राचीनकाल में सम्पन्नता के दो ही आधार थे- पैतृक सम्पत्ति या अपनी योग्यता किन्तु आज जब अन्य स्रोतों से किसी परिवार पर धन बरसता हुआ दिखाई देता है, तो अपनी योग्यता को व्यर्थ देखकर निर्धन व्यक्ति जिस विवशता का अनुभव करता है, उसकी अनुभूति बहुत लोगों को है। आज ऐसे अनेक विभाग हैं जिनको कमाऊ कहा जाता है। अनेक ऐसी सेवाएँ है जिनमें ऊपर की आमदनी नामक देवी कृपा से सदैव धन बरसता है। अत: इन कमाऊ विभागों को न पाने की असफलता व इस नूतन देवी का कृपा-पात्र न बन पाने की विवशता मुझे कितना सता रही है, उसको लिख कर जग-हंसाई नहीं कराना चाहता।

शिक्षा-जगत् में भी नई विवशताएँ सामने आयी हैं। इतिहास में पढ़ा है कि तक्षशिला और पाटलिपुत्र विश्वविद्यालयों में प्रवेश के समय परीक्षा ली जाती थी। उसमे सफल होने के बाद ही प्रवेश द्वार से विश्वविद्यालय के प्रांगण में जा सकते थे। किन्तु आज ऐसे प्रसिद्धि प्राप्त विद्यालयों, महाविद्यालयों या विश्वविद्यालयों में प्रवेश के लिए और साधन हैं। आप आरक्षित जाति के हों, राजनीतिक पहुँच वाले हों, धन-सम्पन्न पिता की सन्तान हों अथवा जाने-माने बदमाश हों, तो प्रवेश मिल जाएगा। यदि इनमें से किसी वर्ग में भी आप नहीं आते, तो अन्दर न जाने की विवशता का अनुभव कीजिए। सुना है कि पहले अध्यापक से छात्रों को डर लगा करता था, किन्तु आज तो परीक्षा के दिनों में अध्यापकों का रक्तचाप बढ़ जाता है। जिस छात्र ने कक्षा में कभी दर्शन न दिये हों, उसे पूर्ण उपस्थिति और प्रयोगात्मक परीक्षा में अधिकतम अंक देते समय अध्यापक जिस विवशता का अनुभव करता है, वह अत्याधुनिक विवशता है। इसका नामकरण भारत सरकार की शब्द निर्माण समिति का कार्य है।

कुछ नूतन विवशताएँ तो झकझोर कर रख देती हैं। जिस माफिया, तस्कर, गुंडा, या बदमाश का पुलिस को देखकर दम सूखने लगता था, उसके विधायक, सांसद या मंत्री बन जाने पर पुलिस बल की विवशता का अनुमान लगााना सरल नहीं है। घर में बैठे मकान मालिक से जब बदमाश सीने पर गोली तानकर तिजौरी की चाबी माँगता है या अपने अपहृत परिजन के लिए फिरौती देनी पड़ती है, तब उस विवशता को क्या नाम दें। जब यह पता चल जाए कि अमुक पद योग्यता नहीं अपितु धन से मिल रहा है, तो योग्यता प्राप्त धनहीन की विवशता को कौन सा नाम दिया जाए। उचित कार्य के लिए भी जब ईमानदार व्यक्ति को रिश्वत देनी पड़ती है तो वह अपनी विवशता पर मन मसोस कर ही रह सकता है। चश्मदीद गवाहों को जब न्यायालय में अपने मन को मारकर असत्य बयान देना पड़ता है, तब उस विवशता का अनुमान ही लगाया जाता है। जब तरह-तरह के घोटालों, हत्या, रिश्वत, अपहरण, देशद्रोह के अपराधों से राजनेता बरी हो जाते हैं, तब सामान्यजन प्रशासनिक व्यवस्था की विवशता को कोसकर ही रह जाता है। छोटे-छोटे बालकों को अपराध जगत में धकेल कर अथवा कॉल गर्ल्स रैकिट चलाकर अथवा कबूतर बाजी से धन बटोर कर सम्पन्न बने लोगों के यशोगान करने की विवशता क्या मृत्यु से कम है। प्रभुत्व सम्पन्न राष्ट्र को जब 'रुबिया काण्ड' अथवा 'कान्धार काण्ड' में विवश देखते हैं, तब व्यक्ति की हीन भावना किस प्रकार की विवशता कही जाएगी।

इस प्रकार की विवशताओं की संख्या सुरसा के मुख के समान बढ़ती जा रही है और यदि इस विवशता पुराण को और बढ़ाया गया तो समस्त प्राणि-जगत् ही विवश दिखाई देने लगेगा।

21. महाकवि व्यास का दण्ड विधान

प्राचीन काल से ही रामायण और महाभारत समस्त भारतीय साहित्य के आधार ग्रन्थ के रूप में मान्य रहे हैं। इन दोनों महाकाव्यों में रामायण यदि एक सजी हुई वाटिका है, तो महाभारत एक विशाल अरण्य। यह उक्ति जो महाभारत में नहीं है, वह भारत में नहीं है, बहुत सार्थक प्रतीत होती है। वेदों का विभाजन करने वाले, अठाराह पुराणों के रचयिता महाकवि व्यास ने महाभारत में समस्त भारतीय दर्शन और संस्कृति का निचोड़ प्रस्तुत किया है। कथा की ऐतिहासिकता में संदेह करने वाले विद्वान् भी व्यास के चिंतन की गहराई पर मुग्ध हुए बिना नहीं रह सकते।

भारतीय चिंतन का आधार आदर्शवाद रहा है। यहाँ अनेक संकटों के बाद सद्प्रवृत्तियों की विजय ही साहित्य में वर्णित होती आई है। शास्त्रीय शब्दावली में कहें, तो भारतीय साहित्य सुखान्त है, दुःखान्त नहीं। साहित्य को उपदेश से दूर रखने की बात मानते हुए भी भारतीय साहित्य से यह ध्वनित होता है कि हमें रामवत् आचरण करना चाहिये रावणवत् नहीं। वाल्मीकि और व्यास के इन दोनों उपजीव्य ग्रन्थों में यह भावना इतनी प्रबल है कि आगे आने वाले साहित्यकार इस धारा से हटकर चलने का साहस नहीं कर सकते हैं। इन दोनों महाकवियों में भी यदि तुलनात्मक दृष्टि से देखें, तो व्यास का आदर्शवाद वाल्मीकि से भी बढ़कर है। वाल्मीकि ने सद्-पात्रों की भूल पर प्रायः दण्ड विधान नहीं किया है, जबकि व्यास ने बड़े से बड़े सद्-पात्रों को भी उसकी भूल पर क्षमा न करके उसे दण्डित किया है।

महाभारत में श्रीकृष्ण, युधिष्ठिर, पितामह भीष्म, आचार्य द्रोण जैसे महान सद्पात्र हैं, तो दुर्योधन, दुःशासन, जयद्रथ और शकुनि जैसे असत् पात्रों के

सम्पर्क व प्रभाव में आकर कुछ अन्य पात्रों ने भी यदा-कदा नीति विरुद्ध कार्य किये हैं। महाकवि व्यास ने इस सभी के लिये दण्ड विधान किया है।

कौरव पक्ष का अन्याय:

यदि नीति विरुद्ध कार्यों की ओर दृष्टिपात करें, तो महाराज धृतराष्ट्र की अपने बड़े पुत्र दुर्योधन के प्रति अतिरिक्त आसक्ति और अपने भाई के पुत्र पाण्डवों के प्रति उपेक्षा तथा शासक होने के बाद भी दुर्योधन को अनुचित कार्यों से न रोकना, इस राजा को अपराधी कोटि में खड़ा करता है। माता गांधारी के भी वह प्रयास देखने को नहीं मिले, जो इस पारिवारिक कलह को मिटाने के लिए आवश्यक थे। शकुनि की धूर्तता तो महाभारत-कथा में खलनायक जैसी है। भरी सभा में अपने भाइयों की पत्नी द्रौपदी का चीरहरण और उसे अपनी जंघा पर बैठाने की इच्छा प्रकट करना दु:शासन और दुर्योधन को ऐसा दोषी सिद्ध करते हैं कि सहृदय पाठक की यह भावना बलवती हो उठती है कि इन दुष्टों को दण्ड मिलना ही चाहिये। जिस सभा में द्रौपदी को नग्न करने का प्रयास हो रहा हो, वहां इस परिवार के वयोवृद्ध पितामह भीष्म और दोनों पक्षों द्वारा ही पूज्य गुरुवर द्रोणाचार्य भी उपस्थित थे। उनकी स्थिति इस अवसर पर क्रीतदास जैसी लगती है, सामर्थ्य होते हुए भी अत्याचारी के अत्याचार को चुप बैठकर देखना व्यास को अपराध ही प्रतीत हुआ है और उन्होंने अपने दण्ड विधान में इन दोनों महापुरुषों को भी नही छोड़ा है। सात महारथियों के द्वारा एक बालक को घेरकर मारना और मरे हुए अभिमन्यु के सिर पर प्रहार इन सभी को व्यास की दृष्टि में अपराधी बनाता है। अश्वत्थामा द्वारा सोते हुए लोगों पर प्रहार, बच्चों व स्त्रियों तक पर वार, गर्भस्थ शिशु के भी प्राण लेना आदि कार्य अन्याय के ही उदाहरण है।

पाण्डव पक्ष का अन्याय :-

विजेता पाण्डव पक्ष ने भी अनेक नीति विरुद्ध कार्य किये हैं, किन्तु विजयी हो जाने मात्र से वे व्यास के दण्ड विधान से मुक्त नहीं हो सकते हैं। इस कथा में कृष्ण परात्पर ब्रह्म के रूप में होते हुए भी मानवीय कमजोरियों से युक्त दिखाई देते हैं। उनका पाण्डवों पर अतिरिक्त स्नेह है। अत: वे

यदा-कदा नीति विरुद्ध चलकर पाण्डवों का पक्ष लेते हुए दिखाई देते हैं। जयद्रथ, जरासंध, दुर्योधन व कर्ण आदि की हत्या के समय कृष्ण की भूमिका पर सभी की अंगुली उठती है। दुर्योधन की जांघ टूटने पर बलराम का क्रोध सभी सहृदय पाठकों का क्रोध है। इसके अतिरिक्त कृष्ण भले ही संधि-दूत बनकर धृतराष्ट्र के पास जाते हैं किन्तु युद्ध टालने के लिए उनके प्रयास उस स्तर के नहीं थे, जैसा कि इस महानायक से पाठक को आशा है। अतः व्यास के विचार से कुरुवंश के विनाश में कृष्ण की मुख्य भूमिका है। युधिष्ठर अपनी सत्यवदिता के लिये महाराज हरिश्चन्द्र की परम्परा में उत्पन्न हुए हैं, अतः 'नरो वा कुंजरो वा' जैसा असत्य वचन, व्यास के मतानुसार अपराध है। पाण्डवों के सेनापति धृष्टद्युम्न तथा भाई शिखण्डी का जन्म क्रमशः द्रोण व भीष्म के प्राण लेने के लिये ही हुआ है किन्तु जिस ढंग से निहत्थे योद्धाओं को इन दोनों भाइयों ने मारा है, वह नीति के अनुकूल प्रतीत नहीं होता। कर्ण के प्रति द्रौपदी का व्यवहार भी अच्छा नहीं रहा है। मत्स्यबेध की शर्त रखने के बाद भी कर्ण से विवाह करने को मना कर देना, नीति के विरुद्ध ही है। दुःशासन के रक्त से अपने केश धोने की क्रिया भी उसे मानवी नहीं रहने देती। भीम ने जहाँ युद्ध के नियमों के विरुद्ध जाकर दुर्योधन की जांघ तोड़ी थी, वहीं दुःशासन की छाती का रक्त पीकर एक प्रकार का राक्षसी कार्य ही किया था।

कौरवों को दण्ड :-

महाकवि व्यास ने अपने दण्ड विधान के द्वारा दुर्योधन की उस जांघ को तुड़वाना उचित समझा है, जिस पर उसने नग्न द्रौपदी को बैठाना चाहा था। दुःशासन को भी अपने कर्म का दण्ड मिल गया है। धृतराष्ट्र व गांधारी ने अपने सभी पुत्रों की मृत्यु का दुःखद समाचार ही नहीं सुना, अपितु स्वयं दोनों की मृत्यु दावाग्नि में जलकर मरने से हुई। अजेय और इच्छामृत्यु भीष्म और शास्त्र विद्या के परमगुरु द्रोण दोनों की ही हत्याएं हुई क्योंकि द्रौपदी के अपमान को चुप बैठकर देखने का भयंकर अपराध इन दोनों बुजर्गों ने किया था। कर्ण ने अपने गुरु परशुराम को धोखा देकर, जो विद्या सीखी अथवा द्रौपदी व अभिमन्यु के साथ हुए व्यवहार का विरोध न करने का जो

अपराध किया, उसका उसे भी दण्ड भोगना पड़ा। अश्वत्थामा का जितना घिनौना कार्य था, उसे दण्ड भी उसी स्तर का मिला। वह आज भी मस्तक के घाव को लिये वेदना सह रहा है। जयद्रथ के पापों का फल उसे मिलना ही चाहिये था। अतः उसे अर्जुन की प्रतिज्ञा से कोई भी बचा नहीं सका। शुकुनि पाप की जड़ रहा है। उसकी मृत्यु सबसे बाद अठारहवें दिन के युद्ध में हुई। उसकी मृत्यु के बाद ही युद्ध बन्द हो गया था। केवल दुर्योधन बचा था, जो जल में छिपा हुआ था। शकुनि ने सभी परिचितों को मरते देखा है।

पाण्डवों को दण्ड :-

विजयी होने पर भी युधिष्ठिर के असत्य कथन को व्यास क्षमा नहीं कर पाये और उसके महान् सद्कार्यों के होने पर भी महाकवि ने उसे पहले नरक दर्शन कराना उचित समझा है। शिखण्डी व धृष्टद्युम्न के जैसे निन्दनीय कार्य थे, उनको ऐसी ही मृत्यु मिली। उनकी हत्या बिना किसी शस्त्र के लात-घूसों से हुई, और भारतीय पौराणिकी के अनुसार इस प्रकार मरने वाले को स्वर्ग नहीं मिलता। श्रीकृष्ण यदि कुरुवंश के विनाश में सहयोगी रहे, तो व्यास ने गांधारी के शाप से यदुवंश का नाश भी कृष्ण के सम्मुख ही करा दिया। कृष्ण ने भीम के अमानवीय कार्यों का समर्थन करके एक प्रकार का अपराध ही किया है। उसके दण्ड-स्वरूप ही उनको मानव जैसी मृत्यु भी नसीब नहीं हुई। व्याध ने मृग समझकर तीर चलाया और मृग के समान ही उनके प्राण निकल गये। द्रौपदी पर भी अपराधों का भारी बोझ था। अतः जीवन भर उसे अपमान और कष्टों को भोगना पड़ा। दूसरे के रक्त से अपने केश धोने वाली द्रौपदी अपने पांच पुत्रों के कटे हुये सिर गोद में लेकर विलाप करने के लिए बाध्य हुई। भीम ने दुर्योधन की जांघ तोड़कर, जो नीति विरुद्ध कार्य किया था, वह भी व्यास को प्रिय नहीं है। अतः वे बलराम से शाप दिलाते हैं कि 'भीम संसार में कपटपूर्ण युद्ध करने वाला माना जायेगा' और मानो पीड़ित को सांत्वना देने के लिये यह वरदान भी देते हैं कि दुर्योधन को पुण्यलोक प्राप्त होगा। भूरिश्रवा की हत्या का पाप सात्यिकी के सिर पर है, अतः व्यास ने उसे भी यों ही नहीं छोड़ा है अपितु उसकी मृत्यु पारिवारिक कलह की एक सामान्य सी घटना के कारण होती है।

ऐसा प्रतीत होता है कि व्यास किसी भी अनुचित कार्य को आँख से ओझल करना नहीं चाहते। मुख्य कथा से हटकर आने वाले अपराधी पात्रों को भी वे नहीं छोड़ते। इसी भावना से भावित होकर वे शिशुपाल व कीचक का वध कराते हैं, किन्तु आश्चर्य इस बात का है कि महाकवि की दृष्टि से अर्जुन के अनुचित कार्य कैसे ओझल हो गये। भूरिश्रवा की भुजा काटना, जयद्रथ की छल से हत्या, कर्ण पर विपरीत परिस्थितियों में वार करके उसका वध, शिखण्डी को आगे करके पितामह पर मर्मान्तक प्रहार आदि उसके ऐसे कार्य हैं, जिसका दण्ड उसे मिलना अपेक्षित था। यह सही है कि अर्जुन की अपने पुत्र वभ्रूवाहन से पराजय अथवा भीलों के सम्मुख अपमानजनक हार उस जैसे मनस्वी के लिये बहुत बड़ा दण्ड है, फिर भी उसको मिला दण्ड उसके अनुचति कार्यों की तुलना में हल्का है। सम्भवतः व्यास ने अर्जुन को इसलिये छोड़ दिया है, क्योंकि युद्धक्षेत्र में अर्जुन का स्वयं अपना कोई व्यक्तित्व नहीं है। वह श्रीकृष्ण के हाथ का खिलौना मात्र है। वह उससे जो चाहते हैं, करा लेते हैं। वह युद्ध करना ही नहीं चाहता था, उसे युद्ध के लिए कृष्ण ने तैयार किया। कृष्ण ने कहा- अर्जुन तेरे शिष्य पर संकट है, वह भूरिश्रवा की भुजा काट लेता है। वह शिखण्डी को आगे करके युद्ध करने से मना करता है, कृष्ण उसे समझाकर वह करा लेते है, जो चाहते हैं। रथ का पहिया निकालते हुए कर्ण पर वार भी अर्जुन श्रीकृष्ण के कहने पर ही करता है। जयद्रथ के सम्बन्ध में भी श्रीकृष्ण के कथनानुसार ही कार्य करता है। अतः अर्जुन को दण्ड व्यास इस कारण नहीं देते क्योंकि अर्जुन स्वयं कुछ नहीं करता।

22. पर्व, त्योहार एवं परम्पराओं के पीछे विज्ञान

संसार की प्राचीनतम सभ्यताओं में से एकमात्र भारतीय सभ्यता ही आज शेष है, अन्यथा मिश्र, रोम, यूनान की प्राचीन सभ्यताएं अब केवल इतिहास के पन्नों पर ही शेष रह गई हैं। भारत की सभ्यता की एक दीर्घ परम्परा है जिसमें पर्वो व त्योहारों की बहुतायत है तथा अनेक बुद्धिपरक परम्पराएं हैं। यहां तो ऐसे भी स्थान हैं जिनके विषय में 'सात वार नौ त्योहार' की उक्ति प्रसिद्ध है अर्थात एक सप्ताह में नौ-नौ त्योहारों का आयोजन होता है।

कुछ पर्वों का सम्बन्ध, काल के विभाजक ग्रहों की स्थिति से होता है। चन्द्रमा की चाल परिवर्तन से शुक्ल व कृष्णपक्ष की दोनों अष्टमी, पूर्णिमा तथा अमावस्या ये चार भारतीय परम्परा के मासिक पर्व हैं। ये तिथियां यों ही नहीं मान ली गई हैं। इनका आधार विज्ञान है। यथा जब सूर्य व चन्द्रमा आमने सामने एक सीधी रेखा में हों तो पूर्णिमा होगी। जब सूर्य व चन्द्रमा एक साथ हों तो अमावस्या होती है। कवि के शब्दों में- 'अधिक अंधेरा जग करे मिल मावस रवि चन्द।' चन्द्रमा में आधा प्रकाश व आधा अंधकार होने पर अष्टमी आती है। यह सब विज्ञान सम्मत तिथियां हैं। हिन्दू राजाओं के काल में इन चार दिनों का सार्वजनिक अवकाश रहता था, ठीक उसी प्रकार जैसे पाश्चात्य सभ्यता में रविवार या इस्लाम में शुक्रवार अवकाश के दिन होते हैं। इनके अतिरिक्त चन्द्र व सूर्य के आधार पर भी कुछ तिथियों को विशेष पर्व के रूप में मान्यता प्राप्त है- जैसे सूर्यग्रहण, चन्द्रग्रहण, एकादशी आदि। पर्व के दिनों में तीर्थयात्रा, दान, उपवास, उत्सव, जप-तप आदि करते हैं।

इन पर्वों की वैज्ञानिक पृष्ठभूमि है। यथा उपवास स्वास्थ्य के लिए परम लाभकारी है। व्रत में मानसिक पवित्रता, आंतरिक व बाह्य शचिता तथा उदात्त भावों की अभिव्यक्ति के सर्वांगीण विकास की स्थिति बनती है। प्राकृतिक चिकित्सा, आयुर्वेद व एलोपैथी भी उपवास, फलाहार तथा अन्नरहित भोजन की वकालत करते हैं। उदाहरणार्थ छह-छह महीने के अंतराल पर वर्ष में दो बार नवरात्र के पर्व आते हैं. जिनमें अन्न का भोजन त्याज्य होता है। इन व्रतों से पाचन तंत्रों का बल मिलता है और व्रती में नवान्न को पचाने की शक्ति आती है। रमजान के पवित्र महीने में आसुरी वृति के लोगों में भी दुष्प्रवृत्तियां नहीं आ पातीं। नैसिर्गिक मानवीय गुणों का विकास व आत्म नियंत्रण की भावना इस मास में स्पष्ट दिखती है। मुहर्रम मानने वालों के आर्तस्वर से जहां वातावरण करुणामय बनता है, वहां उनके आँसू व विलाप से हृदयगत दुष्टभावों को रेचन होता है। यह मन को हल्का करता है जिससे स्वास्थ्य को लाभ मिलना विज्ञान सम्मत है।

संसार के इतिहास में सबसे बड़ा पर्व महाकुंभ का होता है। सामान्यजन यह जानता रहा है कि प्रति बारह वर्ष बाद कुंभ पर्व का आयोजन होता है, किन्तु यह आयोजन नक्षत्र विज्ञान के आधार पर होता है। यथा-जब बृहस्पति व सूर्य कुछ निश्चित राशियों पर आते हैं, तब कुंभ पर्व किसी निश्चित स्थान पर पड़ता है। जैसे-जब बृहस्पति मेष राशि में हो और चन्द्रमा व सूर्य दोनों मकर राशि में हो, तब प्रयाग में संगम तट पर कुंभ स्नान होता है और जब बृहस्पति कुंभ राशि में हो और सूर्य मेष राशि में हों, तब हरिद्वार में गंगातट पर कुंभ पर्व का आयोजन होता है। आधुनिक वैज्ञानिक अनुशीलन के आधार पर यह सिद्ध हो चुका है कि सूर्य के भीतर जो रासायनिक परिवर्तन होते हैं, उनका क्रम बारह वर्ष का रहता है। अतः प्रयाग, हरिद्वार, उज्जैन व नासिक में प्रति बारह वर्ष में कुंभ का आयोजन भी वैज्ञानिक आधार पर ही निर्णीत हुआ होगा।

प्राचीनकाल में भारत सोने की चिड़िया था, इस कथन की पुष्टि में इतिहासकार अपने तर्क देते हैं किन्तु हमारी मान्यता है कि भारत में त्योहारों की अधिकता ही यह प्रमाणित कर देती है कि कभी यह सभ्यता अर्थ की दृष्टि से भी बहुत सम्पन्न थी। वर्ष भर में मनाए जाने वाले त्योहारों की यदि गणना की जाए, तो यह सूची बहुत बड़ी होगी। फिर भी अनेक त्योहार तो ऐसे हैं,

जिनको सारा राष्ट्र बड़े उत्साह के साथ मनाता है। दशहरा, रक्षाबंधन व होली जैसे प्रमुख त्योहारों के साथ ही अनेक ऐसे त्योहार हैं जिनमें स्थान भेद के साथ भले ही नाम भेद हो किन्तु उनको किसी ने किसी रूप में सारा देश मनाता है।

विचारणीय यह है कि इन त्योहारों के आयोजनों के पीछे कितनी वैज्ञानिकता है। भारत के प्राचीन मनीषियों ने हमारे पर्व, त्योहार व परम्पराओं के आयोजनों में विज्ञान की मान्यताओं का पूर्ण ध्यान रखा है। हम तो यहां तक कह सकते है कि हमारे रहन-सहन, खान-पान, आहार-विहार सभी में वैज्ञानिकता छिपी हुई है जिसे हमारी अशिक्षित नारियाँ भी जानती है। कभी विचार किया है कि हमारे यहां कुछ सब्जियां जीरे से छुकती हैं, तो कुछ अजवायन या मेथी से। यह भेद भी विज्ञान-समस्त है। जिस सब्जी की जैसी तासीर है उसको वैसे ही मसाले के साथ बनाते हैं, जिससे स्वास्थ्य पर विपरीत प्रभाव न पड़े। भारत के समस्त त्योहार ऋतु अनुसारी हैं। ऋतु की आवश्यकता के अनुसार ही इन त्योहारों में खानपान का आयोजन होता है। उदाहरण के लिए बंसत के साथ ही गर्मी आने लगती है। गर्मी में बासी भोजन का निषेध है किन्तु कुछ व्यक्तियों को बासी पकवान पूरी-कचौड़ी बहुत प्रिय होते हैं, ऐसे व्यक्तियों के लिए बसौड़ा का त्योहार मनाकर यह संकेत दिया जाता है कि आज के बाद बासी भोजन बंद करना है। वर्षा ऋतु में छाछ व दही का प्रयोग पित्तवर्धक होने के कारण निषेध कोटि में है। प्रसिद्ध कहावत है- 'वर्षा में दूध भूतों को, जाड़े-गर्मी में पूतों को' वर्षों की समाप्ति पर आश्विन अर्थात क्वार मास के दशहरा के दिन रायता खाने का विधान है, जिसका आशय यह है कि अब दही-मठ्ठा का प्रयोग हानिकारक नही होगा किन्तु वर्षा ऋतु के बाद आज चार मास के अंतराल पर मठ्ठा प्रथम बार प्रयोग कर रहे हो, वह कुछ नुकसान देय न हो जाए, अतः मठ्ठे में घीया मिलाना अनिवार्य है। सामान्य कथन है कि सावन में कढ़ी नहीं खानी चाहिए। अतः कार्तिक मास में करवा चौथ के दिन कढ़ी का बनाना अनिवार्य है। गन्ना पकने के बाद ही खाना हितकर है। अतः देवोत्थान एकादशी को गन्ने की पूजा करने के बाद ही उसे खाना चाहिए जबकि गन्ने की फसल लगभग एक डेढ़ मास पहले ही तैयार हो जाती है। ये सब निर्णय वैज्ञानिक आधार पर ही लिए गए हैं।

हमारे देश में पर्व एवं त्योहारों की संख्या बहुत बड़ी है जिनमें से कुछ त्योहार विशेष उल्लेखनीय हैं। वर्षा के बाद घर-मकान के आस-पास की सफाई, गो संवर्धन की महत्ता व धनोपार्जन के लक्ष्य को बताने वाले त्योहार का नाम दीपावली है। उल्लास, प्रसन्नता व चित्त की प्रफुल्लता के लिए बसंत पंचमी का आयोजन होता है। सत्यवृत्ति के संवर्धन और दुष्प्रवृत्ति के उन्मूलन की प्ररेणा देने वाले होली के त्योहार में नवान्न का सामूहिक यज्ञ किया जाता है। जेठ मास में पड़ने वाले गंगा दशहरा पर नदी या सरोवर में स्नान करना अनिवार्य है। ककड़ी, खीरा, खरबूज, तरबूज जैसे जल की अधिकता वाले फलों के खाने व दान का विधान पूर्णत: वैज्ञानिक है। गर्मी से बचने के लिए नदी या सरोवर स्नान तथा ऐसे फलों का सेवन कौन डॉक्टर नहीं बताएगा? भाई की पवित्र दृष्टि तथा नारियों की रक्षा का त्योहार रक्षाबंधन है। रक्षा वही कर सकता है जौ पौष्टिक भोजन करेगा। अत: इस दिन के भोजन में खीर, घी, मावे की मिठाई व मेवाओं की अधिकता रहती है। विजयादशमी को शस्त्र एवं संगठन के महत्त्व का स्मरण कराया जाता है। माघ मास में शीत जब अपने पूरे जोर पर होता है, तब उससे बचने के लिए तिल, बाजरा व गुड़ जैसे गर्मी देने वाले भोज्य पदार्थों का सेवन स्वास्थ्य के लिए हितकर है, ऐसी सलाह चिकित्सक देते हैं। इस कारण मकर सक्रांति का त्योहार मनाया जाता है। भूगोल की दृष्टि से यह पृथ्वी व सूर्य के सम्बन्ध को व्यक्त करने वाला त्योहार है। आयुर्वेद की दृष्टि यह उपयुक्त भोजन व्यवस्था का द्योतन करता है। इस प्रकार संक्रान्तियां वर्ष मे बारह होती हैं जिनको संक्रान्तियां पर्व कहते हैं। बैसाखी या नव वर्ष के पर्व ऐसे ही त्योहार हैं। ये सब किसी व्यवस्था व वैज्ञानिक पद्धति पर आधारित हैं। अत: स्पष्ट है कि हमारे अधिकांश पर्वों व त्योहारों के पीछे वैज्ञानिक चिंतन है। यह भारत की ही विशेषता है कि जहाँ परम्पराओं में भी वैज्ञानिकता निहित रहती है। भले ही उनका पालन करने वाले उसकी वैज्ञानिकता को भूलकर परम्परा का पालन कर रहे हों। उदाहरण के लिए विवाह के पूर्व वर-वधु के तेल बान होते हैं जिसमें तेल की मालिश की जाती है तथा बेसन-हल्दी का उबटन लगाया जाता है। मालिश व उबटन के वैज्ञानिक लाभ सर्वविदित हैं। विवाह संस्कार के अवसर पर दही-शहद खिलाया जाता है। इस मिश्रण

की पौष्टिकता विज्ञान सम्मत है। कार्तिक व माघ मास में सूर्यादय से पूर्व ही स्नान की परम्परा है। कार्तिक जाड़े के प्रारम्भ का महीना है तो माघ मास में शीत अपने प्रचण्ड रूप में रहता है। सूर्योदय से पूर्व स्नान स्वास्थ्य के लिए हितकर है, यह बात प्रत्येक पैथी कहती है। किसी भी प्रकार का पूजन करो, उसमें पांच प्रकार के फल, पंच मेवा तथा पंचामृत का विधान है। यज्ञ में सुगन्धित सामग्री व घी की आहुति दी जाती है। क्या ये परम्परा बिना सोचे समझे बनी है। यज्ञ से वातावरण की शुद्धता तो सभी को स्वीकार्य है।

भारतीय परम्परा में प्रतिदिन स्नान करना अनिवार्य है। इसके बाद भजन-पूजन, संध्या -वन्दन किया जाता है, तभी कुछ खाने पीने की बात आती है। तनिक विचार कर देंखे कि बिना कुल्ला-दातुन किए बिस्तर पर पड़े-पड़े बैड-टी लेना वैज्ञानिक है अथवा हमारी परम्परा में शौच के बाद कुल्ला दातुन फिर स्नान, उसके बाद पूजा-पाठ के उपरान्त अल्पाहार लेना वैज्ञानिक है। पाश्चात्य सभ्यता की चकाचौंध में भारतीय पर्वों, त्योहारों एवं परम्पराओं को रुढ़ियां या कुरीतियाँ बताने वाले को आंख खोलकर देखना चाहिए कि हमारे जीवन में जो कुछ है, वह सब विज्ञान सम्मत है। आशय स्पष्ट है कि हमारे पर्वों, त्योहारों एवं परम्पराओं के पीछे विज्ञान का ठोस आधार है।

23. भारतीय संस्कृति में वृक्ष

संसार की प्राचीनतम संस्कृतियों में से अब केवल भारतीय संस्कृति ही शेष है, अन्य संस्कृतियाँ इतिहास की पुस्तकों में ही रह गई हैं। कृतज्ञता-ज्ञापन भारतीय संस्कृति के मूल में है। अतः देव, यक्ष, गन्धर्व एवं मनुष्य ही नहीं अपितु सभी जीव-जन्तुओं व वनस्पति जगत् के प्रति भारतीयों ने कृतज्ञता-ज्ञापित की है। इस कृतज्ञता-ज्ञापन के पीछे शर्त केवल इतनी है कि हमारी संस्कृति के पोषण में इनका कोई सहयोग हो।

वृक्ष तो आदिमानव के समय से ही मनुष्यों का हित करते आए हैं। अतः अपने को देव संस्कृति का उत्तराधिकारी मानते हुए भारतीयों ने अनेक वृक्षों में पूज्य भाव बनाया है। स्वयं देव-संस्कृति में भी पाँच वृक्षों का अपना महत्त्व है। स्वर्गलोक में पारिजात, सन्तान, कल्पवृक्ष, हरिचन्दन और मन्दार नामक पाँच वृक्ष हैं। वृक्षों में कल्पवृक्ष और पशुओं में कामधेनु तो देवताओं की अभिलाषाओं को भी पूर्ण करते हैं। अतः भारतीय संस्कृति में अनेक वृक्षों की समय-समय पर पूजा का विधान है। अश्वत्थ अर्थात् पीपल, आँवला, आम, वट, चन्दन, अशोक, प्लक्ष, अर्थात् पाकड़, उदुम्बर अर्थात गूलर, बेल, केला, दमनक आदि अनेक ऐसे वृक्ष हैं जिनकी महत्ता भारतीय संस्कृति में स्वीकृत है। भारतीय संस्कृति में तो लाखों वर्ष पूर्व वृक्षों में चेतना को स्वीकार किया था जिसे विज्ञान ने अब आकर माना है। इस संक्षिप्त लेख में हम कुछ ऐसे ही वृक्षों का उल्लेख करेंगे जिनकी समय-समय पर भारतीय जन पूजा करते हैं।

सबसे पहले उस छोटे से विरवे की बात करते हैं जिसका आस्तित्त्व वृक्ष के पूर्व रूप पौधा तक ही सीमित है। प्रत्येक भारतीय की अभिलाषा रहती है कि उसके घर के आँगन में तुलसी का एक पौधा अवश्य रहे। तुलसी दिव्य गुणों से युक्त वृक्ष है। वैष्णव लोगों के लिए तो इसकी पवित्रता बहुत

अर्थ रखती है, वे प्रतिदिन इसकी पूजा करते हैं। आस्थावान व्यक्ति तुलसी में विष्णु का निवास मानते हैं। अतः विष्णु-पूजा में तुलसी की पत्तियों का होना आवश्यक है। हिन्दू नारियाँ तो अर्घ्य, धूप, दीप, नैवेद्यादि से संध्या के समय प्रतिदिन ही तुलसी की पूजा करती हैं। कार्तिक मास में शुक्ल द्वादशी के दिन तुलसी व विष्णु की सोने की प्रतिमाओं का विवाह रचाया जाता है। तुलसी का आयुवैदिक महत्त्व तो भारत के सामान्य जन को भी विदित हैं।

पीपल के वृक्ष की भी हिन्दुओं में बहुत अधिक पूजा होती है। इसे विश्ववृक्ष भी कहते हैं। हिन्दू मान्यता के अनुसार पीपल के पत्ते पत्ते पर देवताओं का वास है। इस वृक्ष को उल्लेख संसार के प्राचीनतम ग्रन्थ ऋग्वेद में मिलता है। गीता में भगवान श्रीकृष्ण ने अपने को वृक्षों में अश्वत्थ अर्थात् पीपल कहा है। अपशकुन, आक्रमण तथा संक्रामक बीमारियों आदि के समय पीपल की पूजा का विधान है। शनिवार की प्रातः पीपल के वृक्ष के नीचे पूजकों की भीड़ देखी जाती है। सोमवती अमावस्या अर्थात् सोमवार के दिन पड़ने वाली अमावस्या के दिन आस्थावान उपासक पीपल के पास जाकर भगवान विष्णु की पूजा के बाद पीपल की 108 बार परिक्रमा लगाते हैं। पीपल के विषय में ऐसा विश्वास है कि यह दिन हो अथवा रात्रि हर समय ऑक्सीजन ही छोड़ता है।

भारतीय जन किसी भी प्रकार की पूजा करते समय सबसे पहले पंच पल्लव जुटाते हैं, जिनमें आम्र, अश्वत्थ, वट, प्लक्ष व उदुम्बर के पत्ते लाने होते हैं। पूजा वाले घर में आम के पत्तों की वन्दनबार लगाई जाती है। पूजा के कलश पर आम की डाली को रखकर नारियल रखा जाता है। पुष्प धन्वा कामदेव के पाँच वाणों में एक आम्रमंजरी भी है। आम्रमंजरी कामदेवकी प्रतीक है क्योंकि इसकी गंध की मादकता कामभाव को उद्दीप्त करती है। इसलिए बसन्त ऋतु में चैत्र शुक्ल प्रतिपदा अर्थात नवसंवत्सर के प्रथम दिन आम्रमंजरी के खाने का विधान है। आम की महत्ता बताते हुए वराह पुराण में कहा गया है:- 'पंचाम्ररोपी नरकं न याति' अर्थात् आम के पाँच पौधे लगाने वाला व्यक्ति नरक में नहीं जाता है।

वट वृक्ष को तो भारतीयों ने अक्षय माना है अर्थात् जल-प्रलय के समय जब सारी सृष्टि जलमग्न हो जाती है, तब जल के ऊपर वट वृक्ष ही चमकता है। उस समय भगवान बालमुकुन्द अपनी शक्ति को समेटकर वट पत्र पर ही शयन करते हैं। प्रातः की पूजा में अनेक उपासक भगवान के उस रूप का ध्यान इस श्लोक के द्वारा करते हैं:

करारविन्देन पदारविन्दं मुखारविन्देविनिवेशयन्तम्।
वटस्य पत्रस्य पुटे शयानं बालं मुकुन्दं शिरसा नमामि।

ज्येष्ठ मास की अमावस्या के दिन सौभाग्यवती स्त्रियाँ व्रत रखती हैं और अपने पति के स्वास्थ्य एवं दीर्घ आयु की कामना से वट का पूजन करती हैं। प्रयाग में गंगा-युमना के संगम के पास किले में अक्षय वट है। काशी और गया में भी इस सनातन वृक्ष को अक्षयवट के रूप में स्वीकर किया गया है। वहाँ इसकी पूजा व परिक्रमा की जाती है।

प्रत्येक प्रकार की पूजा व सम्मान में नारियल का होना अनिवार्य है। नारियल को श्रीफल कहते हैं। देव-पूजा हो या आदरणीय का सम्मान नारियल की उपस्थिति रहती है। पूजा के समय कलश पर नारियल रहता है। विवाह-शादी के अवसर पर भेंट में नारियल दिया जाता है। यह शुभ का प्रतीक है। नारियल देव-प्रसाद के रूप में वितरित किया जाता है। नारियल का वृक्ष भारतीय संस्कृति के विस्तार व एकता को भी व्यक्त करता है। दक्षिण के राज्यों में यह वृक्ष पाया जाता है किन्तु इसके प्रति पूजा भाव समस्त भारत में है।

आयुर्वेद की दृष्टि से आँवले के फल का बहुत महत्त्व है। विटामिन सी से भरपूर इस फल के देने वाले आँवले के वृक्ष की पूजा फाल्गुन शुक्ल एकादशी के दिन की जाती है। इस तिथि को आँवले के वृक्ष के नीचे भगवान विष्णु का पूजन किया जाता है क्योंकि धार्मिक जनों का ऐसा विश्वास है कि इस वृक्ष में विष्णु व लक्ष्मी का वास है। विष्णु की पूजा के बाद व्रती या पूजक आँवले के वृक्ष के नीचे रात्रि जागरण करते हैं। कार्तिक मास में किसी दिन आँवले के वृक्ष के नीचे बैठकर पूजन करने के बाद वहीं भोजन करने का विधान भी धर्म ग्रन्थों में वर्णित है।

आयुर्वेद में बेल का भी बहुत महत्त्व है। धार्मिक जनों ने बेल की महत्ता को स्वीकार करते समय देवाधिदेव महादेव के पूजन के लिए इसके पत्तों को स्वीकार किया है। शिव चुतर्दशी हो या प्रतिदिन की शिव पूजा बेल के पत्तों से शिव का पूजन किया जाता है। ज्येष्ठा नक्षत्र युक्त ज्येष्ठ मास की पूर्णिमा को व्रत रखकर बेल के वृक्ष को स्नान कराया जाता है। फिर अक्षत, गंध-पुष्प आदि से विल्व वृक्ष की पूजा की जाती है। विल्ववृक्ष को सम्बोधित करते हुए वैधव्य के अभाव, स्वास्थ्य तथा पुत्र प्राप्ति की प्रार्थना की जाती

है। एक हजार बेल पत्रों के होम का भी विधान है। इस अवसर पर चाँदी का बेलवृक्ष बनाकर उसमें सोने के फल लगाए जाते हैं। ऐसी मान्यता भी है कि बारह दिन तक बेल के वृक्ष के नीचे निराहर बैठने से भ्रूण-हत्या के पाप से छुटकारा मिल जाता है।

भारतीय संस्कृति में चन्दन के वृक्ष को भी बहुत महत्त्व दिया गया है। यह वृक्ष अपनी पवित्रता व शीतलता के लिए प्रसिद्ध है। पूजा के अवसर पर ही नहीं प्रतिदिन प्रातः काल स्नान के बाद माथे पर चन्दन का तिलक लगाना शुभ माना जाता है। वैशाख शुल्क तृतीया के दिन तो सम्पूर्ण शरीर पर चन्दन का लेप करके अक्षय फल प्राप्ति के लिए विष्णु पूजा की जाती है। मरते समय सम्पन्न लोगों की चिता जहाँ चन्दन की लकड़ियों से सजती है, वहाँ निर्धन व्यक्ति भी अपने सम्बन्धियों की चिता पर थोड़ी सी चन्दन की लकड़ी रखना आवश्यक मानते हैं।

भारतीय सांस्कृतिक उत्सवों में केले का सर्वाधिक महत्त्व देखने को मिलता है। मण्डप की साज सज्जा केले से होती है। प्रसाद में केले का फल दिया जाता है। सारा दक्षिण भारत केले के पत्ते पर भोजन करता है। अच्छे बर की कामना से कुमारियाँ केले के वृक्ष का पूजन करती हैं। सौन्दर्य तथा सन्तान की वृद्धि के लिए भाद्रशुक्ल चतुर्दशी को केले की विशिष्ट पूजा होती है। इस दिन व्रत रखा जाता है। यदि केले का वृक्ष उपलब्ध नहीं होता तो उसकी स्वर्ण प्रतिमा के पूजन का विधान है। भाद्रशुक्ल चतुर्दशी का व्रत रखने वाले भक्तजन कुछ समय बाद इस व्रत का उद्यापन भी करते हैं। भारत के बहुत बड़े क्षेत्र में केला आर्थिक मजबूती का भी आधार स्तम्भ है।

स्वर्ग के पाँच वृक्षों में गिना जाने वाला मन्दार अर्थात् आक या आखा भगवान शिव की पूजा में काम आता है। माघ शुक्ल षष्ठी को मन्दार की पूजा की जाती है। दक्षिण भारत के मंदिरों में मन्दार की कलियों से बनी मालाएँ शिव पूजा में प्रयुक्त होती हैं। मन्दार के देवता सूर्य हैं। अतः उपवास रखकर मन्दार के पुष्पों से सूर्य की पूजा की जाती है तथा मन्दार पर केसर लगाकर मन्दार से भी अपने कल्याण के लिए प्रार्थना की जाती है। इस व्रत में ब्राह्मणों को मन्दार के आठ पुष्प खिालाए जाते हैं।

वृक्षों के प्रति पूजा भाव भारतीय संस्कृति में ऐसा रचा-पचा है कि ऐसे अनेक वृक्ष हैं जिनके प्रति इतना आदर भाव है कि आस्थावान व्यक्ति ने तो उनको काटते हैं और न उसकी लकड़ी का उपयोग करते हैं। पीपल काटने के लिए कोई हिन्दू तैयार नहीं होता। तुलसी के सूखे पौधे को आस्थावान व्यक्ति गंगा अथवा अन्य किस नदी नाले में बहाता है। वृक्षों को भारतीय संस्कृति में अत्यन्त सम्मानीय स्थान प्राप्त है।

24. राजा की भारतीय अवधारणा

भारत के विषय में विदेशी व विधर्मी इतिहास लेखकों ने ऐसी भ्रान्तियाँ फैलाई हैं जो अंग्रेजी माध्यम से पढ़े-लिखे व्यक्तियों के मन में सच्चाई बनकर बैठ गई हैं। यथा भारत एक राष्ट्र नहीं था, आर्य बाहर से आए हैं, द्रविड़ ही इस देश के मूल निवासी हैं। मुगलों, अंग्रेजों से पहले यहाँ कोई विकसित शासन तंत्र नहीं था। आदि-आदि। इन अध्येताओं के मन में यह धारणा भी पुष्ट हो गई कि हमको किसी लायक विदेशी शासकों व उनकी भाषा ने ही बनाया है। हीनता की यह ग्रंथी इतनी कठोर है कि अब खुलने का नाम नहीं ले रही है। किसी बात को कभी-कभी इस ढंग से प्रस्तुत किया जाता है कि असत्य भी सत्य दिखने लगता है। यथा मुहम्मद गौरी की मृत्यु पृथ्वीराज चौहान के शब्दभेदी बाण से हुई थी, मंगल पाण्डे ने 1857 की क्रान्ति का प्रारम्भ मेरठ से किया था, डॉ० भीमराव आंबेडकर ने भारतीय संविधान का निर्माण किया था आदि-आदि बातें अधिकार पूर्वक मंच से कही जाती हैं। जबकि इतिहास का सामान्य ज्ञान रखने वाले व्यक्ति भी जानते है कि मुहम्मद गौरी पृथ्वीराज चौहान की मृत्यु 1992 ई० के बाद भी कई वर्ष तक जीवित रहा था। मंगल पाण्डे का मेरठ से कोई सम्बन्ध नहीं था, उसका विद्रोह बैरकपुर छावनी में हुआ था। संविधान निर्मात्री सभा थी, डॉ० भीमराव आंबेडकर ड्राफ्टिंग कमेटी के चेयरमैन मात्र थे।

जब इतने अल्पकाल में इतिहास में ऐसी तोड़-मरोड़ की जा सकती है तो हजारों वर्षों के भारतीय इतिहास को दासता के लगभग साढ़े सात सौ वर्षों में कितना विकृत किया होगा, इसका अनुमान लगाना सरल नहीं है। हमारा सौभाग्य कि हमारे पास संसार की सबसे समृद्ध और वैज्ञानिक भाषा संस्कृत धरोहर के रूप में प्राप्त है। इस भाषा में ज्ञान के विविध क्षेत्रों का

गभ्भीर ज्ञान सुरक्षित है किन्तु विदेशी षड़यंत्र के कारण इस देवभाषा को मृतभाषा घोषित कर दिया गया। आँख बन्द करके सूर्य तो नहीं दिखाई देगा किन्तु यह भी कुट सत्य है कि रात्रि की शून्यता की भी अनुभूति नहीं हो सकती है। संस्कृत भाषा एवं उसके साहित्य के विषय में एक भ्रान्त धारणा यह भी प्रचारित की गई कि इस साहित्य में केवल पशु-पक्षी, वृक्ष-वनस्पति, साधु-संन्यासी, भूत-प्रेत, जादू टोने के किस्से कहानी मात्र है। हद तो तब हो गई जब संसार के प्राचीनतम ज्ञानकोश वेदों को 'गड़रियों के गीत' तक कह दिया गया। हिन्दू स्वभाव से उदार एवं सहनशील है, उसे कायर समझकर इस प्रकार के अनर्गल प्रलाप चलाने का साहस प्रायः होता रहता है।

इस पृष्ठभूमि के सन्दर्भ में राजा की भारतीय अवधारणा पर थोड़ी सी चर्चा करेंगे। यों तो भारतीय राजनीति में अनेक ग्रन्थ हैं किन्तु हमारे धर्मशस्त्रों में भी समाज के प्रत्येक क्षेत्रों का वर्णन है। मनुस्मृति धर्मशास्त्र का प्राचीनतम ग्रन्थ है। मनु ने राजा में आठ गुणों का होना अनिवार्य माना है। राजा विद्युत के समान शीघ्र ऐश्वर्यकर्ता, वायु के समान प्राणवत्प्रिय, यम के समान पक्षपात रहित निर्णायक, सूर्य के समान विद्या का प्रकाशक व अंधकार का नाशक, अग्नि के समान दुष्टनाशक, वरुण के समान दुष्टों को बांधने वाला, चन्द्रमा के समान आनन्ददायक तथा कुबेर के समान कोशों को पूर्ण करने वाला होना चाहिए।'[1] आगे मनु लिखते हैं- 'क्षत्रियस्य परो धर्मः प्रजानामेव पालनम्।'[2] मनु ने तो जागरण से लेकर शयन तक राजा की दिनचर्या का भी विस्तृत वर्णन किया है।'[3]

भारतीय राजनीति के अनेक ग्रन्थों में मत्स्यपुराण की राजनीति, महाभारत का राजधर्म, कौटिल्य का अर्थशास्त्र, शुक्र और कामन्दक के नीतिसार, विदुरनीति व रामचरितमानस का अपना विशिष्ट महत्त्व है। यदि यह कहा जाये कि सामान्य व्यक्ति भी इन ग्रन्थों के आशय को समझकर यदाकदा इन्द्रियों को वशवर्ती रखता है, काम-क्रोध, मद, लोभ, मोह आदि से दूर रहता है, प्रजा का कार्य ही अपना कार्य समझता है, तो अनुचित नहीं होगा। व्यास के शब्दों में ही देखें-

प्रजाकार्ये तु तत्कार्ये प्रजासौख्यं तु तत्सुखम्।
प्रजाप्रियं प्रियं तस्य स्वहितं तु प्रजाहितम्।।
प्रजार्थे तस्य सर्वस्वमात्मर्थे न विधीयते।।[4]

(प्रजा का कार्य ही राजा का कार्य है, प्रजा का सुख ही उसका सुख है, प्रजा का प्रिय ही उसका प्रिय है तथा प्रजा के हित में उसका अपना हित है। प्रजा के हित के लिए ही उसका सर्वस्व है, अपने लिए कुछ भी नहीं।) युधिष्ठर को राजा के कर्तव्य बताते हुए भीष्म कहते हैं- राज्य के सात अंग-राजा, मंत्री, मित्र, खजाना, देश, दुर्ग और सेना के विपरीत आचरण करने वाले को मार देना चाहिए, भले ही वह मित्र हो या शत्रु। प्रजावर्ग को प्रसन्न रखना ही राजाओं का सनातन धर्म है तथा सत्य की रक्षा और व्यवहार की सरलता ही राजोचित कर्तव्य है।"[5] राजा होने योग्य कौन है, जिसने अपने मन को वश में कर लिया है, क्रोध को जीत लिया है, शास्त्रों के सिद्धान्त का निश्चयात्मक ज्ञान प्राप्त कर लिया है, जो धर्म, अर्थ, काम तथा मोक्ष के प्रयत्न में निरन्तर लगा रहता है, जिसे वेदों का ज्ञान है जो अपने गुप्त विचारों को दूसरों पर प्रकट नहीं होने देता, वही राजा होने योग्य है।[6]

कौटिल्य राजा से अपेक्षा रखता है कि वह शास्त्रानुकूल आचरण करे और इन्द्रियों को वश में रखें, यदि वह ऐसा नहीं करता तो वह शीघ्र ही नष्ट हो जाता है। राजा को काम क्रोधादि छह शत्रुओं को जीतकर पृथ्वी का भोग करना चाहिए।[7] राजा इन्द्रियों को वश में करके परनारी, परद्रव्य और हिंसा का त्याग करे। अतिनिद्रा, चपलता, असत्य, उद्धत वेशभूषा और अनर्थ संयोग को छोड़ दे और अधर्म से भी दूर रहे।[8]

शुक्राचार्य असुरों के गुरु हैं। सामान्यत: असुर शब्द को देव का विलोम समझा जाता है किन्तु यह विपरीतता गुणों में नहीं थी। शुक्राचार्य देवगुरु बृहस्पति के पुत्र कच के भी गुरु हैं। वे राजा यायाति के श्वसुर व देवयानी के पिता हैं। राजा के सात्त्विक स्वरूप का वर्णन करते हुए वे कहते हैं, जो राजा अपने धर्म में निरत, प्रजाओं का पालक, सात्त्विक यज्ञ करने वाला, शत्रुओं को जीतने वाला, दानवीर, क्षमावान, इन्द्रियों-विषय से विमुख तथा वैराग्यवान होता है, वह राजा सात्त्विक कहलाता है। वे लिखते हैं-

'यत्र नीतिबले चोभे तत्र श्रीः सर्वतोमुखी।'[9] अर्थात जिस राजा के पास नीति व बल है, उसके पास सब ओर से लक्ष्मी आती है। शुक्राचार्य के अनुसार राजा को विनयी होना चाहिए

'आत्मनं प्रथमं राजा विन्येनोपपादयेत्।'[10]

शुक्राचार्य के मत से इस पृथ्वी पर भगवान् श्रीराम सर्वोपरि नीतिमान् राजा हुए हैं-

न रामसदृशो राजा पृथिव्यां नीतिमानभूत।।[11]

अतः राजाओं को 'रामादिवद् वर्तितव्यम्' का पालन करना चाहिए। रानी मदालसा ने अपने पुत्र अलर्क को बचपन में ही व्यवाहार शास्त्र और राजनीति का पूर्ण पंडित बना दिया था। उन्होंने अपने पुत्र से कहा- बेटा तुम अपने चरित्र को इस प्रकार बनाना-पर्वों, उत्सवों पर ब्राह्मणों को भोजन से तृप्त करना, बन्धु-बान्धवों की इच्छापूर्ति करना, अपने हृदय में परोपकार का ध्यान रखना और मन को परायी स्त्रियों से विमुख रखना। इन गुणों को अपनाकर ही तुम श्रेष्ठ हो सकते हो।[12] मदालसा ने पुत्र को समझाया- बेटा, राजा को धर्मानुकूल आचरण करना चाहिए, सात व्यसन-कटुभाषण, कठोर दण्ड देना, धन का अपव्यय करना, मदिरापान, स्त्रियों में आसक्ति, शिकार खेलना व द्यूतक्रीडा- से दूर रहना चाहिए। राजा को कौवे के समान आलस्य रहित और भौरे के समान रसग्राही और मृग के समान चौंकन्ना होना चहिए। मोर अपने पंख फैलाकर कभी-कभी अपने सौन्दर्य को प्रकट करता है, उसी प्रकार राजा भी समयानुसर अपने सैन्यबल का प्रसार करे। सर्प फन फैलाकर सभी को डराता है किन्तु शिकार मेंढक का करता है, ऐसे ही राजा आतंक का प्रसार रखे किन्तु आक्रमण अपने निर्बल शुत्र पर ही करे। राजा का हंस के समान नीर-क्षीर विवेकी होना चहिए। मुर्गे के समान जल्दी जाग कर कर्तव्य का विचार करे और लोहे के समान शत्रुओं के लिए अभेद्य एवं कर्तव्यपालन में कठोर हो।[13]

गोस्वामी तुलसीदास के राम तो अपनी प्रजा को सम्बोधित करते हुए यहाँ तक कह देते हैं कि यदि मैं कुछ अनुचित कहता हूँ तो निर्भीक होकर मुझे बीच में ही रोक देना-

सुनुह सकल पुरुजन मम बानी। कहउँ न कछु ममता उर आनी।।
जौ अनीति कुछ भाषों भाई। तौं मोहि बरजहु भय बिसराई।।[14]

श्रीमदभागवत के अनुसार जिस राजा के राज्य में दुष्टों के उपद्रव से सारी प्रजा त्रस्त रहती है, उसे मतवाले राजा की कीर्ति, आयु, ऐश्वर्य, और परलोक नष्ट हो जाते हैं।[15] राजा का परम धर्म यही है कि वह दुखियों का दुःख दूर करे। बिना आपत्तिकाल के मर्यादा का उल्लंघन करने वालों को शास्त्रानुसार दण्ड देते हुए अपने धर्म में स्थित लोगों का पालन करना राजाओं का परम धर्म है।[16] व्यास आगे लिखते हैं- राजा का कल्याण प्रजा पालन में ही है। इससे उसे परलोक में प्रजा के पुण्य का छटा भाग मिलता है। इसके विपरीत जो राजा प्रजा की रक्षा तो नहीं करता, किन्तु उससे कर वसूल करता रहता है, उसका सारा पुण्य तो प्रजा छीन लेती है और बदले में उसे प्रजा के पाप का भागी होना पड़ता है।[17]

अदिकवि वाल्मीकि राजा के गुणों का वर्णन करते हुए कहते हैं-'जो राजा सदा सावधान रहता है और राज्य के समस्त कार्यों की जानकारी रखता है, जो इन्द्रियों को वश में रखते हुए कृतज्ञ तथा धर्मपरायण होता है, वही बहुत दिनों तक राज्य करता है।[18] गोस्वामी तुलसीदास ने तो अत्यन्त संक्षेप में राजधर्म का प्रतिपादन इस प्रकार किया है

मुखिया मुख सो चाहिए खान पान कहुँ एक।
पालइ पोषइ सकल अंग तुलसी सहित विवेक।।[19]

गोस्वामीजी तो स्पष्ट घोषणा करते है:

जासु राज प्रिय प्रजा दुखारी। सो नृप अवसि नरक अधिकारी।।[20]

एक लघु कलेवर के लेख में यह प्रयास टिटहरी प्रयास ही है किन्तु निष्कर्ष रूप में यह कहा जा सकता है कि जिस कालखण्ड में इस देश में ऐसे गुणों से युक्त राजा होते थे, तब राजा स्पष्ट घोषणा करता था।

"मेरे जनपद (राज्य) में न कोई चोर है, न कोई कंजूस है, न मद्य पीने-वाला है, ऐसा भी कोई नहीं है जो यज्ञ न करता हो, कोई अविद्वान् नहीं है। मेरे राज्य में कोई स्वेच्छाचारी नहीं है, अतः आचरण को दूषित करने वाली कोई स्वेच्छाचारिणी स्त्री भी नहीं है।"[21]

अन्त में यह कहना अप्रासंगिक न होगा कि यदि हमारे छात्र-छात्राओं को भारतीय आर्ष ग्रन्थों का अध्ययन कराया जाए तो उनके सामने कुछ आदर्श व मानदण्ड उपस्थित रहेंगे जिनको अपनाकर वे अपना और इस राष्ट्र का भविष्य निर्माण कर सकेंगे।

सन्दर्भ

1. मनुस्मृति-सप्तम् अध्याय, श्लोक संख्या - 14

2. वही - 144

3. वही - मनु प्रोक्त राजाकी दिनचर्या

4. महाभारत अनुशासनपर्व दान धर्म पर्व, अध्याय - 145

5. वही शान्तिपर्व - 57/5

6. वही - 13-14

7. कौटिल्य का अर्थशास्त्र षष्ठोऽध्याय:

8. वही,

9. शुक्रनीति 1-16

10. वही - 92

11. वही - 5/57-58

12. मार्कण्डेयपुराण- 26/36

13. वही - 27/12-18

14. रामचरितमानस - 7:43

15. श्रीमदभागवत् - 1-17-10-11

16. वही - 1-17-16

17. वही 4-20-14

18. वाल्मीकि रामायण 3-33-20

19. रामचरितमानस 2-315

20. वही - 2-17-6

21. छान्दोग्योपनिषद् - 5/11/5

25. अध्यापकों की आत्मीयता

(अनौपचारिका पत्रिका ने "मेरी शिक्षा अतीत के झरोखे से" स्थायी स्तम्भ बनाया था। इस स्तम्भ में छपने का अवसर लेखक को भी मिला था। इस लेख को हम ज्यों का त्यों दे रहे हैं।) लेखक

अपनी शिक्षा के बचपन में झांककर देखना और फिर उसे उतनी ही आत्मीयता से लिखना हर लेखक के लिए एक रोमांचकारी अनुभव है। उतना ही रोमांचकारी है यह हमारे लिए संपादित कर प्रकाशित करना भी। इस दृष्टि से अनौपाचारिका का यह स्तंभ एक ऐतिहासिक दस्तावेज बनता चला जा रहा है। इसमें तत्कालीन शिक्षा के वे सब पहलू बखूबी उजागर हो रहे हैं जो आज भी प्रासंगिक हैं और अपनाने योग्य भी। इनमें अध्यापकों की आत्मीयता भी है और खुशखत लिखने या अपनी तख्तियां सजाने का लुत्फ भी। प्रस्तुत लेख में ऐसी कई स्मृतियां अपनी पुलक के साथ व्यक्त हुई हैं।

सम्पादक

बात सन् ४३-४४ की है। सात आठ सौ की जनसंख्या का एक छोटा-सा गांव था। उत्तर प्रदेश के बुलन्दशहर जनपद का यह गांव जनपद मुख्यालय से केवल आठ किलोमीटर दूर था किन्तु शिक्षा की दृष्टि से सैकड़ों कोस दूर था। गाँव में केवल चार व्यक्ति पढ़े-लिखे माने जाते थे जिनमें से दो वकील के मुंशी थे और शायद कक्षा चार तक पढ़े थे। एक मात्र मेरे चाचाजी हिन्दी-उर्दू मिडिल पास थे अर्थात् उन्होंने विधिवत् कक्षा सात तक शिक्षा प्राप्त की थी। कक्षा सात उत्तीर्ण करने के बाद मिडिल की उपाधि मिलती थी। एक सज्जन किसी छोटे अधिकरी के चपरासी थे। चाचाजी की शिक्षा बीसवीं शताब्दी के प्रथम दशक में प्रारम्भ हुई होगी। उस समय इतनी शिक्षा पाना किसी ग्रामजन

के लिए बहुत बड़ी बात थी। बड़े होने पर ही मुझे विदित हुआ कि चाचाजी की शिक्षा उनके एक बहनोई की देन थी जो स्वयं एक मिडिल स्कूल में अध्यापक थे। चाचाजी से बड़े उनके तीन भाई अशिक्षित ही थे।

मेरा सौभाग्य ही था कि अशिक्षित मां-बाप की सन्तान होने के बाद भी विद्यालय जाने का अवसर मिला। मेरे बड़े भाई साहब को खेती में ही लगा लिया था। गांव से लगभग 2 किलोमीटर दूर पास के ही गांव में प्राइमरी स्कूल था जो वहाँ के जमींदार की सहायता से चलता था। सरकार से स्कूल को मान्यता प्राप्त थी, पर अध्यापकों को वेतन जमीदार के यहां से ही मिलता था। उनके ही एक अहाते के खुले मैदान में कक्षाएं चलती थीं। थोड़ा सा पटाव भी था जिसमें वर्षा के समय सभी छात्रों को बैठना पड़ता था। छात्राओं की संख्या नगण्य थी, सम्भवतः कुल जमा 5-6 लड़कियां ही स्कूल आती थीं। स्कूल में बैठने के लिए टाट पट्टी भी नहीं थी, अतः अपने घर से बोरी लाते थे। दो अध्यापक और लगभग डेढ़ सौ विद्यार्थी जो आठ कक्षाओं में विभाजित होते थे। अलिफ, कच्ची बे और पक्की बे पास करने के बाद ही प्रथम कक्षा में आते थे। ये डेढ़ सौ विद्यार्थी आस-पास के तीन-चार गाँवों से आते थे।

अलिफ से लेकर कक्षा पांच तक तख्ती पर लिखना सभी के लिए अनिवार्य था। तवे की काली स्याही से पुती तख्ती को मोटी चूड़ी जैसे एक घोटा से घोटकर चिकना किया जाता था और फिर टार्च की सैल के भीतर जो एक छड़ सी निकलती है, उससे तख्ती पर लाइन बनाकर माटी के सकोरे (कुलिया) में खड़िया घोलकर सरकण्डे की कलम से लिखा जाता था। लिखते समय अक्षरों की बनावट पर विशेष ध्यान दिया जाता है। खुशखत (सुलेख) की प्रतियोगिता होती थी। अच्छी लिखी तख्तियों को जनपद प्रदर्शनी में भी रखा जाता था। तख्ती पर यदि स्याही कम हो जाती, तो उसकी पूर्ति के लिए तवे की स्याही की एक पुड़िया जेब में रहती थी और यदि प्रसंगवश वह न हो, तो तख्ती पोतते समय कौए से प्रार्थना की जाती थी-कउवा कउवा स्याही दे, दूध की मलाई दे अर्थात् हे कौआ, अपनी स्याही से मेरी तख्ती को काली कर दे और कहीं से दूध की मलाई लाकर उसे चिकनी बना दे जिससे मैं अच्छा लिख संकू। वैसे घी-ग्वार से भी तख्ती को चिकना बनाया जाता था।

उस समय अध्यापक के लिए सर या मास्साब का संबोधन नहीं था। ब्राह्मण को पंडितजी और अन्य के लिए मुंशीजी कहा जाता था। पांच वर्ष से पहले बालक को विद्यालय नहीं भेजा जाता था। मैंने सन् 43 में पांच वर्ष पूरे कर लिये थे। मेरे पूज्य चाचाजी ही पास के विद्यालय में हैडमास्टर अर्थात् बड़े पंडितजी थे। गांव से एक दो बालक और तैयार किये गये जो मेरे सहपाठी बने। स्वतंत्रता प्राप्ति के समय मैं कक्षा तीन का छात्र था। इससे पहले अलिफ, कच्ची बे, पक्की बे, अव्वल व दूसरी कक्षा पास कर चुका था। अध्ययन के विषय मुख्य रूप से हिन्दी, गणित, भूगोल व इतिहास होते थे। भूगोल में कक्षा चार में जनपद व पांच में प्रान्त का ज्ञान कराया जाता था। अपने जिले की सीमा, तहसील व परगनों के नाम नदियों के नाम, सिंचाई के साधन, रबी-खरीफ की फसलों की जानकारी ही पाठ्यक्रम होता था। इतिहास में हमने अठारह सौ सत्तावन का गदर और शिवाजी को पहाड़ी चूहा, कहने वाले लेखकों की पुस्तकें पढ़ी। स्वतंत्रता के बाद नागरिक शास्त्र के नाम पर महात्मा गांधी, पं.नेहरु, पटेल व राजेन्द्र प्रसाद की जीवनी पढ़ाई जाने लगी थी। तब तक न तो संविधान बना था और न ही कोई निश्चत पाठयक्रम था। मैंने परतंत्र भारत की शहंशाह रीडर भी पढ़ी है जिसमें जादूगर, बाजीगर, तोता-मैना या परियों की कहानियाँ ही अधिक होती थीं किन्तु कक्षा पांच में अर्थात् सन् 49-50 में नयी पुस्तकें भी आ गई थीं। जिनमें राष्ट्रीय आन्दोलन के हमारे नेताओं को भी स्थान मिल गया था। अब न तो उसके लेखक का नाम याद है और न पूरी कविता, किन्तु दो पंक्तियाँ प्रायः गुनगुना लेता हूं

रहा खेलता सदा समझकर, इस जीवन को खेल।
राजनीति का कुशल खिलाड़ी, यह सरदार पटेल।

पन्द्रह अगस्त सन् 1947 और उसके बाद 48, 49 में प्रातः की प्रभात फेरियों में सम्मिलित रहा हूँ। इन प्रभात फेरियों में प्रयाण गीत (बढ़े चलो, बढ़े चलो) व देशभक्तों की जय के नारों के साथ भारत माता की जय, इन्कलाब जिन्दाबाद, वन्दे मातरम् आदि का उद्घोष होता था।

स्वतंत्रता-प्राप्ति के बाद हमारा विद्यालय सरकार ने संभाल लिया था। चाचाजी व उनके सहायक सरकारी अध्यापक मान लिए गये थे। उनका स्थानान्तरण भी कर दिया गया था। नये अध्यापक आये थे और अब उनकी

संख्या भी दो के स्थान पर तीन हो गयी थी। सभी अध्यापक बहुत परिश्रमी थे। उनका उदेश्य अपने छात्रों को अधिक से अधिक जानकारी देना था। स्कूल में पढाई के अतिरिक्त खेलकूद-कबड्डी, कुश्ती, पीटी, लम्बी कूद, लेजम, ऊंची कूद, दौड़ आदि के अतिरिक्त सांस्कृतिक कार्यक्रम, भाषण, अन्त्याक्षरी, अभिनय आदि होते रहते हैं। कक्षा पांच तक न जाने कितने छन्द रट गये थे। सुभद्राकुमारी चौहान की 'झांसी की रानी' व दूसरे कवियों के अनेक छन्द कक्षा पांच में ही रट लिए थे। उनके अर्थ गाम्भीर्य से तब परिचित नहीं था।

उस समय छात्रों को उनकी भूलों के लिए शारीरिक दण्ड दिया जाता था। मुर्गा बनाना और बेंत की मार मुख्य दण्ड विधान था। कक्षा में जब कोई प्रश्न पूछा जाता, तो एक ओर से पूछना प्रारम्भ करते थे। जब कोई छात्र ठीक उत्तर बता देता था, तो गलत बताने वाले छात्रों के गाल पर चपत लगाता था। छात्राओं की कमर में घूंसा मारा जाता था। इस पिटाई से हीन भावना पनपने पर कुछ छात्र तो पढ़ना ही छोड़ बैठते थे और कुछ इतना परिश्रम करते थे कि चपत खाने का मौका ही नहीं आता था किन्तु अध्यापकों का उद्देश्य किसी को भगाना नहीं था, अपितु सबको इतना योग्य बनाना था कि चपत खाने का अवसर ही न आये। उस समय के कक्षा पांच पास विद्यार्थी भाषा में वर्तनी की अशुद्धि नहीं कर सकते हैं क्योंकि एक अशुद्धि होने पर हथेली पर बेंत की मार के साथ उस अशुद्ध शब्द को शुद्ध रूप में दस बार लिखना पड़ता था। रत्ती, माशे, तोला, मन, सेर, छटांक, घण्टा मिनट, आना, पैसा, पाई, मील व कोस, विस्वे, विस्वांसी, बीघा व एकड़ आदि में गलती होने पर अच्छी खासी पिटाई होती थी।

कक्षा पांच के छात्रों के लिए रविवार का भी अवकाश नहीं होता था। साथ ही परीक्षाएं निकट आने पर रात्रि में भी कक्षाएं लगती थीं। सब छात्र अपने घर से खाना खाने के बाद स्कूल में या हैडमास्टर साहब के घर पर एकत्रित होते थे। मिट्टी के तेल के लिए एक आना या दो आना मासिक देना होता था। मास्टर जी रात को भी पढ़ाते थे। दूसरे गांव से आने वाले छात्र रात्रि शयन वहीं करते थे। आज के ट्यूशन पढ़ने वाले छात्र यह जानकर चकित होंगे कि अध्यापक इस मेहनत की कोई फीस नहीं लेते थे। उनको

केवल अच्छे परीक्षा परिणाम की चिन्ता रहती थी।

कक्षा पांच पास छात्र के पास अच्छी खासी ज्ञान राशि होती थी। ग्रामीण समाज में वह पढ़ा-लिखा माना जाता था। सन् 56 तक जनपद मुख्यालय में डिग्री कॉलेज नहीं था। सन् 50 में जब गांव से निकलकर नगर के राजकीय इण्टर कॉलेज में प्रवेश लिया, तो अपनी पढ़ाई की अन्तिम सीमा भी इण्टर ही मान ली गई थी। आठ नौ किमी प्रतिदिन पैदल जाते और आते। समस्त गांव में जमींदार की चौपाल पर ही एक घण्टा था। व्यक्तिगत घड़ी किसी के पास नहीं थी। पौने सात बजे तक विद्यालय पहुँचना अनिवार्य था। अत: कभी-कभी तो घर से प्रात: चार साढ़े चार बजे ही निकल लेते थे। समय का अनुमान तारे देखकर लगाया जाता था। हाईस्कूल पास करना एक बड़ी बात थी। हम अपने गांव के पांच छात्र सन् 55 में इस परीक्षा में बैठे थे। इनमें से कुछ पिछले सालों में भी अनुत्तीर्ण हो चुके थे। इस वर्ष मैं अकेला ही उत्तीर्ण हुआ था। शेष चारों ने जैसे तैसे हाईस्कूल पास किया और नौकरी खोजने में लग गये। हमारे गांव में इस परीक्षा को पास करने वालों मे मेरा तीसरा नम्बर था अर्थात् गाँव में केवल दो लड़के मुझसे पहले हाईस्कूल पास थे। हाईस्कूल करते ही नौकरी की खोज प्रारम्भ हो जाती थी। हमारे एक सम्बन्धी की सलाह पर मुझे इण्टर तक पढ़ाने को निर्णय लिया। इण्टर करते-करते ही नगर में डिग्री कॉलेज खुल गया किन्तु अब घरवाले आगे पढ़ाने को तैयार नहीं थे। उनकी इच्छा मेरी शादी करने की थी और मुझे नौकरी खोजने के आदेश मिल चुके थे किन्तु मेरे सत्याग्रह ने उनको बाध्य कर दिया और मुझे भी डिग्री कॉलेज में प्रवेश मिल गया। नया कॉलेज था, उस समय सोचा भी नहीं जा सकता था कि एम.ए. कक्षाएं खुल जायेंगी। घरवालों का शादी का दबाव बना हुआ था, अत: बी०ए० करते ही रिश्ता तय हो गया। तभी सौभाग्य से कालिज में एम०ए० कक्षाएँ खुल गई। मुझे भी एम०ए० हिन्दी में प्रवेश दिला दिया गया। मैं अपने गांव का पहला छात्र था जिसने एम०ए० करने की हिम्मत की थी। एम०ए० प्रथम वर्ष की परीक्षाएँ चल रही थीं कि मेरी शादी हो गई। एम०ए० करते ही महाविद्यालय में प्राध्यापक बन गये। उस समय शिक्षा के साधन तो अत्यन्त सीमित थे किन्तु

जीविका के साधन प्राय: सभी को मिल जाते थे। पढ़े लिखे घास नहीं खोदते थे। आज के छात्र-छात्रा इस शिक्षा-यात्रा को देखकर हँस सकते हैं किन्तु वे नहीं जानते कि उस समय के अध्यापकों में अपने छात्र-छात्राओं के प्रति कितना लगाव था और विद्यार्थी कितने घोर परिश्रमी व जिज्ञासु होते थे। उस काल के छात्रों को याद कर व उनसे प्रेरणा लेकर ही अगली पीढ़ियाँ इतने आगे तक आ सकती हैं। अध्यापकों के लगाव व उस परिश्रम का ही परिणाम है कि एक निर्धन किसान के पुत्र को आपसे बातचीत करने का अवसर मिला है। अन्त में अपने उन स्वर्गीय गुरुओं के श्रीचरणों में सादर नमन।

26. सीधे अंकों की टेढ़ी भाषा

अपने भावों की अभिव्यक्ति की इच्छा ने ही भाषा को जन्म दिया होगा। अभिव्यक्ति के इस सबल माध्यम के कारण ही मनुष्य संसार के अन्य जीवों में श्रेष्ठ है। मनुष्यों में भी जिसके पास अभिव्यक्ति की जितनी सशक्त भाषा होती है, वह उतना ही अच्छा लेखक या अच्छा वक्ता कहलाता है।

अभिव्यक्ति के इस माध्यम के सशक्त एवं प्रभावी बनाने के लिए मानव सदा से प्रयत्नशील रहा है। भाषा के माध्यम से जब वह अपनी बात अपूर्ण समझता है, तब आँखों, कपोलों, एवं भौहों के माध्यम से भी काम चलाता रहा है। मुख मुद्रा व शारीरिक चेष्टाएँ भी अभिव्यक्ति का काम करती हैं। जब हृदय भावों से भरा होता है, वाणी भावावेश के कारण अवरुद्ध हो जाती है, 'तब दो नैना कह देत हैं, मन को हेत अहेत।' प्रिय के प्रणय निवेदन पर नायिका के कपोलों की भाषा को पारखीजन ही पढ़ सकते हैं। 'रदपट फरकत नयन रिसौहें', से जहाँ एक चित्र बनता है, वहाँ भाव भी स्पष्ट हो जाता है।

इसी भावाभिव्यक्ति को और प्रभावी बनाने के लिए अंकों का प्रयोग किया जाता है जो केवल गणना के काम आते हैं। वे धीरे-धीरे अक्षरों का काम करने लगे और जहाँ लेखकों एवं वक्ताओं के लिए अपनी बात कहने के लिए वर्णमाला का ज्ञान अपेक्षित रहा होगा, वहाँ अंकों से भी परिचित होना अनिवार्य हो गया होगा।

अंकों की भाषा बड़ी विचित्र है। इसे समझने के लिए गुरु की शरण में जाना पड़ता है किन्तु यदा कदा गुरुजन ही भ्रम में डाल देते हैं। हमारे गणित के मास्टर जी ने पढ़ाया था कि एक और एक को जोड़ दिया जाए तो दो हो जाते हैं किन्तु साहित्य के गुरुजी ने पढ़ाया कि प्रेम के क्षेत्र में एक

और एक मिलकर एक ही होते हैं और युद्धभूमि में एक और एक मिलकर ग्यारह हो जाते हैं। हमारे मन में संशय हुआ कि दोनों अध्यापकों में से कोई एक बहका रहा है क्योंकि सत्य का तो एक रूप होता है। हमारी समस्या का निवारण एक दिन स्वतः हो गया। एक दिन गणित व साहित्य के अध्यापकों में वार्तालाप चल रहा था। हम मौन श्रोता थे। साहित्य के गुरुजी ने गणित वाले मास्टर जी से पूछा बन्धु! आप और आपकी पत्नी एक है या दो? गणित के मास्टर जी को इस प्रश्न पर चुप देखकर हमारे मन से संशय निकल गया।

अंक की महत्ता का एक दिन और आभास हुआ। हमारे कृषक पिता जी अपनी गेहूँ की राशि को तोलने बैठे। पहली धड़ी (पाँच सेर या किलो) तोलने के बाद उन्होंने रामा ही रामा कहा, एक कहकर आगे नहीं बढ़े। दूसरी बार उन्होने दोआ ही दोआ बोला किन्तु तीसरी पर तीन न कहकर बहुते ही बहुते कहने लगे। संशय उत्पन्न होना स्वाभाविक था।

किन्तु संशय का निराकरण समस्त ढेर के तुलने के बाद ही हो सका। माता-पिता तो बालक के लिए जन्मजात अध्यापक होते हैं। अतः हमने अपनी जिज्ञासा पिताजी के सम्मुख रख दी। पिताजी ने बताया कि एक तो केवल परमात्मा है। अतः इस गिनती पर केवल ईश्वर का नाम लिया जाता है। तीन से बड़ी कोई संख्या नहीं है क्योंकि ब्रह्मा, विष्णु, महेश इस संख्या में समाहित है और उनसे बड़ा तो केवल एक है। हम अपने गणित को फेल होता हुआ देखकर चकित रह गए। पढ़-लिख कर जब बड़े हुए तो एक मंत्र पढ़ने को मिलाः-

हिरण्यगर्भः समवर्त्तताग्रे भूतस्य जातः पतिरेक आसीत्।
स दाधार पृथ्वी द्यामुतेमां कस्मै देवाय हविषा विधेम।।

बड़ा आश्चर्य हुआ कि बचपन में हमारे अशिक्षित पिताजी ने वेद के इस मंत्र का अर्थ ही तो हमें रामा-ही-रामा के द्वारा समझाया था।

एक दिन आराम से घर बैठे थे कि सामने दो कृषक बन्धुओं में कहा सुनी प्रारम्भ हो गई। हम भी वाक्युद्ध का मजा लेने वहीं पहुंच गए। उनमें से एक ने दूसरे से कहा 'दो जड़ दिए तो अकल ठिकाने लग जाएगी। दूसरे ने जवाब दिया- आजा 'दो हाथ कर लें चारों खाने चित्त कर दूंगा।' वातावरण में कुछ गर्मी आई थी कि एक वृद्ध आ पहुँचे और दोनों भाइयों को समझाते हुए कहने लगे, बेटा। यह रोज, रोज की तीन-पाँच अच्छी नहीं होती। इस प्रकार के

व्यवहार से तुम्हारा सारा काम तीन-तेरह हो जाएगा। वृद्ध की बात से वे दोनों भाई चुप हो गए किन्तु हमारे पल्ले कुछ नहीं पड़ा क्योंकि गणित के मास्टरजी ने ये तो प्रश्न कराए नहीं थे। स्कूल में पढ़ते थे, अत: उस अनपढ़ वृद्ध से इसका अर्थ पूछकर अपनी पढ़ी हुई विद्या का अपमान कराना भी अच्छा नहीं समझते थे। एक दिन अखबार पढ़ने बैठे तो उसके कुछ शीर्षकों ने हमारे ज्ञान को पुन: चुनौती दे डाली। उसमें शीर्षक थे। पुलिस को देखकर चोर नौ दो ग्यारह हो गए, निन्यानवें का फेर मँहगा पड़ा, राजनेता चार सौ बीसी में पकड़ा, भाजपा व काँग्रेस में छत्तीस का आंकड़ा, भगवान से तिरसठ का सम्बन्ध बनाओ। बहुत माथापच्ची की किन्तु अर्थ नहीं निकाल सके। सोचा ग्रीष्मावकाश के बाद सारे प्रश्न गणित के मास्टर जी के सामने रख देंगे।

एक दिन हमारे गाँव में एक और घटना घट गई। गाँव के एक लड़का व लड़की को कहीं एकान्त स्थान में किसी ने बतियाते देख लिया। स्त्रियों में यह चर्चा का विषय बन गया। हमें तो यह घटना कुछ नई नहीं लग रही थी क्योंकि हम स्कूल से निकलकर कॉलेज में आ गए थे और वहाँ हमारे बहुत से साथी छात्र-छात्राएँ पुस्तकालय अथवा केन्टीन में घंटों वतियाते थे। अत: हमने बड़े भोलेपन से अपनी भाभीजी से पूछा भाभी। आज ये क्या चर्चा हो रही थी। वे मुस्कराती हुई बोलीं लालाजी। (हम वैश्य तो नहीं है परन्तु पता नहीं क्यों हमारी भाभी ने हमें यह संबोधन दे रखा है।) तुम किसी से चार आँख मत कर बैठना, देखो ना, आज दो चार बातें करने के कारण सारे गाँव में यह शोर है कि बुद्धू का लड़का सोलह आने बदमाश है। भाभीजी ने हमारी गणित की अल्पज्ञता को और उजागर कर दिया। हम रह रहकर सोचने लगे, हमारी अनपढ़ भाभी का ज्ञान तो हमसे इक्कीस है, हम तो उन्नीस ही रह गए। अब साहित्य के गुरुजी के चरणों में बैठकर ही बारहबानी हो सकते हैं। सौ प्रतिशत सफलता के लिए वहीं चलना पड़ेगा। तभी चार भाइयों में बैठ सकते हैं और पाँच पंचों में हमारी गिनती हो सकती है।

जब साहित्य के गुरुजी से बात करने गए तो उन्होंने तो और उलझा दिया। बोले बेटा! अंक तो राम का नाम है। गोस्वामी तुलसीदास साक्षी हैं:- 'नाम राम को अंक है।' 'अंक तो निर्गुण ब्रह्म है' - 'अंक अगुन आखर।' अंक की महत्ता तो तुम्हारी समझ से परे ही रहेगी। व्यापारी की हुंडी में पहले १००० का अंक लिखा जाता है। साधु-संन्यासी महन्त मण्डलेश्वर ही श्री

श्री 1008 का रहस्य बता सकते हैं। प्रवचनकर्ता तो अपनी बात ही अंक से प्रारम्भ करते है। यथाः- एक तो केवल ईश्वर है, दो तो पुरुष और प्रकृति हैं, तीन गुण से ही व्यक्ति का स्वरूप निर्धारण होता है। चतुरानन तो सृष्टि के निर्माता हैं, पंचतत्त्व का पूंजीभत रूप ही शरीर है, षट् कर्णों भिद्यते मंत्रः चतुः कर्णश्च धार्यते, सात-मन्वन्तर, सात ॠषि, सात पवित्र नदियां, सात मोक्ष दायिनी नगरी, अष्टाँग योग, नवधा भक्ति, दस द्वार, एकादस रुद्र, बारह आदित्य न जाने क्या-क्या सब अंकों के माध्यम से ही तो बताया जाता है। अब हमारी समझ में आ गया कि 'अंक-चक्र' को पढ़ना ही पड़ेगा तभी इनकी टेढ़ी-मेढ़ी भाषा का अर्थ समझ पायेंगे।

नोटः- 'अंक चक्र लेखक की पुस्तक का नाम है।'

27. एक अकवि की कविता

कविता का जन्म कवि के हृदय से होता है, हृदय की गहन अनुभूतियों का वेग ही अपनी प्रबलता में उफनकर जब बाहर निकलने लगता है, तब उसे शब्दों का आवरण देकर जो आकृति बनती है, उसे कविता कहते हैं। ऐसी कविता कालजयी या शाश्वत होती है, कवि के लिए शिक्षा या विश्वविद्यालय की उपाधियों की भी कोई आवश्यकता नहीं होती। सूर व मिल्टन तो अपने हृदय की आँखों से ही सब कुछ देखकर महाकवि बन गए, कबीर कपड़ा बुनते हुए, रैदास जूती गाँठते हुए और जायसी हल चलाते-चलाते कुछ ऐसा कह गये हैं, जो कभी भी विस्मृत नहीं किया जा सकेगा।

प्रत्येक भाषा की कविता की अपनी कुछ निजी विशेषताएँ होती है, यह निजत्व भाव व कला दोनों पक्षों में हो सकता है। हिन्दी भाषा के साहित्य को यदि इस दृष्टि से देखें तो 'तुकान्त' की विशिष्टता उसको अन्य से अलग दिखाती है। संस्कृत-साहित्य व भाषा के प्रभाव से ओत-प्रोत हिन्दी ने तुक का प्रभाव अपनी पूर्ववर्ती अपभ्रंश भाषा से लिया है। संस्कृत, अंग्रेजी, उर्दू आदि भाषाओं का काव्य तुकान्त के अभाव में भी सहृदयों के गले का हार है किन्तु हिन्दी में तुक का अभाव ऐसे खटकता है, जैसे बिना नमक की सब्जी या बिना मीठे की खीर।

हिन्दी के आधुनिक काल का छायावादी काल खण्ड महान् प्रतिभाओं का समय है। प्रसाद, पंत, निराला व महादेवी वर्मा जैसी प्रतिभाएँ एक समय में ही काव्य रचना कर रहीं थीं। हिन्दी में ऐसा सुयोग अन्य किसी कालखण्ड में देखने को नहीं मिलेगा। महाप्राण निराला छन्दबद्ध तुकान्त कविता लिखकर अपनी प्रतिभा का चमत्कार दिखा चुके थे। राम की शक्ति पूजा का पाठक

कवि की प्रतिभा से आतंकित हो जाता है। ऐसे महाकवि ने हिन्दी में एक नूतन प्रयोग किया 'छन्द विहीन कविता लिखकर।' इस अपार प्रतिभाशाली कलाकार की कलम से छन्द रहित होने पर भी ऐसी कविताएँ निकलीं जो पाठकों के मन में गहरे पैठ गयीं। निराला का यह नूतन प्रयोग वैसा ही था जैसा आदिकवि वाल्मीकि ने मंत्र की परम्परा से हटकर छन्दबद्ध श्लोक लिखकर किया था। मंत्र द्रष्टा न होकर भी वाल्मीकि अजर अमर हो गए और छन्द रहित निराला की कविता भी सदैव जीवित रहेंगी।

निराला की देखा-देखी परवर्ती कवियों ने छन्द, तुक, लय, रस, भाषा, अलंकार, गुण आदि सभी काव्यगत विशेषताओं को छुट्टी देकर नूतन प्रयोग करने प्रारम्भ कर दिये। उनकी यह यात्रा प्रयोगवाद से प्रारम्भ होकर नयी कविता या अकविता तक चली गयी। इन कवियों में कुछ ऐसे कवि भी हैं जो छन्द, लय, रस भाव आदि से युक्त काव्य सर्जना में भी समर्थ हैं और छन्द व तुक के बन्धन से मुक्त होकर भी प्रभावी व सशक्त काव्य रचना कर सके हैं, किन्तु इनकी देखा-देखी एक बहुत बड़ा वर्ग ऐसे कवियों का भी हो गया जो अपने बौद्धिक प्रलाप को भी कविता का नाम देने लगा। इनकी रचनाओं को देखकर हिन्दी साहित्य का परम्परागत पाठक अपने को ठगा सा अनुभव करने लगा ओर उसे ऐसा अनुभव हुआ कि उसकी काव्य की समझ ही कमजोर है क्योंकि इन कवियों की कविताएँ उसके सिर के उपर से गुजर जाती हैं। वह साधरणीकरण के लिए तरस गया है। कवि और पाठक के बीच आई इस दूरी का परिणाम यह हुआ कि इन कवियों को तो पाठक नहीं मिला और ये कवि अपनी उपेक्षा का रोना रोने लगे, दूसरी ओर अपनी साहित्यिक प्यास को बुझाने के लिए दूसरे या तीसरे दर्जे की छन्दोबद्ध कविता भी उसे पसन्द आने लगी, यही कारण है कि कभी-कभी केवल छन्दबद्ध तुकबन्दी करने वाले कवि भी गले की कलाबाजी से हिन्दी कवि सम्मेलनों के मंच पर जय-जयकार पाने लगे। कवि सम्मेलनों की अधिकता और उसकी ओर उमड़ता जन-सैलाब इन तथाकथित प्रयोगवादी या अकविता लिखने वालों के कारण ही है। इसे देखकर आश्चर्य होता है कि एक-एक कवि को पच्चीस-तीस हजार रुपये देकर उसका काव्यपाठ सुनने

वाले श्रोता हमारे स्थापित प्रयोगधर्मी कवियों की पुस्तक के लिए साठ-सत्तर रुपये भी जेब से निकालने को तैयार नहीं हैं।

इस स्थिति में कवि से आलोचक बने इन छन्द-विहीन, तुकविहीन, रसरहित काव्य रचना करने वालों को 'कविता की मौत' जैसे वाक्यांश भी लिखने व पढ़ने को मिलने लगे। इन कवियों ने अपनी कविताओं की विशेषताओं में या तो स्वयं लम्बी-लम्बी भूमिकाएँ लिखी हैं या अपने कवि मित्रों की सम्मतियों से अपने काव्य की महत्ता को प्रतिपादित कराया है। इनको न तो पाठक पर भरोसा है और न आलोचक पर, हिन्दी कविता के लिए यह दुःखद स्थिति ही कही जायेगी। ऐसे कवियों के काव्य संग्रह या तो आपस में एक दूसरे के प्रति उपहार में जाते हैं या जुगाड़ बैठाकर कुछ पुस्तकालयों की अलमारी तक पहुँच जाते हैं।

पिछले पचास वर्ष से हिन्दी काव्य का अध्ययन अथवा अध्यापन करने वाले मुझ जैसे सहृदय को जो पीड़ा होती है, वह अकथनीय है। काव्य सर्जना का गुण जैसा कि मैं पहले कह आया है, वह विधाता की देन है, माँ सरस्वती का वरदान है। मैं स्वयं इस गुण से वंचित हूँ। विधाता ने मेरी भाग्य लिपि में कविता की निशानी भी नहीं बनायी है। मैं अकवि की कविता नाम से अपने मानसिक प्रलाप को पंक्तिबद्ध करके हिन्दी के सुधी पाठकों के सम्मुख एक प्रयोग के रूप में रखने का दुस्साहस कर रहा हूँ कि छन्दमुक्त व तुकविहीन लिखो या छन्दबद्ध तुकान्त, केवल एक छोटा सा भाव लेकर अवश्य चलें, पाठक से आपको स्नेह सम्मान अवश्य मिलेगा।

अतुकान्त व छन्द विहीन

मेरी प्रेयसी सुख-शैया छोड़
गृह का पट अनावृत कर
जीवन भर का स्नेह भूल
अँधेरी निशा में
अनजाने के संग
निकल गई अभिसार हित।

करवट बदलता हूँ
रह-रह कर सोचता हूँ
किसी शक्तिशाली से
न मैंने पाला वैर है
आयु के ढलाव पर
काम विह्नल मैं नहीं
तो बदलते परिवेश में
क्या शास्त्र-कथन मिथ्या है।
साथ वाले कक्षों से
सुखद संयोगं की प्रच्छ्वासोध्वनि
उद्दीप्त करती है
झुंझलाता हूँ, हाथ मलता हूँ
प्रभु से प्रार्थना-याचना
सभी कुछ करता हूँ।
कहाँ चली गई होगी
बार-बार गुनता हूँ
ईर्ष्या से आहत थी
इसी कारण भाग गई
सुखद क्षणों की
अनुभूति की गहनता की
कामना की लालसा की
चोट देकर खो गई।
अब यह समझा हूँ
सारा दोष मेरा ही है

बिटिया की शादी
पत्नी की बीमारी
सेवा मुक्ति की आगत तिथि
सरकारी आवास छूटने की तिथि सीमा
शादी, बीमारी, तिथि सीमा
सब के सब स्त्रीलिंगी हैं।
सभी के साथ बतियाता में
पाँचवी चिन्ता, वह तो पटरानी
मैं द्रौपदी नहीं
पाँच द्रौपदियों का अकेला
ऐसे में शैया छोटी पड़ती
तभी तो पूर्व प्रेयसी
निंदिया रानी कृष्णभिसारिका हो गई।

छन्दबद्ध

जीवन भर जिसके चरणों में
मैं नतमस्तक होता आया।
अपने तन की सुध-बुध खोकर
जिस पर मैंने लाड लड़ाया।।1

जो तन को सन्तुष्टि देती
मन की क्षुधा शान्त करती थी।
मेरी तरोताजगी नित प्रति
जिसके जीवन की इतिश्री थी।।2

जिसको पाकर मैं भूला हूँ
लाखों बार सुखों के साधन।
मिला दिये मिट्टी में जिसने
हिमगिरि जैसे दुख के कारन।।3

वह मेरी मनभावन प्रेयसी
मैं उसका इकलौता प्रियतम।
आज छोड़कर चली गई जब
दुख की सीमा हुई अधिकतम।।4

विदुरनीति के पृष्ठ पलटते
अपनी भूल नहीं लगती है।
मनसिज व्यथित सबल संघर्षित
जन को ही प्रिया छलती है।।5

फिर क्यों छोड़ गई वह मुझको
अब कुछ ध्यान नहीं आता है।
यह उसका दारूण्य भाव है
ऐसा मुझे नहीं लगता है।।6

वह अबला बेचारी इतनी
निष्ठुर कभी नहीं हो सकती।
रूप-राग लावण्य युक्त वह
भला कहाँ अभिसारण करती।।7

अब मैं समझ सका हूँ इसमें
सब कुछ मेरी ही गलती थी।
मेरे परस्त्री चिन्तन से
वह तो नित नूतन जलती थी।।8

बिटिया की शादी की चिन्ता
वृद्धा पत्नी की बीमारी।
सेवा मुक्ति का आगत दिन
दिखती आवासी लाचारी।।9

शादी-बीमारी नारी हैं
सेवा मुक्ति भी नारी है।
आवासी लाचारी मित्रो
सबसे बिकट महामारी है।।10

इन चारों के साथ थिरकती
चिन्ता रूपी पटरानी है।
जिसके घर में पाँच नारियाँ
प्रेयसी की क्या मत मारी है।।11

अरे बता दे कोई मुझको
मेरी प्रिया कहाँ खो गई।
मेरी निंदिया मुझे छोड़कर
जाने किसके साथ सो गई।।12

गोस्वामी तुलसीदास कह गये हैं–

निज कवित्त केहि लागि न नीका।
सरस होय अथवा अति फीका।।

इस प्रमाण पत्र के बल पर भी मैं अपने को कवि कहने की धृष्टता नहीं कर सकता क्योंकि काव्य की परीक्षा तो पाठकों को मिलने वाले आनन्द के बल पर ही होती है। यह तो एक प्रयोग मात्र हैं और प्रयोग-आपरितोषाद् विदुषां न साधुमन्ये प्रयोग विज्ञानम्।

28. हिन्दी की आत्म-कथा

भारतवर्ष देवभूमि है, पवित्र भूमि है। मेरा सौभाग्य है कि मेरा जन्म भी आज से लगभग एक हजार वर्ष पूर्व इसी पावन धरा पर हुआ था। मैं अपनी निश्चित जन्मतिथि तो बताने में असमर्थ हूँ किन्तु यह जानती हूँ कि अनेक वर्षों तक जनता जनार्दन की वाणी के पालने में खेलने के बाद एक हजार वर्ष पूर्व मैं इस योग्य हो गई थी कि सरस्वती के वरदपुत्र कविगण मुझे अपने गले में हार के रूप में धारण करने लगे थे। मुझे अपने माता-पिता के नाम का तो स्मरण नहीं है किन्तु अपने वंश का ज्ञान है। परमपिता परमात्मा से मानव को अभिव्यक्ति का जो वर मिला था, उसी वरदान की परम्परा में मेरा भी जन्म हुआ है। कुछ लोग मुझे संस्कृत की पुत्री कहते हैं और कुछ प्राकृत, अपभ्रंश की सन्तान। मैं ऐसा समझती हूँ कि इनमें से कोई भी मेरी जननी नहीं है किन्तु मझे पालन पोषण में देवभाषा संस्कृत का बहुत बड़ा योगदान है। अत: मैं उसे जननीवत् सम्मान देती हूँ।

पुण्य देश में उत्पन्न होने के साथ ही मैं कोटि-कोटि पुत्रों की जननी हूँ किन्तु भाग्य की मारी हुई हूँ। जब मैं इस योग्य हुई कि कविगण मुझे अपनी माँ कहकर पुकारें, तब उन कविपुत्रों को कवि का सम्मानीय पद न देकर चारण या भाट का लघुता सूचक पद प्रदान किया गया। संस्कृत, प्राकृत, पाली, अपभ्रंश आदि में काव्य रचना करने वाले कवि और महाकवि तथा मेरे पुत्र चारण या भाट। यह सुनकर मैं मन ही मन तड़प जाती थी। किन्तु इसी समय मेरे भाग्य में राजयोग का अवसर आ गया। मैंने दिल्ली के सिंहासन पर अपना अधिकार जमा लिया। भारतीय इतिहास का राजपूत युग मेरे शासन काल का ही नाम है। मैं इस सौभाग्य को भी बहुत दिनों तक नहीं भोग सकी। अचानक सन् 1992 ई० का वह भाग्यहीन वर्ष आया कि मुझे सिंहासन-च्युत करके निर्वासित कर दिया गया और मेरा स्थान अरबी-फारसी ने छीन लिया।

तब मेरी कोख से एक ऐसा निर्भीक व स्वाभिमानी पुत्र उत्पन्न हुआ जिसने मुझे देवभाषा संस्कृत से भी श्रेष्ठ घोषित कर दिया। मेरे इस पुत्र का नाम कबीर है। संस्कृत विद्वानों की नगरी काशी में उसने डंके की चोट पर घोषणा कर दी-**संस्करित है कूप जल भाषा बहता नीर।** मेरे इस पुत्र के अकाट्य तर्कों के सामने पंडित या मुल्ला कोई नहीं टिक पाया। इस पुत्र की देखा-देखी पराये पुत्रों ने भी मुझे अपनी जननी मान लिया। मैंने भी अपने इन मानस पुत्रों को जी भरकर प्यार दिया। तभी तो जायसी, कुतबन, मंझन, उस्मान आदि कवि हिंदू राजा-राजकुमारियों की प्रेम गाथाएँ गा सके। इनसे पूर्व भी मेरे ऐसे दो मानस पुत्र हुए हैं, उनमें अब्दुर्रहीम ने 'संदेशरासक' और अमीर खुसरों ने मुकरी व पहेलियों से मेरे शरीर की माँसलता को पुष्ट किया था। मेरा एक पुत्र रसखान तो मुझे बहुत प्यारा है। उसने तो मुझे भगवान कृष्ण की गोद का सुख प्रदान किया है। रहीम और नानक जैसे पुत्रों ने मेरे सम्मान को बहुत अधिक बढ़ाया। मेरे कुछ ऐसे पुत्र भी उत्पन्न हुए जिन्होंने मुझे अमर कर दिया और मेरा गुणगान उनके कारण सदासर्वदा होता रहेगा। ऐसा ही मेरा एक रामभक्त पुत्र तुलसी था किन्तु वह इतना विनम्र था कि वह कबीर के समान मेरी श्रेष्ठता की बात कहने की हिम्मत न कर सका। उसे 'भाषा भनिति' पर संकोच रहा है। उसके समवयस्क दूसरे पुत्र केशवदास को तो मुझे माता कहने में भी संकोच रहा है:-

भाषा बोल न जानहिं, जाके कुल के दास।
तिन्ह भाषा कविता करी, जड़मति केशवदास।।

एक लम्बे काल तक मैं साहित्यिक मंच पर विराजती रही किन्तु मुझे राजकाज से वंचित रखा गया। उन्नीसवीं शताब्दी के बीतते बीतते मेरे पुत्रों को मेरी इस अवहेलना को बोध होने लगा और उन्होनें मेरे सम्मान के लिए एकजुट होना प्रारम्भ कर दिया। सन् 1898 ई० में मेरे यशस्वी सपूत पं० मदन मोहन मालवीय ने अपने लाखों भाइयों के हस्ताक्षरों से युक्त एक प्रार्थना पत्र संयुक्त प्रान्त आगरा व अवध (वर्तमान उत्तर प्रदेश) के तत्कालीन गवर्नर सर एन्थरी मेकडॉनेल को इस आशय से दिया कि मुझे कचहरी में प्रवेश मिले और उनका वह प्रयास रंग लाया, जब गवर्नर ने सन् 1900 ई० में आदेश कर दिया कि अब कचहरी के कार्यों में नागरी का प्रयोग किया जायेगा। मैं अब राजसिंहासन के पॉयदाज तक आ गई थी।

इसके बाद मेरे दो यशस्वी पुत्रों-महर्षि दयानन्द सरस्वती व भारतेन्दु हरिशचन्द्र ने मेरे सम्मान का बहुत अधिक बढ़ाया। गुजराती माँ को कोख से जन्मे और संस्कृत के द्वारा पालित-पोषित दयानन्द सरस्वती को पाकर मैं धन्य हो गई जिसने अपने भाषणों एवं शास्त्रार्थ में मेरा ही उपयोग किया। अब मैं ब्रह्मवाणी वेद का अर्थ व्यक्त करने में भी समर्थ थी। उसने मेरा नाम भी हिंदी से बदल कर आर्यभाषा कर दिया। मैं अब श्रेष्ठजनों की वाणी बन गई। भारतेन्दु हरिश्चन्द्र को तो विधाता ने अल्पायु में ही बुला लिया, फिर भी उसने मुझे समृद्ध करने में और मुझे बहुआयामी बनाने में बड़ा कार्य किया। उसने तो स्पष्ट घोषणा कर दी-

निज भाषा उन्नति अहै, सब उनति को मूल।
बिनु निज भाषा ज्ञान के, मिटै न हिय को सूल।।

इसके बाद तो मेरे पुत्रों में एक से बढ़कर एक यशस्वी पैदा हुआ। उनमें एक महात्मा गांधी ने तो यहाँ तक कह दिया 'मेरे लिए हिंदी का प्रश्न तो स्वराज्य का प्रश्न है'। ऐसे ही एक पुत्र राजर्षि पुरुषोत्तम दास टण्डन के प्रयास से सन् 1926 ई० के काँग्रेस के कानपुर के वार्षिक अधिवेशन में एक प्रस्ताव पास हुआ कि भविष्य में काँग्रेस अधिवेशन की समस्त कार्यवाही हिंदुस्तानी में ही होगी। राजसिंहासन की ओर मैं एक पग और बढ़ गई थी। सन् 1947 ई० में मेरी पावन मातृभूमि जब विदेशी शासन से मुक्त हुई तो मेरे पुत्र शासक बने। अत: 14 सितम्बर सन् 1949 ई० को मेरे पुत्रों ने मुझे राजमाता के सिंहासन पर बैठा दिया। उन्होंने निर्णय किया कि भारतीय गणतंत्र की भाषा देवनागरी लिपि में लिखित हिंदी होगी।

इस वर्ष मैं अपने शासन की स्वर्ण जयन्ती मना रही हूँ अत: एक बार पिछले पचास वर्षों के कार्यों का लेखा-जोखा करना चाहती हूँ कि इस समय मेरी वास्तविक स्थिति क्या है। 14 सितम्बर सन् 1949 ई० को मुझे राजकाज का अधिकार तो मिला किन्तु एक शर्त यह भी लगा दी गई थी कि पन्द्रह वर्ष तक मेरे साथ यह अधिकार अंग्रेजी को भी रहेगा। अंग्रेजी शासकों की जननी थी। अत: उसके मानस पुत्रों ने मेरे मार्ग में इतनी बाधाएँ खड़ी कर दीं कि मैं आज पचास वर्ष बाद भी अपनी उस दासता से छुटकारा नहीं पा सकी हूँ।

मैं यदि अपनी प्रगति की ओर दृष्टि डालूँ, तो आज संसार में मेरा तीसरा अथवा दूसरा स्थान है। भारत के बाहर भी मॉरीशस, सूरीनाम, नेपाल,

त्रिनीदाद जैसे देशों में मेरे माध्यम से अपनी भावनाओं को अभिव्यक्त करने वालों की संख्या बहुत बड़ी है। मेरा पड़ोसी पाकिस्तान मेरे द्वारा ही अपनी बात कहता है। विदेशों के लगभग एक सौ से अधिक विश्वविद्यालयों में मेरा अध्ययन-अध्यापन हो रहा है। मेरे माध्यम से अपनी भावनाओं को अभिव्यक्त करने वालों की संख्या बहुत बड़ी है। मेरे एक सपूत ने एक नहीं दो-दो बार मुझे राष्ट्रसंघ के मंच पर बैठाया है। आज मेरे सम्मान में विश्व हिंदी सम्मेलन हो रहे हैं। मैंने ही सारा राष्ट्रीय स्वतंत्रता आन्दोलन संचालित किया था और मैं ही सामान्य से सामान्य व्यक्ति को लोकसभा तक पहुँचाती हूँ। आज यदि प्रधानमंत्री की कुर्सी पर बैठना व रहना है, तो मेरा पुत्र बनना होगा। एक तो प्रधानमंत्री बनने के बाद मेरा अध्ययन करने लगा था और एक प्रधानमंत्री का स्वप्न संजोने वाली आजकल मेरा अध्ययन कर रही है और उसके समर्थक कहते फिर रहे हैं कि भले ही हमारी नेता विदेश में पैदा हुई है, किन्तु हिंदी से उसका अच्छा परिचय है। आज मेरी महत्ता सबको माननी पड़ रही है। मैं अनेक प्रान्तों का राज काज देख रही हूँ। संवैधानिक दृष्टि से केन्द्र सरकार भी मेरे प्रयोग एवं विकास के लिए बाध्य है। इस सबके बाद भी मैं अपनी प्रगति से सन्तुष्ट नहीं हूँ और मेरी प्रगति की रुकावट का दण्ड मेरे एक अरब देशवासी भोग रहे है।

मेरी प्रगति की रुकावट में दो प्रकार के व्यक्ति हैं। एक वे विरोधी जिनका स्वार्थ अंग्रेजी से ही सध सकता है और दूसरे वे जो मेरे अपने हैं। अंग्रेजी इस देश के कुछ चन्द लोगों के स्वार्थ साधन का माध्यम है। वे स्वार्थी इस बात से भयभीत हैं कि यदि राजकाज पूरी तरह से मेरे माध्यम से होने लगा, तो उनकी विशिष्टता समाप्त हो जायेगी। वे जनता का उतना शोषण नहीं कर पायेंगे जितना आज कर रहे है। अतः कभी वे मेरे विरोध में आत्मदाह करा देते हैं। कभी ऐसी सफेद झूठ बोलते हैं कि अंग्रेजी अन्तर्राष्ट्रीय भाषा है। वे जर्मनी, चीन, रूस, फ्रांस की ओर नहीं देखते जहाँ अपनी भाषा के माध्यम से ही उन्नति के शिखर पर पहुँचा गया है। जब इस अंग्रेजी को रटने में अपने नन्हे मुन्नों को श्रम करते देखती हूँ तो सोचती हूँ कि क्या कभी कोई अनुमान लगाने वाला पैदा होगा कि इस तोता रटन्त पर कितना श्रम और कितना धन इस देश का बरबाद हो रहा है। क्या ऐसा हिसाब किसी ने लगाया कि अंग्रेजी

को रटने के बाद कितने लोगों के जीवन में इसका उपयोग होता है। आनेवाली पीढ़ियाँ इस दुराग्रह को देखकर तरस खायेंगी।

दूसरी रुकावट मेरे अपने पुत्रों द्वारा पैदा की गई है। ये वे ही लोग हैं जो यह कहते नहीं अघाते कि हिंदी हमारी मातृभाषा है। मेरे पुत्र आत्महीनता से ग्रस्त हैं। इनको इस बात की आत्मगौरव नहीं है कि हम हिंदी के पुत्र है। अतः ये न तो स्वयं मेरा सम्मान करते हैं और ने मेरा अपमान करने वालों का विरोध करने का साहस करते हैं। ये अपने दैनन्दिन कार्यों में मेरे स्थान पर अंग्रेजी का प्रयोग कर गौरवान्वित होने का भ्रम पालते हैं। राष्ट्रीय व अन्तर्राष्ट्रीय स्तरों पर अपमानित होकर भी अंग्रेजी से चिपके रहना चाहते हैं। मुझे उचित सम्मान तभी मिलेगा जब मेरे अपने यह निश्चय व्रत धारण करें कि हम हर स्तर पर अपनी मातृभाषा का ही प्रयोग करेंगे और हिंदी की निध नता का रोना बन्द करके इसे ज्ञानविज्ञान के गम्भीरतम क्षेत्र में प्रवेश करायेंगे। दूसरे जो मेरे माध्यम से सत्ता के गलियारे पार करते हुए ऊँची कुर्सियों पर पहुंच रहे हैं, उनको बाध्य करें कि वे वहाँ जाकर मुझे भूल न जाएँ। मैं रह-रहकर सोचती हूँ कि ये कितने कृतघ्न व्यक्ति हैं जो वोट माँगते समय मेरा प्रयोग करते हैं किन्तु संसद में पहुँचकर अंग्रेजी को अपना लेते हैं। मेरे पुत्र इनकी बातों को समझ नहीं पाते। अतः इस स्वर्ण जयन्ती काल में भी यदि मेरे पुत्र इन कृतघ्नियों की इस चाल को समझ लें तो अक्टूबर 19 की संसद में वही जा सकेगा, जो पहले मेरा मातृवत् पूजन करेगा।

मेरी कहानी बहुत उतार चढ़ाव और विरोधों से भरी हुई है। आपको कहाँ तक अपना रोना सुनाऊँ? मेरा यह विश्वास दृढ़ है कि भविष्य मेरा है और एक दिन भारत ही नहीं विश्व को मेरी महत्ता स्वीकार करनी होगी।

नोटः- यह लेख सन् 1999 ई० में प्रकाशित हुआ था।

(अब तक गंगा में बहुत पानी बह चुका है। आज का प्रधानमंत्री देश-विदेश में गर्व के साथ हिन्दी में बात करता है। अतः संयुक्त राष्ट्र सभा ने भी हिन्दी को अपनी अधिकारिक भाषा मान लिया है। आज हम स्वतंत्रता का 75वां वर्ष मना रहे हैं।)

29. भारतीय पौराणिकी और विज्ञान

मानव सभ्यता के प्रारम्भ में जिन स्थानों का उल्लेख है, उनमें भारत भी एक है। संसार की ज्ञानराशि में प्राचीनतम वेद का दर्शन भी भारतीय ऋषियों को ही हुआ था। वेद से सम्बन्धित ब्राह्मणग्रन्थ, उपनिषद्, पुराणादि का भण्डार भी विशाल है। लौकिक साहित्य में वाल्मीकि रामायण और महर्षि व्यास का ग्रन्थ महाभारत भी प्राग् ऐतिहासिक काल के ग्रंथ है। वेद से लेकर महाभारत, पुराण, उपनिषद् आदि सभी ग्रंथों की ऐसी अनेक घटनाएं हैं जिनका ज्ञान प्रायः सभी शिक्षित, अशिक्षित भारतीयों को है। अशिक्षित व भारतीयता में आस्था रखने वाले व्यक्ति इन घटनाओं को सत्य रूप में स्वीकार करते हैं, जबकि पाश्चात्य विचारधारा से प्रभावित अंग्रेजी दाँ जन इन ग्रन्थों के बारे में अच्छी धारणा नहीं रखते। इनमें वर्णित घटनाओं को कपोल कल्पित, कवि-जगत् की उड़ान अथवा परी कथाएं कहकर मखौल उड़ाते हैं।

भारत कभी महान् था, सभ्यता में अग्रणी था या जगदगुरु था, यह बात विजेता व विधर्मी शासकों को स्वीकार नहीं थी। लगभग साढ़े सात सौ वर्ष तक विदेशी व विधर्मी लोगों की दासता में रहने वाले भारत की प्राचीनतम महानता को उसके शासकों ने ही नहीं झुठलाया, अपितु उनकी शिक्षा प्रणाली में दीक्षित भारतीयों ने भी अपने अतीत को नकार दिया, परन्तु आश्चर्य यह देखकर होता है कि जिन बातों का उल्लेख हमारे धर्मग्रन्थ हजारों वर्ष पूर्व कर रहे थे, उसे आज के वैज्ञानिकों ने जब साकार कर दिया है, तब भी संसार का ध्यान हमारे धर्म-ग्रन्थों की ओर नहीं जा रहा है।

भारतीय ग्रन्थों में वर्णित आकाशवाणी, संजय की दिव्य दृष्टि, कुबेर का पुष्पक विमान, नारद का आकाश मार्ग से विचरण आदि बातें रेडियो, दूरदर्शन

व वायुयान के विकास से पूर्व कपोल कल्पित कहीं जाती थीं। आज इनका मूर्तरूप सामने आने के बाद भी भारत की पुरातन वैज्ञानिक स्थिति को इस कारण मान्यता नहीं मिल रही है क्योंकि वर्तमान में हम संसार के अन्य देशों की वैज्ञानिक प्रगति की दौड़ में पिछड़े हुए हैं। हमारा अतीत महान् था, यदि इससे प्रेरणा लें, तो इस युग में भी आगे निकल सकते हैं।

आज परखनली शिशु हमारे सामने खेल रहे है। यह प्रणाली भारत में प्राचीन काल में अति विकसित अवस्था में थी। द्रोणाचार्य के पिता भरद्वाज घृताची नामक अप्सरा के रूप सौन्दर्य को देखकर विचलित हो गये थे। मन को बलपूर्वक वश में करने के प्रयास में ऋषि का वीर्य-स्खलन हो गया जिसे उन्होंने एक पात्र द्रोण (डोल) में सुरक्षित रखा और वही विकसित होकर ऋषि-पुत्र द्रोण हुआ। अगस्त्य और वशिष्ठ के जन्म का कारण भी उर्वशी का रूप-सौन्दर्य और परिणाम स्वरूप मित्र और वरुण का वीर्य-स्खलन ही था। घट में सुरक्षित रहने के कारण घटयोनि अगस्त्य कुंभज कहलाये। परखनली में भ्रूण को विकसित करके नारी के गर्भाशय में स्थापित करने की विद्या आज वैज्ञानिकों ने सीख ली है, किन्तु किसी एक नारी के गर्भाशय में विकसित भ्रूण को निकाल कर दूसरी नारी के गर्भाशय में स्थापित करने को ज्ञान अभी आना है, जबकि देवकी के गर्भ में विकसित भ्रूण को वहां से निकाल कर रोहिणी के गर्भ में पहुंचा कर बलराम का जन्म तत्कालीन वैज्ञानिकों ने कर दिखाया था। इस कारण बलराम देवकी के पुत्र है, भले ही जन्म रोहणी ने दिया है। नारी के गर्भाशय अथवा परखनली के बिना सन्तान उत्पन्न होने के वर्णन भारतीय शास्त्रों में वर्णित हैं। नारायण नामक ऋषि घोर तपस्या में लीन थे। दूसरे की तपस्या से सदैव चिन्तित रहने वाले देवराज इन्द्र ने ऋषि की तपस्या में विघ्न डालने की इच्छा से कुछ अप्सराएँ नारायण ऋषि के आश्रम में भेज दी। नारायण ऋषि ने इन्द्र को सबक सिखाने के लिए अपनी जंघा से उर्वशी पैदा करके आई हुई अप्सराओं को लज्जित किया था। अप्सराएँ ऋषि के चमत्कार को देखकर उर्वशी के साथ लौट गई थीं। और्व ऋषि ने अपना हृदय मथकर अयोनिज पुत्र उत्पन्न किया था। बेन की भुजा को मथकर पृथु का जन्म हुआ था। अगस्त्य मुनि ने वांछित रूपवती पत्नी पाने के लिए विभिन्न

जन्तुओं के अत्यन्त सुन्दर भागों से एक कन्या का निर्माण किया था और बाद में इसे चुपचाप विदर्भ के महल में पहुँचा दिया था। जहाँ वह राजा को पुत्री के रूप में पली और युवती होने पर ऋषि-पत्नी बनी।

पशु पक्षियों और जल जन्तुओं के गर्भ से भी मानव सन्तान उत्पन्न होने के वर्णन भारतीय ग्रन्थों में वर्णित हैं। विश्वकर्मा की पुत्री तथा सूर्य की पत्नी संज्ञा ने घर से बाहर एकान्त सेवन की इच्छा से घोड़ी का रूप धारण किया, उसके पति ने अश्वरूप धारण कर संज्ञा के साथ समागम किया, जिससे जुड़वां पुत्र अश्विनी कुमारों का जन्म हुआ। उपरिचर वसु के वीर्य से मछली के गर्भ से सत्यवती का जन्म हुआ। यही सत्यवती महर्षि व्यास की माता थी। बाद में सत्यवती का विवाह महाराज शान्तनु से हुआ। मछली के गर्भ से उत्पन्न होने के कारण इसके शरीर से मत्स्य की गंध आती थी, जिसे पराशर ऋषि ने दूर किया था। विभाण्डक ऋषि के पुत्र शृंग का जन्म हरिणी के गर्भ से हुआ था। महाराज दशरथ का पुत्रेष्टि यज्ञ इन्हीं ऋषि शृंग ने कराया था। महर्षि व्यास के पुत्र शुक्रदेव का जन्म शुकी के गर्भ से हुआ था।

गर्भाधान की विविध-विधियों में केवल दृष्टिपात से ही गर्भाधान कराने का वर्णन प्राचीन भारतीय ग्रन्थों में उपलब्ध होता है। हनुमान की माता का नाम अंजना और पिता का नाम केसरी है। अतः वे अंजनितनय व केसरी नन्दन है किन्तु उनका पवनपुत्र नाम भी सभी जानते है। अंजना के अनावृत शरीर को देखकर पवन ने अपनी कामेच्छा की पूर्ति के लिए केसरी की पत्नी से प्रणय निवेदन किया, जिसे पतिव्रता अंजना ने अस्वीकार कर दिया तथा प्रार्थना की कि आपको मेरा सतीत्व नष्ट नहीं करना चाहिए। पवन ने प्रार्थना स्वीकार करके यह वरदान किया कि तुमको शक्ति और कान्ति में मेरे जैसा पुत्र प्राप्त होगा क्योंकि मैंने तुम्हारे नग्न शरीर को काम-भावना से देखा है।

शल्य चिकित्सा के क्षेत्र में आज विज्ञान ने बहुत प्रगति की है, फिर भी उसे प्राचीन भारतीय ज्ञान की समता पाने के लिए अभी बहुत कुछ करना है। शिव-पार्वती के दोनों पुत्रों का वर्तमान स्वरूप शल्य चिकित्सा के बल पर ही है। छः कृतिकाओं के गर्भ से उत्पन्न छः पुत्रों को मिलाकर छः सिर, बारह हाथ और बारह आँखों वाले कार्तिकेय चिकित्सों ने ही बनाये थे। यही

षड़ानन देवसेनापति हैं। गणेश के मस्तक पर हाथी की सूंड शल्य चिकित्सा का ही फल है। दो अलग-अलग भागों में उत्पन्न एक विचित्र बालक को जरा नाम की राक्षसी ने जोड़कर जरासन्ध बनाया था और इन दोनों भागों का अलग-अलग करके ही भीम ने जरासंध के प्राण छीने थे।

मृत व्यक्तियों को जीवित करने की कला भी एक सीमा तक उस प्राचीन युग में ज्ञात थी। देवासुर संग्राम में शुक्राचार्य ने अपनी संजीवनी से उन असुर व दैत्यों को जीवित कर दिया था, जिनकी गर्दन नहीं कटी थी और अपनी पुत्री देवयानी के आग्रह से मारे गये अपने शिष्य व बृहस्पति के पुत्र कच को अनेक बार जीवित किया था। अश्वत्थामा के ब्रह्मास्त्र से मृत उत्तरा के गर्भस्थ शिशु को भगवान् कृष्ण ने जीवित किया था। अश्वमेघ यज्ञ के घोड़े के पीछे जाते हुए अर्जुन का युद्ध मणिपुर के राजा की पुत्री चित्रागंदा तथा अपने से उत्पन्न पुत्र वभ्रुवाहन से हुआ था। इस युद्ध में अर्जुन की मृत्यु हो गई थी। चित्रागंदा के विलाप करने पर अर्जुन की दूसरी पत्नी नागराज पुत्री उलूपी ने जादू के बल से अर्जुन को पुनः जीवित कर दिया था। इल्वल व वातापी का उपाख्यान भी बहुत प्रसिद्ध है। इल्वल नामक दैत्य अपने भाई को मेष (भेड़) बनाकर उसका मांस ब्राह्मणों को खिला देता था और फिर अपने भाई को पुकारता जो ब्राह्मणों का पेट फाड़कर बाहर निकल आता था किन्तु अगस्त्य ऋषि ने इसे खाकर पचा लिया था और इल्वल के पुकारने पर केवल अपान वायु निकली थी।

लिंग परिवर्तन की घटनाएँ आज सामान्य हैं। आये दिन समाचारों में पढ़ते हैं कि एक युवक-युवती में अथवा एक युवती-युवक में परिवर्तित हो गई। द्रुपद नरेश की पुत्री शिखण्डनी बाद में शिखण्डी बना और इस महारथी शिखण्डी के कारण ही भीष्म पितामह को शर शैया पर जाना पड़ा, यह घटना सर्वविदित है। आज हमारे गोता खोर सागर की गहराइयों को नाप लेते हैं। हमारी पनडुब्बी पानी के अन्दर ही छिपी रहती है। भारतीय ग्रन्थों में पानी के अन्दर रहने का भी वर्णन है। कालिया नाग का निवास कालीदह जल में ही था। कृष्ण व बलराम के गुरु सान्दीपनि ऋषि के पुत्र को पंचजन नामक राक्षस उठाकर पानी में जा छिपा था। ऋषि ने गुरु दक्षिणा में अपने शिष्यों से अपने

पुत्र को मांगा था। श्रीकृष्ण ने पानी में प्रवेश करके राक्षस पंचजन को मार कर गुरु को उनका पुत्र लाकर दिया था। अठारह दिन के युद्ध के बाद दुर्योधन जल में ही छिपा हुआ था, तब पाण्डवों ने उसे युद्ध का निमंत्रण देकर बाहर निकाला था।

सन्त साहित्य के विख्यात लेखक भक्त रामशरणदास पिलखुवा ने कल्याण तथा अन्य पत्र-पत्रिकाओं से सैकड़ों खोजपूर्ण घटनाएं प्रस्तुत कर यह सिद्ध किया कि पुराणों मे आई लोक परलोक तथा पुनर्जन्म की तमाम घटनाएँ अक्षरशः सत्य थीं। इन्हें कपोल कल्पित बताना भारतीय प्राचीन वांग्मय के साथ घोर अन्याय है।

आज अपहरण एक व्यवसाय है, जो फिरौती में धन लेने के लिए ही प्रायः होता है। प्राचीन काल में अपहरण धन के लिए नहीं, अपितु प्रेम के कारण होते थे। अपहरण का माध्यम शक्ति नहीं, अपितु जादू होता था। श्रीकृष्ण के पौत्र अनिरुद्ध का अपहरण वाणासुर की पुत्री उषा ने जादू के बल पर किया था। गंगा स्नान करती हुई कौरव नाग की पुत्री उलूपी मध्यम पाण्डव अर्जुन पर आसक्त हो गई जो अपने जादू से उसे पाताल लोक ले गई थी। जहाँ अर्जुन को पति रूप में प्राप्त कर उलूपी ने इरावान नामक पुत्र उत्पन्न किया था। रावण के पुत्र मेघनाद को अदृश्य होने की कला ज्ञात थी। जादू के बल पर अपहरण अथवा अदृश्य होने की कला आज के वैज्ञानिकों को अभी प्राप्त नहीं हैं। मन्थरा की बुद्धि को बदलाव अथवा कुम्भकर्ण को वरदान मांगते समय बदली हुई बुद्धि का बताना अथवा शाप द्वारा किसी भी व्यक्ति को दण्डित करने या उसकी शक्तियों को सीमित करने की अनेक कथाएँ यत्र-तत्र मिलती हैं। आज के वैज्ञानिक के सम्मुख चुनौती है कि वह भारतीय शास्त्रों में वर्णित अयोनिज सन्तान, पशु-पक्षियों के गर्भ से उत्पन्न मानव, दृष्टि से गर्भाधान, किसी अंग विशेष से व्यक्ति का निर्माण, भ्रूण का प्रत्यारोपण, पुरातन कालीन शल्य चिकित्सा, मृत को जीवित करना, अदृश्य होने की कला, शाप के प्रभाव आदि के वर्णन को आधुनिक प्रयोग शालाओं में सत्य सिद्ध करें और इन ग्रन्थों में यदि कुछ कपोल कल्पित है, तो उसे भी उतने ही प्रबल स्वर से व्यक्त करें। केवल उपेक्षा से मानव जाति का भला सम्भव नहीं है।

30. कबिरा आज यदि तुम होते

कवि सम्मेलन के मंच के किसी कवि की पंक्ति 'तुलसी आज यदि तुम होते' सुनी थी। उन अज्ञात नाम कविवर से अपने लेख के शीर्षक की क्षमायाचना के साथ, मध्यकाल के इस 'मसि कागद' स्पर्श विहीन फक्कड़ जुलाहे को नमन करते हुए, आज पुनः उसके अवतार की कामना करता हूँ। कबीर का काल क्रूर इस्लामी धार्मिक शासकों का काल है। विधवा ब्राह्मणी के गर्भ से उत्पन्न एवं मुसलमान जुलाहे दम्पति के द्वारा लालित-पालित यह अनपढ़ जुलाहा, हमें जो कुछ बता गया है, उसे यदि स्वीकार कर लें, तो सारी समस्याओं का निदान हो सकता है, किन्तु इतना निर्भीक, इतना स्पष्ट व खरा, इतना सत्य वक्ता और इतना निर्लोभ व्यक्ति आज कहाँ मिलेगा। 'यदा यदा ही धर्मस्य ग्लानिर्भवति' पर विश्वास करें तो आज कबीर के अवतार की आवश्यकता है।

वर्ण व्यवस्थाओं पर आधारित भारतीय समाज में आज घोर अशांत वातावरण है। मध्यकाल की 'पूजिय विप्र ज्ञान गुन हीना' की अवधारणा का उत्तर कबीर ने भी दिया था और आज भी कुछ राजनीतिक दल दे रहें हैं दोनों के विचारों में तुलना करके तो देखिये। एक कह रहें है- 'गिन के मारो जूते चार' और दूसरी और कबीर कह रहा है

> जो बामन, तू बमनी जाया, और राह तू क्यों नही आया।
> जो तुरका तु तुरकनि जाया, भीतर खतना क्यों न कराया।।

अशिक्षित कबीर का तर्क देखें और हमारे भाग्यविधाता कांशीराम एवं मायावती की बुद्धि पर तरस खायें। आये दिन झगड़े होते हैं कि मस्जिद के सामने से जुलूस या रथयात्रा नहीं निकलने देंगे। मंदिर, मस्जिद और गुरुद्वारों पर लाउडस्पीकर दहाड़ते रहते है। कभी अजान, कभी शंख और कभी किसी

प्रकार की घोषणा, बालक, वृद्ध, रोगी आदि की नींद हराम करती रहती हैं, परन्तु प्रशासन अथवा किसी संगठन में यह हिम्मत नहीं है कि इन भौंपुओं को बंद करा दे। यदि ऐसा कोई कहता है, तो वह धर्म में हस्तक्षेप माना जाता है और यह भी संभव है कि उस व्यक्ति के विरुद्ध फतवा जारी हो जाये या तनखैया घोषित कर दिया जाये। पर वाह रे अलमस्त जुलाहे, तेरा कोई जवाब नहीं। अपनी धार्मिक कट्टरता के लिये बदनाम सिकन्दर लोदी के शासन काल में तूने चुनौती की भाषा में पूछ लिया -

कंकड़ पत्थर जोरि के, मस्जिद लई बनाय।
ता चढ़ मुल्ला बाग दें, क्या बहरा हुआ खुदाय।।
अथवा
चिउंटी के पग नेवर बाजें, सो भी साहब सुनता है।
मस्जिद ऊपर मुल्ला पुकारे, क्या साहिब तेरा बहरा है।।।

उस काल के मुल्ला के पास तो माइक भी नहीं था। आज माइक पर चीखने वाले मुल्ला के विरुद्ध किसी में भी बोलने की हिम्मत नहीं है। धन्य हो कबीर, नित नूतन नये मंदिरों में प्राण प्रतिष्ठा करने वाले तथाकथित सगुण उपासकों से कैसा सीधा सा वार्तालाप

पत्थर पूजे हरि मिलें, तो मै पूजूं पहार।
याते ये चाकी भली, पीस खाय संसार।।

कबीर के संसार में ब्राह्मण व शूद्र का भेद नहीं है, वहाँ जीव का निर्धारण रक्त के आधार पर ही होता है, जो सबका एक ही रंग का है- 'एक रक्त से सभी बने हैं, को बामन को सूदा।' मुस्लिम रक्त व अन्य रक्त के आधार पर जो विभाजन सुनने को मिल रहा है, उनको कबीर का यही आदर्श वाक्य पढ़ना चाहिये।

कबीर को हिन्दू व मुसलमान दोनों ही दिग्भ्रमित दिखते हैं। दोनों ही बाह्य आडम्बरों के विश्वासी हैं। वास्तविक जीवन दोनों का ही निन्दनीय है। कबीर दोनों की आँखों में अंगुली डालकर उनके दोषों को दिखा देते हैं

अरे इन दोऊन राह न पाई।
हिन्दू अपनी करें बड़ाई, गागर छुअन न देई।
वेश्या के पायन तर सोवें, यह देखो हिन्दुआई,

मुसलमान के पीर-औलिया, मुर्गी-मुर्गा खाई।
खाला केरी बेटी ब्याहें, घर में करें सगाई।।

शास्त्र व धर्मग्रन्थों का सहारा लेकर सभी धर्मों के प्रचारक, संत, मुनि, मुल्ला-मौलवियों ने अपने-अपने अनुसार व्याख्या की है। कभी किसी को इस्लाम पर खतरा प्रतीत होता है और किसी को अपनी उपेक्षा पर आक्रोश उत्पन्न होता है। कभी स्वर्ण मंदिर नींद हराम करता है, तो कभी बाबरी मस्जिद साम्प्रदायिकता की आग को प्रज्वलित कर देती है। सभी के तर्क अकाट्य लगते हैं, क्योंकि सभी के हाथों में शास्त्र है। इन शास्त्रावेत्ताओं ने शास्त्र पढ़े हैं, भारतीय जनमानस को नहीं पढ़ा है, जहाँ राम व रहीम एक साथ कार्य करते हैं। एक मंदिर में घंटा बजा कर आता है और दूसरा मस्जिद में नमाज पढ़ आता है। लौटकर दोनों एक चारपाई पर बैठकर घर गृहस्थी की चर्चा में डूब जाते हैं। यह दृश्य कबीर ने अपनी आंखों से देखे हैं। अत: उसने शास्त्रकार को फटकारते हुए कहा

तू कहता कागद की लेखी। मैं कहता आंखों की देखी।।

निश्चय ही आंखों की देखी पुस्तकीय ज्ञान से श्रेष्ठ होती है। आज की उपभोक्तावादी संस्कृति में जो जितना लूट रहा है, वह उतना ही प्रसन्न है, राजनेता नये-नये भ्रष्टाचारों में लिप्त हैं। कमीशन खाना उनका धर्म हो गया है। काला धन उनका आराध्य है। प्रशासनिक सेवाओं में अधिकारी से लेकर सामान्य कर्मचारी तक सुविधा शुल्क की जुगाड़ में रहते हैं। गांधी जी के चित्र के नीचे बैठकर खुलेआम रिश्वत ली जा रही है। बीच चौराहे पर यातायात को अवरुद्ध कर सिपाही चौथ वसूल कर रहा है। तस्करी, अपहरण, दलाली धंधे बन गये हैं और सब इस दुष्कृत्य को चुप होकर देख रहे हैं, क्योंकि कहीं वह भी इसी प्रकार दुष्कर्म करता है। कबीर भी गृहस्थी थे, पत्नी थी, पुत्र व पुत्री भी थी। उसने भी परमात्मा से धन की प्रार्थना की थी, किन्तु केवल उतने ही धन की मांग है, जिसमें परिवार का भरण-पोषण एवं अतिथि का सत्कार हो जाये –

सांई इतना दीजिए, जा में कुटुम समाय।
मैं भी भूखा ना रहूँ, साधु न भूखा जाय।।

आवश्यकता से अधिक धन कबीर को स्वीकार नहीं है। वह जानता है कि धन की बहुलता वंश के विनाश की सूचक है। आज जब यदा-कदा समाचारों में पढ़ते हैं कि अमुक नेता के पुत्र ने आत्महत्या की, अमुक की पुत्रवधू ने छत से कूदकर प्राण त्याग दिये, अमुक की बेटी ने विष खाकर आत्महत्या का प्रयास किया, अमुक नेता के परिवार में पिता पुत्र में संघर्ष, तब इस अनुचित ढंग से कमाये धन के दुष्परिणाम समझ में आ जाते हैं। कबीर का इकलौता बेटा कमाल भी कुछ ऐसा ही धन कमा कर घर आया है और कबीर रोने बैठ जाते हैं:-

बूढ़ा वंश कबीर का, उपजा पूत कमाल।
हरि को सुमिरन छांडि के, घर ले आया माल।।

कबीर की कथनी और करनी में गजब की समानता है। इस व्यक्ति ने पाखण्ड, ढोंग, अन्धविश्वास को खुली चुनौती दी है। यह चुनौती केवल भाषण भर नहीं है, अपितु व्यवहार की है। हिन्दू मान्यतानुसार काशी में मरने से स्वर्ग और मगहर में मरने से नरक मिलता है। आज भी अनेक लोग इस मान्यता में विश्वास रखते हैं। जिसने काशी में जन्म लिया हो उसके जीवन में काशी की कितनी महत्ता रही होगी, किन्तु कबीर काशी के महत्त्व या मगहर के भय से आतंकित नहीं हैं। एक सौ बीस वर्ष की लम्बी आयु पाने वाले इस वृद्ध ने जीवन के अंतिम क्षण में अन्धविश्वास पर ऐसी चोट की थी जिसकी तुलना करना असम्भव है। जीवन भर काशी में रहने वाला यह अलमस्त कवि मरने के समय मगहर चला गया था और वहीं अपने प्राण छोड़े थे। उसका तर्क तो सुनिये:-

क्या काशी क्या ऊसर मगहर, राम हृदय बस मोरा
जो काशी तन तजै कबीरा, रामै कौन निहोरा।।

काशी में मरने से तो सभी स्वर्ग जाते हैं, मैं मगहर में मरकर स्वर्ग जाऊँगा। कितना गजब का आत्मविश्वास है। कबीर का अनुयायी होना सबके वश की बात नहीं। कबीर के साथ चलने के लिये पहले अपनी नौका अपने हाथ से ही डुबानी होती है। धन, राज्य, कुर्सी, पत्नी, पुत्र, यश आदि का मोह जो छोड़ सके, वही कबीर का अनुयायी हो सकता है। अकेला व्यक्ति है जिसे हिन्दू व मुसलमान दोनों ही अपना मानते हैं। काश! उसकी

विचारधारा भी ये लोग मान लेते:-

कबीरा खड़ा बजार में, लिये लकूटा हाथ।
जो घर जारै आपना, चले हमारे साथ।।

भारत के समस्त इतिहास में किसी धनाढ्य को स्मरण नहीं किया गया है। धन की देवी को भी सवारी के रूप में उल्लू ही मिला। कोई हंस, कोई गरुड़, कोई अश्व उसकी सवारी को तैयार नहीं। धन के देवता को भी पूजागृह में स्थान नहीं मिला है। ये धन जोड़ू राजनेता, ये रिश्वतखोर अफसर, ये तस्कर व माफिया समय की धूल में मिल जायेंगे। कबीर सदा-सर्वदा जीवित रहेगा। उसे पूर्ण विश्वास है 'हम न मरै, मरहि संसारा।' कबीर के दोहे श्लोक का गौरव प्राप्त कर श्रद्धालुओं के मस्तक पर रहेंगे, क्योंकि उसका न कोई मित्र है और न कोई शत्रु। वह सर्व भूतहितरत की भावना से भावित है।

कबीरा खड़ा बाजार में, सबकी मांगै खैरा।
ना काहू से दोस्ती, ना काहू से बैर।।

31. शब्द का खोखलापन

शब्द को ब्रह्म कहा गया है, ब्रह्म अनश्वर है। उसका संगठन ही अक्षर से हुआ है। 'अक्षर' जिसका क्षरण नहीं होता। इस धारणा के आधार पर ही वैज्ञानिक महाभारत युद्ध के प्रारम्भ से पूर्व कृष्ण व अर्जुन के संवाद को पकड़ने का प्रयास कर रहे हैं। ब्रह्म की व्यापकता के समान ही शब्द की व्यापकता के भी अनेक उदाहरण दिये जाते हैं। शब्द वैज्ञानिक उन्नति का आश्रय पाकर आकाश मार्ग से पाताल या सागर के गर्भ में विचरता हुआ ब्रह्माण्ड में कहीं भी शीघ्रताशीघ्र पहुंच जाता है। उसकी गति निर्वाध है।

इस पृष्ठभूमि के संदर्भ में शब्द के वर्तमान स्वरूप को परखते समय कुछ अटपटा सा प्रतीत होता है। शब्द होने के लिए शब्द के साथ अर्थ का होना अनिवार्य है। गोस्वामी तुलसीदास ने शब्द और अर्थ का सम्बन्ध 'गिरा अरथ जल बीचि सम, कहियत भिन्न न भिन्न' कहकर जल और लहर के समान बताया है अर्थात् शब्द बिना अर्थ के नहीं होता। इस अनिवार्यता के बाद भी प्राचीनकाल से ही शब्द अपने अर्थ को खोता चला आ रहा है। एक कहानी सुनी थी कि कौरव व पाण्डवों को पढ़ाते समय उनके आचार्य ने एक सौ पांच शिष्यों को पहले दिन 'सत्यं वद' का पाठ पढ़ाया। दूसरे दिन सभी से 'सत्यं वद' का अर्थ पूछा। सभी ने सत्य बोलो अर्थ गुरुजी को सुना दिया। केवल युधिष्ठिर ने ही यह कहा कि अभी कल का पाठ स्मरण नहीं हो पाया है। गुरुजी ने एक सौ चार शिष्यों को दूसरा पाठ स्मरण करने के लिए दे दिया और युधिष्ठिर को कितने ही दिन तक प्रथम पाठ ही स्मरण नहीं हुआ। आखिर एक दिन युधिष्ठिर ने भी कह दिया कि गुरुजी मुझे 'सत्यं वद' वाला पाठ याद हो गया है। गुरुजी ने युधिष्ठिर से इतनी देरी का कारण

जानना चाहा। युधिष्ठिर ने बताया-गुरुजी! अब मैंने इतनी साधना कर ली है कि कभी असत्य नहीं बोलूंगा। सदैव सत्य ही बोलूंगा।

इस कहानी से यह आशय निकालना अन्यथा न होगा कि सत्य के अर्थ से केवल युधिष्ठिर का ही परिचय हुआ। भाषा वैज्ञानिक अर्थ के विषय में अपने सिद्धान्त बताते हुए अर्थ विस्तार व अर्थ संकोच की भी बात करते हैं। तिल से निकला हुआ द्रव्य तेल है किन्तु आज तेल जिस अर्थ में प्रयुक्त हो रहा है, उसका अर्थ विस्तार है। मृग शब्द से आशय समस्त जानवरों से था, इसी कारण शेर मृगराज कहलाता है किन्तु आज मृग से आशय केवल हिरण तक ही सीमित रह गया है।

सत्य, निष्ठा, शपथ, ईमानदारी, कर्तव्य पालन, वीरता, बलिदान, सहिष्णुता, सहानुभूति, या सवेदना, करुणा या दया, विश्व बन्धुत्व, क्षमा, दान, अनासक्ति, सच्चारित्रता, निष्पक्षता, परोपकार, उदारता, नैतिकता, गुरु-भक्ति आदि कुछ शब्दों को लेकर ही यदि उनमें समाहित अर्थ के सम्बन्ध में आधुनिक परिवेश में विश्लेषण करें, तो हमारे लेख के शीर्षक पर चौंकने की स्थिति नहीं रहेगी।

यदि केवल सत्य शब्द के बारे में ही विचार करें तो ऐसा प्रतीत होता है कि यह शब्द अब ऐसा सिक्का है, जिसमें न चमक है और न खनक। शताब्दियां बीत जाने के बाद भी इसके वंश मे केवल एक दो ही व्यक्ति पैदा हुए हैं। लगभग सात अरब की जनसंख्या वाले संसार में क्या कोई ऐसा माईका लाल है जो चार ऐसे नाम गिना दे जिन्होंने कभी झूठ या असत्य न बोला हो। सतयुग से आज तक भारत में केवल डेढ़ व्यक्ति ऐसे पैदा हुए है, जो सदैव सत्य बोलते थे। एक काशी नरेश हरिश्चन्द्र और आधा इन्द्रप्रस्थ का सम्राट युधिष्ठिर। युधिष्ठिर ने भी एक दिन असत्य बोला था।

चोरी करना बुरी बात है। प्रत्येक धर्म ग्रन्थ चोरी को पाप मानता है। दंड संहिता भी चोरी को अपराध मानती है। यदि संसार की बात छोड़कर केवल अपने देश की बात करें तो यहाँ तो चारों ओर चोर ही चोर हैं। चोरी की सजा तो कुछ मूर्खों को मिलती है। करों की चोरी तो सीना जोरी के बल पर होती है। काम चोर तो सरकारी नौकरियों में थोक में मिलते हैं। सरकारी

धन की चोरी तो भेद खुलने पर ही चोरी है अन्यथा सरकारी माल तो अपना माल है। किसी भले व्यक्ति के काम में बाधा बनने वाले समय के चोर हैं जिनमें अधिकांशत: मित्र या अपने स्वजन ही होते हैं। इनमें सजा किसी को नहीं मिलती और न किसी को पाप ही लगता है।

हम सब चोर हैं इससे सम्बन्धित कहानी कुछ इस प्रकार है।

एक चोर को राजा ने फांसी की सजा सुनाई। फांसी पर लटकाने से पूर्व चोर से उसकी अन्तिम इच्छा पूछी गयी। चोर ने कहा- मैं एक ऐसी विद्या जानता हूँ जो मरने से पूर्व राजा को बताना जरूरी है। अभियुक्त को राजा के सम्मुख प्रस्तुत किया गया। चोर ने राजा से कहा- मेरे मरने के बाद यह विद्या लुप्त हो जायेगी। राजा ने विद्या जानने की इच्छा प्रकट की। चोर ने कहा- मैं स्वर्ण की खेती जानता हूँ। राजा ने उससे स्वर्ण की खेती करने को कह दिया। अपनी योजनानुसार चोर ने स्वर्ण की खेती के लिए खेत व बीज तैयार करने के बाद राजा से कहा- श्रीमान! खेत-बीज तैयार हैं, अब मुझे बीज बोने वाला चाहिए। राजा ने कहा- तुम ही क्यों नहीं बोते। चोर का उत्तर यदि मैं स्वर्ण की खेती करने का स्वयं ही अधिकारी होता तो चोरी ही क्यों करता? फिर बीज कौन बो सकता हैं? चोर ने कहा- जिसने जीवन में कभी चोरी नहीं की हो। राजा ने अपने दरबारियों से बीज बोने को कहा। उन्होंने कभी न कभी किसी प्रकार की चोरी की बात स्वीकार करके अपने को बीज बोने के अयोग्य पाया। चोर ने कहा- महाराज आप स्वयं ही बीज बोयें। राजा ने कभी बचपन में माँ के लड्डू चुराने की स्वीकारोक्ति की। तब चोर बोला- महाराज यदि सभी चोर हैं तो मुझे ही दण्ड क्यों? चोर अपने वाक् चातुर्य से फांसी की सजा से तो बच गया किन्तु एक कटु सत्य को भी उजागर कर गया कि हम सब चोर हैं। चोरी केवल धन या द्रव्य की ही नहीं अपितु विद्या बुद्धि व कला-कौशल की भी होती है। दूसरों की कृतियों को अपनी कहकर छपवा डालना या पराई कविता अपनी बताकर मंच से वाह-वाही लूटने वाले आये दिन मिलते हैं। किसी प्रसिद्ध ब्रांड वाली वस्तु की बाह्य आकृति की नकल या चोरी बाजार में थोक के भाव मिलती है।

कर्तव्यपालन की शिक्षा भी माता-पिता अपनी संतान को और अध्यापक

तथा उपदेशक आये दिन सभी का देते रहते हैं। किन्तु कर्तव्य के प्रति प्रमाद के उदाहरण ही मिलते हैं। यदि हम कर्तव्यपालन करते तो रेलगाड़ी देर से क्यों चलती? राजकीय विभागों में सदैव हानि ही क्यों उठानी पड़ती? कर्तव्यपालन के बाद न चोर-डकैत रहेंगे, न छात्र-छात्राएं अनुत्तीर्ण होने के भय से टयूशन या नकल का सहारा लेंगे। सुविधा-शुल्क, घूस या रिश्वत जैसे शब्दों से परिचय भी नहीं रहेगा। इसके बाद धर्मिक झगड़े समाप्त हो जायेंगे क्योंकि अपने कर्तव्य का उचित निर्वाह ही तो धर्म है। किसी पूजा या उपासना पद्धति को धर्म कहना उचित नहीं। धर्म का पालन करने के लिए ईश्वर का भय होना आवश्यक है किन्तु धर्म का ध्वज लेकर चलने वालों को आज न ईश्वर का भय है, न शास्त्र व शासन की चिन्ता है और न कुल मर्यादा के टूटने की परवाह। राज्य का कानून तो ये तथाकथित धार्मिक नेता खिलौनों की तरह तोड़ते हैं। कोई भी शक्ति उनको दण्डित नहीं कर पाती। अतः इन पुजारियों, मौलवियों, पादरियों, मठाधीशों व राजनेताओं के घृणित कार्य उजागर होकर भी अदण्डनीय ही रह जाते हैं।

मंच पर बैठकर विश्वबन्धुत्व की वकालत करने वाले राष्ट्रवाद, प्रान्तवाद, क्षेत्रवाद, जातिवाद, भाई-भतीजावाद तक आते-आते केवल अपने तक ही सीमित रह जाते हैं। सच्चरित्रता का स्थान बलात्कार या परस्त्रीगमन ने ले लिया है। पर स्त्रीगामी पुरुष या पर पुरुषगामी स्त्री अथवा रखैल मंत्री या मुख्यमंत्री की कुर्सी पर बैठकर सचरित्रता के प्रमाण पत्र बांटते हैं। स्वतंत्रता के बाद देश में नर-नारी सम्बन्धों की नई व्याख्या प्रारम्भ हो गयी है।

अनासक्ति केवल प्रवचनों तक सीमित है अन्यथा स्वामी संन्यासी भी अपने मठ मंदिरों के लिए दिन-रात धन एकत्रित करने के लिए व्यापारियों के समान देश-विदेश के सघन दौरे करते देखे जाते हैं। अहिंसा के पुजारी भारत में रोज बूचड़खाने खुल रहे हैं और हत्या करना या करवाना तो प्रायोजित व्यापार बन गया है। परोपकार या बलिदान की कहानी केवल नीति विषयक पुस्तकों तक सीमित हैं। ईमानदारी की चर्चा करने वाले व्यक्ति से विशेष सचेत रहने की सलाह आये दिन मिलती रहती है। उदारता केवल अपनों तक ही सीमित हो गयी है। राष्ट्रभक्ति भाषण का विषय है, अन्यथा अपने

देश के रहस्य विदेशों को बेचने वाले मीर जाफर और जयचन्द्र के वंशज फलते-फलते दिखाई न देते। नैतिकता से आशय क्या है, यह परिभाषित करना कठिन है क्योंकि सभी क्षेत्रों में नैतिक मानदण्ड धूल धूसरित हो चुके हैं। सांस्कृतिक मूल्यों की बात करने वाले दकियानूस कहे जाते हैं। गुरुभक्ति या पितृभक्ति का पाठ पाठ्यक्रम से निकल चुका है। ये कुछ शब्द ही इस तथ्य को उजागर करने के लिए पर्याप्त हैं कि शब्द ने अपना अर्थ खो दिया है। जब पति ही पत्नी को स्वाहा कर रहा हो, जब सेवक ही स्वामी का गला दबा रहा हो, जब प्रहरी ही चोरी करता हो, जब गुरु ही अज्ञान बांट रहा हो, जब अमृत ही विष का कार्य कर रहा हो, तब शब्द की अर्थ से संगति कहां? शब्द निष्प्राण हो गये हैं। सम्यक् आचरण ही शब्द को अर्थ देने में समर्थ हो सकता है।

नोट:- यह लेख लगभग बीस वर्ष पूर्व अनेक समाचार-पत्रों में प्रकाशित हो चुका है।

32. मेरा गाँव एक परिवार

परिवार सभ्य समाज की लघुतम संगठित इकाई है और विश्व परिवार उच्चतम। संसद या विश्व परिवार की वकालत में तर्क दिये जाते हैं और विभाजन के नए-नए तरीके खोजे जा रहे हैं। देश अनेक देशों में विभाजित हो रहे हैं। भारत, वियतनाम, कोरिया, सोवियत रूस इस प्रवृत्ति के ताजे उदाहरण हैं। एक बार बंटकर पुनः विभाजन की प्रक्रिया भी प्रवाहित हो रही है। पाकिस्तान से बांग्लादेश बन चुका है। पख्तूनिस्तान व सिन्ध स्वतन्त्र राष्ट्र बनने के लिए संघर्षरत हैं। भारत में तो विभाजित कश्मीर व पंजाब स्वतन्त्र राष्ट्र बनने के लिए इतने उतावले हैं कि आतंकवाद को लेकर संयुक्त राष्ट्र तक का द्वार खटखटा रहे हैं। उत्तराखण्ड, छत्तीसगढ़, झारखण्ड पृथक् राज्य बन गए हैं। वोडोलैंड, गोरखालैंड, तेलंगाना पृथकता के आन्दोलन चला रहे हैं। नए जनपद, तहसील, ब्लॉक आदि की मांग आये दिन रहती है। संयुक्त परिवार प्रथा विघटन के कगार पर है। ऐसी परिस्थिति में यदि भारतीय गांवों की पुरानी व्यवस्था की ओर दृष्टिपात करें, तो विदित होगा कि एकता के बीज वहाँ पर्याप्त मात्रा में थे और आज भी कुछ शेष हैं।

सनातन काल से भारतीय ग्राम एक परिवार के रूप में अपने स्वरूप के लिए विख्यात हैं जिस प्रकार परिवार के सदस्यों में सभी का आपस में एक रिश्ता होता है, सभी एक दूसरे के लिए सुख-दुःख के साथी होते हैं, उसी प्रकार गांव के समस्त नागरिक आज भी एक रिश्ते में बंधे हुए हैं। वहाँ आज भी यह मान्यता प्रचलित है- गाँव की बेटी सबकी बेटी! वहां कोई आन्टी या अंकल नहीं है। एक व्यक्ति का गांव के प्रत्येक सदस्य से अपना व्यक्तिगत सम्बन्ध है। इस सम्बन्ध को गांव-नामा कहते हैं। अपने घर से निकलते ही प्रत्येक व्यक्ति गांव नाते के आधार पर किसी का भतीजा या किसी का भाई अथवा किसी का पौत्र है। कोई उसकी चाची है, कोई ताई तो कोई दादी। कोई बहन है तो कोई भाभी। इन रिश्तों में जाति या धर्म कहीं आड़े नहीं

आता। नागरिक सभ्यता के लोग आश्चर्य चकित हो सकते हैं कि गांव में व्यक्ति के सैकड़ों चाचा, ताऊ या भाई-भाभी होते हैं। उन पर उसका या उस पर उनका रिश्तानुसार उतना ही अधिकार होता है।

परिवार में सम्मान का भाव उम्र के आधार पर होता है। उम्र का यह आधार समस्त गांव में एक समान लागू रहता है। लेखक को अपने बचपन के वे दिन याद हैं जब हम अपने चमार (यह शब्द ग्रामीण जगत में अपमानजनक नहीं, अपितु व्यवस्था का सूचक भर है।) के यहाँ अपनी जूतियाँ मरम्मत के लिए डालने जाते थे तो पहले ताऊ राम-राम कहकर प्रणाम करते थे। अपने पड़ोसी मुसलमान बढ़ई को प्रातः काल ताऊ बन्दगी, उनकी पत्नी को ताई सलाम व उनके छोटे भाई को चाचा राम-राम कहते थे। जीवन के आठवें दशक में भी जब कभी गांव जाता हूँ तो जूती गांठने वाले ताऊ के लड़के को भैया राम-राम मुझे ही करना होता है और वह मेरा भैया मेरे बच्चों की राजी खुशी, उनकी नौकरी-चाकरी, ब्याह शादी सभी को जानकारी मुझसे विस्तार से लेता है। हमारे घर में सफाई के लिए आने वाली जमादारनी को मेरी माताजी, ताई, चाची, 'अम्मा पेरों पड़ूँ' कहकर प्रणाम करती थीं और जमादारिनी अपनी इन बहुओं को सदैव एक वचन से सम्बोधित करती हुईं आशीर्वाद से लाद देती थीं। आशीर्वाद देना केवल ब्राह्मणों तक ही सीमित नहीं था। सौभाग्य से यह परम्परा आज भी जीवित है। अपने को दलित कहने वाले उस समय दलित नहीं रहते जब ब्राह्मण, क्षत्रिय या वैश्य कुलवधू अपने गांव की जाटनी, अहीरी, गूजरी या लोधन के पैर दबाकर (पैर पकड़कर) प्रणाम करती हैं।

छूत-अछूत, स्वर्ण-हरिजन, अगड़े-पिछड़े आदि के झंझट राजनीतिज्ञों के अपने स्वार्थ एवं उनके षड्यन्त्र के परिणाम है, अन्यथा गांवों में इस प्रकार का कोई अन्तर नहीं होता। जहाँ तक किसी के हाथ के बने पदार्थों के खाने न खाने का तर्क दिया जाता है, तो यह कोई जानदार तर्क इस कारण नहीं है क्योंकि वे तो अपने पूज्य व आदरणीय के हाथ का बना खाना भी नहीं खाते हैं। अविवाहित पुत्री हिन्दुओं में सबसे ज्यादा पूज्य होती है, परन्तु ग्रामीण समाज मे कुवांरी लड़की के हाथ का बना भोजन माता-पिता नहीं खाते और विवाह होने के बाद उसकी ससुराल के यहां की किसी भी वस्तु को खाना तो बहुत दूर की बात है, उस गांव की सीमा में स्थित कुंए का

पानी भी नहीं पीते। बहुत से क्षत्रिय व वैश्य, ब्राह्मण के घर कुछ भी नहीं खाते। स्वयं ब्राह्मण शुक्ल गोत्र में उत्पन्न ब्राह्मणों के घर खाने से बचते हैं। शुक्लों को वे अपना गुरु मानते हैं। अपने गांव की लड़की जिस गांव में ब्याही हैं और यदि हम उस लड़की के चाचा, ताऊ, बाबा आदि गांव नाते से हैं, तो उस गांव का पानी पीना भी वर्जित है।

ग्रामीण समाज सुख-दुःख मिलकर एक साथ बाँटता रहा है। गांव में किसी लड़के या लड़की की शादी अथवा पुत्र जन्म जैसे उत्सव पूरे गांव की प्रसन्नता का विषय है। किसी न किसी रूप में सभी की भीगीदारी होती है। सभी जातियों के व्यक्तियों का उसमें योगदान रहता है और सभी आनन्द लेते हैं। स्वतन्त्रता से पूर्व तक शादी वाले घर की लिपाई पुताई का कार्य यदि एक जाति की जिम्मेदारी थी, तो ईंधन फाड़ने का काम बढ़ई करता था। पानी की व्यवस्था धीवर के हाथों में होती थी और मिट्टी के बर्तन का भार कुम्हार पर था। धोबी बिछावन की व्यवस्था करता और सफाई कर्मचारी समस्त मार्गों व जनवासे की सफाई करता। नाई व ब्राह्मण अपने-अपने कर्तव्यों का पालन करते। कोली या जुलाहा कपड़े तैयार करता और लुहार कंगना के लिए छल्ला देता था। इसके लिए न कोई मजदूरी मिलती थी और न किसी ने इसे बेगार समझा। सभी को समय-समय पर अपने नेग (दक्षिणा) मिलते थे। विवाह या उत्सव से कई दिन पहले से सभी का भोजन वहीं होता था। सभी को विवाह की प्रतीक्षा रहती थी। लड़के तथा लड़की की ससुराल से आने वाली मिठाई गांव के प्रत्येक घर में बराबर बंटती थी। लड़के के सुसराल वालों से मिलने वाली मिलाई सभी को मिलती थी। शादी वाले घर में होने वाले नाच गान में सारे गांव की स्त्रियां भाग लेतीं और लड़की का कन्यादान लेने के लिए गांव की सैकड़ों स्त्रियां व्रत रखती।

सुख के समान दुःख में भी गांव एक परिवार के रूप में दुःख मनाता था। डाक व्यवस्था पर भरोसा न करके एक जाति के सदस्य सन्तप्त परिवार के रिश्तेदारों को सूचना देने जाते और एक जाति के सदस्य मरघट में लकड़ी व उपला डालकर आते। जब तक शव यात्रा समाप्त नहीं होती, गांव में किसी भी जाति के घर चूल्हा नहीं जलता। आज भी ग्रामीण स्त्रियां दुःख में समवेदना प्रकट करने में औपचापरिक शब्दों का प्रयोग नहीं करती अपितु उनके रुदन की सहयोगी बनती हैं। विवाह शादी के अवसर पर गांव में उस

घर के सामने एक वर्ष तक बाजा बजाते नहीं निकलते। शोक के तेरह दिनों में मृतक के घर भोजन गांव के अन्य घरों से ही आता। इनमें से अधिकांश बातें आज भी कम-अधिक मात्रा में प्रचलित हैं।

अपने सामूहिक कार्य वह जिस प्रकार मिलजुल कर करते थे, उसे देखकर या सुनकर नागरिक जनों को आश्चर्य होगा। एक उदाहरण दृष्टव्य है। वर्षा ऋतु में ग्रामीण पशुओं मे प्रायः बीमारी लग जाती है। गांव वालों का विश्वास है कि पशुओं के इस दुःख को जादू टोने के बल पर पूरे गांव से भगाया जा सकता है। इस आयोजन का नाम ही 'दुःख निकालना' होता है। यह आयोजन अत्यन्त गोपनीय ढंग से होता है। गांव के प्रत्येक सदस्य को इस आयोजन की सूचना देना आवश्यक है किन्तु पड़ोसी गांव से यह सूचना छिपानी होती है। हजारों आदमियों में से एक भी इस गोपनीयता को भंग नहीं करता। जिस दिन दुःख निकालने का आयोजन होता है, उस दिन पूरे गांव में चूल्हे पर तवा या कड़ाही नहीं रखी जाती। सारा गाँव खिचड़ी या बाटी ही खाता है। एक स्वस्थ युवक अपने हाथ में दुःख का पात्र लेता है, जिसमें आग जलती रहती है, और कुछ सुगंधित सामग्री होती है। उसके पीछे दस पन्द्रह लठैत युवक होते हैं। सभी घरों के द्वार उस दिन खुले रहते हैं। पशुओं के निकट एक उल्टा घड़ा रखा रहता है। इस आयोजन में भाग लेने वाले सदस्य बिल्कुल चुप रहते हैं। गांव का प्रत्येक व्यक्ति मौन होता है। दुःख निकालने वाली टोली रात्रि के मध्य भाग में प्रत्येक घर में जाती है। पशुओं को सुगन्ध सुंघायी जाती है। घर में आगमन की सूचना घड़ा फोड़कर दी जाती है। सभी घरों में घूमने के बाद रात्रि के अन्तिम पहर में दुःख का पात्र पूर्व दिशा में स्थित दूसरे गांव की सीमा में गाढ़ दिया जाता है। अगले दिन गांव के समस्त पशु एक मार्ग से निकाले जाते हैं। उन पर किसी दवा के छीटें डाले जाते है। दोपहर को भी घरों में चूल्हा नहीं जलता। सारा गांव एक स्थान पर इकठ्ठा होकर मीठे चावल खाता है, जिसे जज्ञ कहा जाता है। इतना बड़ा आयोजन पूर्ण अनुशासन व गोपनीयता से प्रतिवर्ष पूर्ण होता था। क्या यह सामूहिकता आधुनिक परिवारों की सामूहिकता से बढ़कर नहीं है।

नामकरण, विवाह या मृत्यु भोज की दावत में सारे गांव की उपस्थिति रहती थी। यदि दावत देने वाला व्यक्ति सम्पन्न है, तो गांव के छोटे बड़े स्त्री-पुरुष सभी का खाना उसके घर होता था। इस दावत को चूल्हे न्यौत कहते

हैं। यदि सम्पन्नता समस्त गांव को खिलाने लायक नहीं है, तो समस्त पुरुष वर्ग आमंत्रित होता और इस दावत को तगड़ी बन्ध कहते हैं। यदि निर्धन व्यक्ति है, तो प्रत्येक घर से एक सदस्य आमंत्रित होता है, जिस इकैहरा या घर गैल से एक की दावत कहते हैं। यदि कोई व्यक्ति बहुत अधिक विपन्न है, तो समस्त खानदान के एक वृद्ध व्यक्ति को आमंत्रित करते थे। आशय यह है कि उस उत्सव में पूरे गांव का प्रतिधित्व अनिवार्य था।

33. शुभ प्रतीकों के पीछे की कथा

वैसे तो प्रतीक शब्द के अनेक पर्यावाची हैं किन्तु सम्बन्धित विषय के अनुसार प्रतीक शब्द का अर्थ चिह्न या सिम्बल है। वह चिह्न जो किसी समष्टि के प्रतिनिधि के रूप में हो और उसकी समस्त विशेषताओं का सूचक हो प्रतीक कहलाता है। प्रतीक किसी जाति, धर्म या राष्ट्र के धार्मिक, सामाजिक, सांस्कृतिक व राजनीतिक जीवन का इतिहास अपने में संजोए रहते हैं। जब कोई बात शब्दों के माध्यम से प्रभावी ढंग से नहीं कह पाते या किसी स्वरूप का साक्षात् करना होता है, तब प्रतीकों का सहारा लेते हैं। उदाहरण के लिए श्रीकृष्ण का कोई प्रामाणिक छायाचित्र तो हमारे पास नहीं है किन्तु यदि किसी सांवले वर्ण के किशोर को पीताम्बर पहना दें, बाँसुरी ओठों पर रखवा दें, मोरपंख का मुकुट पहना दें और एक पैर को उठाकर दूसरी टांग पर रखकर त्रिभंगी मुद्रा बना दें, तो सहसा मुख से निकल पड़ता है- अरे भगवान श्रीकृष्ण सम्मुख खड़े हैं। पीताम्बर, बांसुरी, मोरमुकुट, सांवला रंग त्रिभंगीमुद्रा यहाँ प्रतीक का कार्य कर रहे हैं।

प्रत्येक धर्म व जाति के अपने प्रतीक होते हैं। गले में लटका क्रॉस एक लम्बी कहानी कहता है। नारी की मांग का सिंदूर उसके सौभाग्यवती होने का सूचक है। इस प्रकार जीवन के विविध क्षेत्रों में प्रतीकों की बहुत बड़ी संख्या हो सकती है। ये प्रतीक अपने में शुभत्व या मंगलत्व छिपाए रहते हैं। यदि हम केवल वैदिक धर्म के ही शुभ प्रतीकों की बात करें, तो उनकी संख्या भी सैकड़ों में होगी। यथा-ओम, उपनयन या यज्ञोपवीत, एकदण्डी, एकलिंग, गायत्री, गौ, घट, घृत, चक्र, चरू, जल, टीका या त्रिपुण्ड, डमरू, तुलसी, नन्दी, पंचगव्य, पंचमकार, पंचामृत, पंचपल्लव, पयस, पुण्डरीक, पृथ्वी, स्नान, मधु, मंत्र, यज्ञ, रूद्राक्ष, लिंग, शंख, शालिग्राम, श्रीचक्र, स्वास्तिक, हंस आदि अनेक शुभ प्रतीक हैं। वायु पुराण में कतिपय मांगलिक वस्तुओं

का वर्णन मिलता है जिनका यात्रा प्रारम्भ करने से पूर्व स्पर्श करना चाहिए। ये मांगलिक पदार्थ शुभ के प्रतीक है। यथा–दूर्वा, शुद्ध नवनीत, दधि, जल से पूर्ण कलश, सवत्स गौ, वृषभ, सुर्वण, गोमय, स्वास्तिक, अष्टधान्य, तैल, मधु, ब्राह्मण, कन्याएँ, श्वेत पुष्प, शमीवृक्ष, अग्नि, चन्दन, पीपल आदि।

इस लघु वार्ता में किसी एक क्षेत्र के सभी प्रतीकों पर तो चर्चा करना सम्भव नहीं है। अतः कुछ महत्त्वपूर्ण प्रतीकों के पीछे निहित रहस्य अथवा कथा का उल्लेख करेंगे।

भारतीय संस्कृति में ओम (प्रणव) ओंकार या परमात्मा का प्रतीक है। अकार, उकार तथा मकार तीन वर्णों से बना यह प्रतीक क्रमशः विष्णु, महेश, व ब्रह्मा को बोध कराता है। सारा संसार इस ओंकार के द्वारा धारण किया हुआ है। इसीलिए ब्रह्मवादी व्यक्ति यज्ञ, दान, तप, उपासना, पूजा आदि के प्रारम्भ में ॐ का उच्चारण करते हैं।

वैदिक धर्म के आधार वेद हैं। भारतीय संस्कृति के सारभूत इन ग्रन्थों को अपौरुषेय मानने वाले धार्मिकों के लिए वेद का सर्वश्रेष्ठ मंत्र गायत्री है। इस मंत्र के द्वारा भूः भुवः स्वः इत्यादि चतुर्दश भुवनात्मक समस्त ब्रह्माण्ड के देव भगवान सविता की वरणीय ज्योति का ध्यान करते हुए अपनी बुद्धि की शुद्धि की प्रार्थना करते हैं। गायत्री एक छन्द से ऊपर उठकर वेद के स्वरूप का परम् पवित्र प्रतीक है। प्रत्येक शुभ कार्यों के प्रारम्भ में पूजादि कर्म करते समय वेद के इस प्रतीक का पाठ करना अनिवार्य है।

धार्मिक क्रियाओं में जल का विशेष महत्त्व है। जल वरुण देवता का निवास स्थल है और जल स्वयं भी देवस्वरूप है। अतः प्रत्येक धार्मिक कार्य से पूर्व जल से स्नान, अभिषेक, अथवा आचमन करना अनिवार्य है। समस्त हिन्दू समाज में जलप्रियता इतनी गहराई तक व्याप्त है कि कोई भी पुण्य कार्य, यज्ञ, उपासना, पूजादि का विधान जल के बिना सम्भव नहीं है। जल–कलश या जल से भरा घड़ा वरुण देवता का प्रतीक बनाकर स्थापित किया जाता है। घट काल का भी प्रतीक है जो सभी कृत्यों का साक्षी रूप होता है। जल की महत्ता को ध्यान में रखते हुए ही हमारे समस्त तीर्थ वहीं स्थित हैं, जहाँ जल का मूल या प्रवाह है। गंगोत्री, यमुनोत्री, हरिद्वार, प्रयाग, काशी, नासिक, उज्जैन, कुरूक्षेत्र, अमृतसर, पुष्कर आदि समस्त तीर्थ जल स्थान पर है। जल पवित्रता का प्रतीक है।

देवाधिदेव महादेव की लिंग पूजा करने वालों की संख्या करोड़ों में है। लिंग शब्द का अर्थ प्रतीक अथवा चिह्न है। अव्यक्त अथवा अमूर्त सत्ता का स्थूल प्रतीक ही लिंग है। इसके माध्यम से अव्यक्त सत्ता का ध्यान किया जाता है। शिवलिंग की श्रद्धा भक्ति शिश्नपूजा नहीं है, अपितु वहाँ लिंग अमूर्त सत्ता का प्रतीक है। द्वादश ज्योतिर्लिंग इसी भक्ति भावना के कारण आस्था के केन्द्र हैं। अतः शिवलिंग की पूजा का अर्थ है, अव्यक्त ब्रह्म की पूजा।

प्रत्येक धार्मिक विधान में शंख का भी उपयोग होता है। 'शं' शब्द का अर्थ है कल्याणकारी है और 'ख' का अर्थ आवाज है, अतः शंख शब्द का अर्थ कल्याणकारी ध्वनि है। सत्यनारायण की कथा हो अथवा यज्ञ अथवा शवयात्रा शंख शुभ का प्रतीक बनकर उपस्थित रहता है। शंख की उत्पत्ति सागर से है, जहाँ क्षीरशायी भगवान विष्णु शयन करते हैं। अतः शंख कल्याण व मंगल का प्रतीक है। कल्याण कामना की भावना से स्वास्तिक भी बनाया जाता है जो मांगलिक भावनाओं का प्रतीक है। स्वास्तिक का शाब्दिक अर्थ कल्याण कथन करना है। इसे गणेश का लिप्यात्मक स्वरूप भी कहा जाता है। स्वस्ति का विस्तार ही स्वस्तिवाचन है। मांगलिक कार्यों के प्रारम्भ में मंत्रोच्चारण के साथ पवित्र अक्षतों का विकरण स्वस्तिवाचन कहलाता है, यह क्रिया यजमान की कल्याण कामना का प्रतीक है।

किसी भी शुभ कार्य के प्रारम्भ में यजमान व पुरोहित के मस्तक पर टीका त्रिपुण्ड का होना अनिवार्य है। यह ललाट पर लगाई जाने वाली कुकुम की रेखा है। इस टीका का एक रूप त्रिपुण्ड है। त्रिपुण्ड शैव सम्प्रदाय का धार्मिक चिह्न है जो भौहों के समानान्तर ललाट के एक सिरे से दूसरे सिरे तक भस्म की तीन रेखाओं से अंकित होता है। यह त्रिपुण्ड शिव और शक्ति के एकत्व अथवा सायुज्य का प्रतीक है तो टीका सम्मान व श्रेष्ठता का प्रतीक है। स्मरण रहे टीका सम्मानित का ही किया जाता है। किसी को सम्मानित करते समय टीका लगाते हैं। मंदिरों में जहाँ शिवलिंग उस अव्यक्त व अमूर्त शक्ति का प्रतीक है, वहाँ शालिग्राम एक ऐसा गोल पत्थर है, जो विष्णु मूर्ति का प्रतीक है। नर्मदा के पत्थर शिवलिंग बनते हैं तो गण्डकी या नारायणी नदी के पत्थर शालिग्राम बनते हैं। पुराणों में शालिग्राम के महात्म्य का विस्तार से वर्णन है। किसी भी धार्मिक कार्य को करते समय यजमान व पुरोहित के लिए यज्ञोपवीत पहनना अनिवार्य है। यह यज्ञपरक धार्मिक प्रतीक

यजमान की दीक्षा का सूचक है। कपास के सूत के धागे से बना यज्ञोपवीत तीन अथवा छह लड़ी का होता है।

सनातनी व आर्यसमाजी क्रमशः छह व तीन लड़ी का यज्ञोपवीत पहनते हैं। अविवाहित सनातनी भी तीन लड़ी का ही पहनते है। ये तीन लड़ी तीन ऋणों के स्मरण कराने का कार्य करती है। अतः यह उन ऋणों की भी प्रतीक हैं। वस्तुतः यज्ञोपवीत शब्द का अर्थ है- 'यज्ञ के अवसर पर बाहर से लपेटा हुआ वस्त्र।' प्रारम्भ में यह इसी अर्थ में था अर्थात् यज्ञ के अवसर पर शरीर को ढकने वाला उत्तरीय ही यज्ञोपवीत कहलाता था, बाद में ये तीन पवित्र सूत्र ही यज्ञोपवीत के प्रतीक रह गए। धार्मिक जन यज्ञोपवीत का वैज्ञानिक महत्त्व भी मानते हैं। यह बायें कंधे पर स्थित होकर दाहिनी ओर धारण किया जाता है। यह हिन्दुओं का सांस्कृतिक प्रतीक है।

धार्मिक कार्यों का पूजा-पाठ में पंच पल्लव व पंचामृत का अपना महत्त्व है। वे पल्लव या पदार्थ अपने अपने क्षेत्र का प्रतिनिधित्व करते हैं। पंच पल्लव-आम, पीपल, वट, पाकड़ व गूलर के पवित्र पल्लव वनस्पति क्षेत्र में इन वृक्षों की महत्ता के प्रतीक हैं। उदाहरण के लिए पीपल को तो विश्व वृक्ष कहते हैं। ऐसी मान्यता है कि इसके पत्ते-पत्ते पर देवताओं का वास है। इसके धार्मिक महत्व को स्वीकार करते हुए श्रीमदभगवत्गीता में भगवान श्रीकृष्ण ने अपने को वृक्षों में पीपल कहा है। पीपल चैत्य या मठ का भी प्रतीक है, इसलिए इसे चैत्यवृक्ष भी कहते हैं क्योंकि धार्मिक जन इसके नीचे पूजा करते हैं। आयुर्वेद के अनुसार इसे पुत्रद माना गया है। यह बन्ध्य दोष को मिटाता है। इसी प्रकार गाय पवित्रता की प्रतीक है। वह स्वयं देवस्वरूपा है। उसके दूध, दही व घी में मधु व शर्करा मिलाकर बना पंचामृत शक्ति व पवित्रता का प्रतीक है। भगवान शालिग्राम का अभिषेक इसी पंचामृत से होता है। देव विग्रह के सम्मुख पूजा करते समय पंच नीराजन-दीपक, कमल, वस्त्र, पान और आम क्रमशः प्रकाश, पवित्रता, रक्षा, सौन्दर्य व शक्ति के प्रतीक बनकर ही आते हैं।

निष्कर्ष रूप में यह कह सकते हैं कि समस्त शुभ प्रतीकों के पीछे आस्था, विश्वास, विज्ञान या उपयोगिता निहित रहती है।

34. बसन्तोत्सव

समस्त भूमण्डल में अखण्ड भारत ही ऐसा क्षेत्र है, जहाँ छः ऋतुएँ होती हैं, अन्यथा स्थान की भिन्नता के साथ उनकी संख्या दो, तीन या चार तक ही सीमित हैं। ऊष्मा के प्राधान्य से देखें, तो ग्रीष्म व शीत की दो ही ऋतुएँ हैं, किन्तु भारत में उष्मा प्रधान बसन्त, ग्रीष्म व वर्षा तथा शीत प्रधान शरद, हेमन्त व शिशिर नाम से छः ऋतुएँ होती हैं। वेद बसन्त को ऋतुओं का मुख कहता हैं 'मुख वा एतदृतूनां। यद बसन्त।' श्रीमदभगवत्गीता में श्रीकृष्ण अपने को ऋतुओं में बसन्त बताते हैं। सामान्यतः बसन्त ऋतुराज के नाम से जाना जाता है। उसका यह ऋतु राजत्व सौन्दर्य, आनन्द, मादकता, प्रसन्नता व श्रेष्ठता आदि गुणों के कारण है, और शेष ऋतु स्त्रीलिंग में होने के कारण पुल्लिंग बसन्त ऋतुपति के रूप में भी सम्बोधित होता रहता है।

ऋतुओं के काल -विभाजन की दृष्टि से देखें, तो प्रत्येक ऋतु का समय दो मास का होता है किन्तु ऋतुराज बसन्त लगभग तीन मास के काल खण्ड में अपना वर्चस्व बनाये रखता है। माघ शुक्ल पंचमी को बसन्त पंचमी की तिथि इस ऋतु के आगमन की सूचना देती है। महान शक्तियों को आने से पूर्व ही आयोजित स्वागत सत्कार उनके आगमन की सूचना देते हैं। भुवनभास्कर सूर्य तो प्रतिदिन अपने निश्चित समय पर उदित होते हैं किन्तु फिर भी उषा उनके आगमन की सूचना देने नित्य उनसे पहले आती ही है।

मधु व माधव या चैत्र-वैशाख मास बसन्त ऋतु के हैं। बसन्त पंचमी-चालीस दिन पूर्व ही बसन्त के आगमन की सूचना देने आ जाती है। वस्तुतः ये चालीस दिन बसन्तोत्सव की तैयारी का काल है। वृक्षराजि पर पुराने जीर्ण-शीर्णवस्त्र हैं, ऋतुराज के आगमन से पूर्व उनका बदलना

भी आवश्यक है। उधर शिशिर ऋतु का कष्टदायी शासन भी समाप्त करना है। शीताधिक्य से कम्पित वनस्पति ठिठुरी हुई खड़ी है। मानव, पशु-पक्षी, लता-पल्लव सभी शिशिर की मार से त्रस्त हैं। शिशिर का आतंक इतना व्याप्त है कि वनस्पति की प्रगति तक रुक गई है। इस मध्य न कोई नयी फसल बोई जाती है और न वृक्षारोपण ही किया जाता है और न हो सकता है। मानव डर के मारे घरों में घुसे रहते हैं और यदि बाहर निकलने का साहस भी करते हैं, तो समस्त शरीर को वस्त्रों की पर्त दर पर्त लपेट कर ही निकलते हैं। वृद्धजन तो बेचारे इस ऋतु से राम-राम रह कर ही छुटकारा पाते हैं, साथ ही घर से बाहर निकलने की हिम्मत करने वाले बालकों तथा युवाओं का सलाह देना नहीं भूलते कि शीत से बचाव के उपाय साथ रखें क्योंकि शिशिर ऋतु का अमोघ शस्त्र यह शीत ही है।

वैदिक युग से ही बसन्त पंचमी का भारतीय जनमानस में विशेष महत्त्व रहा है। यह सरस्वती पूजन का त्योहार है। गुरुकुलों में गुरुजन इस दिन को बहुत धूमधाम से मनाते थे। पुराने छात्रों के लिए यह सत्र का अन्तिम दिन होता था और नये छात्रों को इसी दिन यज्ञोपवीत संस्कार के बाद अक्षरारम्भ कराया जाता था। गृहस्थ जन इसे मदनोत्सव के रूप में मनाते थे। बसन्त काम-सखा है। जब भी सृष्टि का क्रम चलाना होता है, तब बसन्त की सहायता की आवश्यकता पड़ती है। देवासुर संग्राम में पराजित होते देवताओं ने भले ही कामदेव को यह कार्य सौंपा हो कि वह तपस्यारत शिव के मन में सर्जन की अभिलाषा काम को जागृत करें किन्तु कामदेव को बसन्त की सहायता के बिना यह दुष्कर कार्य सम्भव नहीं दिखता। अतः पहले बसन्त से ही अपना जाल फैलाने की प्रार्थना की जाती है। शिशिर ने भी सृष्टि में सर्जन का कार्य रोक दिया था, तब बसन्त को आना ही था।

शिशिर ऋतु ने वृक्षों को नग्न कर दिया था। पुष्प तो समाप्त ही हो गये थे। कोयल ने शीत के भय से चुप्पी साध ली थी। मयूर दिखाई नहीं पड़ रहे थे। कोहरे से आच्छादित संसार में सौन्दर्य का कहीं अवशेष ही नहीं रह गया था। पुष्पों का राजा कमल तो तुषारापात के कारण निस्तेज पड़ा ही था, बेचारा गुलाब भी शिशिर ने ठूंठ में बदल दिया था। भौंरों की गुंजार बन्द

थी। ऐसे आतंक भरे वातावरण में ऋतुराज के आगमन की सूचना मात्र से ही सब कुछ बदलना प्रारम्भ हो गया है। यह सत्ता का परिवर्तन है। अन्यायी शिशिर के स्थान पर सर्वप्रिय बसन्त का राज्याभिषेक हो रहा है।

अब तो वृक्ष नूतन वेश-भूषा में सजने लगे हैं। नवकोंपल व पुष्पराजि के साथ वृक्ष सज-धज कर ऋतुराज के स्वागत को तैयार हैं। पलाश तो लालिमा के माध्यम से अपनी मस्ती का डंका पीट रहा है। सरसों की पीली बिछावन फैला दी गई है। शस्य-श्यामला धरणी अपनी सन्तान को फलती फूलती देखकर मचल रही है। गुलाबों की चटक, कमल का विकास, आम्रमंजरी की सुरभि, कुरबक-गन्ध की मादकता, चम्पा व अशोक की मस्ती सभी अपनी निर्भीकता व प्रसन्नता को व्यक्त कर रहें हैं। कोयल ने मौन तोड़कर पंचम स्वर मे राग अलापना प्रारम्भ किया है। भ्रमरों के गुंजार की मोहकता सभी को आकर्षित करने लगी है। चकोरों की चहक, मयूरों का शोर, पपीहा की पुकार, कीर-कपोत की गुटर गूं सभी आनन्दवर्धक हैं। चन्द्र ज्योत्स्ना ने भी कष्टों से छुटकारा पाया है। कदली तो यौवन में झूम रहे हैं। सूर्य का रथ उत्तर की और दौड़ा आ रहा है। आपात् काल की समाप्ति पर प्रसन्नता के ऐसे वातावरण के आयोजन स्वाभाविक ही हैं।

ऐसे वातावरण में बसन्तोत्सव का आयोजन हो रहा है। अब भी यदि किसी को संसार के इस बदले हुए स्वरूप का आभास नहीं होता, तो उसके घर में अन्दर घुसकर बसन्त के आगमन की सूचना देने के लिए फुलहरा दौज का आयोजन किया जाता है। कुमारी युवतियाँ व किशोरियाँ सज-धज कर गीत गाती हुई निकल पडती हैं और प्रत्येक घर में फूलों की वर्षा करके मानो शिशिर से डरे हुए व्यक्तियों को बताती हैं, कि अब डरने का समय नहीं, बसन्त आ रहा है। होली आ गई है बसन्त के राज्याभिषेक का पुनीत पर्व। मस्ती का आलम इतना कि शीत को खुली चुनौती ठंडे जल की पिचकारी से दी जा रही है। जल का स्वभाव या गुण ही शीतलता है। शीत ऋतु का सबसे बड़ा अस्त्र जल ही तो है। आज शिशिर के अस्त्र से ही अपने ऊपर बार किया जा रहा है, किन्तु इस प्रहार को झेलकर भी मानव समूह आनन्दित है। बसन्त तुम महान हो। तुम्हारे आगमन से सृष्टि में

इतनी निर्भीकता व प्रसन्नता पुनः लौट आयी है। - बसन्त के आगमन की प्रसन्नता मानव, पशु-पक्षी, वनस्पति व लता पल्लव सभी में है। काम देवता के पंचवाणों में सबसे प्रभावी अशोक व आम मंजरी तो अब फूले नहीं समा रहे हैं। आचार्य हजारी प्रसाद द्विवेदी के शब्दों में भले ही आज एक निफुले और तरंगायित पत्ते वाले वृक्ष को अशोक कहा जाता हो, किन्तु प्राचीनकाल में तो नारियों के कर्णाभूषण व केश सज्जा के लिए अशोक के पुष्प सबसे अधिक प्रिय होते थे। अशोक भी तो यों ही फूलने वाला नहीं था। बसन्त के आगमन के बाद नारियों को सज-सँवर कर उसके पास जाना होता था और उनमें से सर्वसुन्दरी रूपवती जब अपने लाक्षारस रंजित नूपुरयुक्त कोमल चरणों से अशोक के मूल प्रदेश में आघात करती थी, तब अशोक प्रसन्नता के साथ खिल उठता है, ऐसी भारतीय कवियों की मान्यता है। आम मंजरी की सौंधी गन्ध और पलाश वनों की ललिमा प्रियाजनों के लिए उन्मादकारिणी है।

बसन्तागमन की मस्ती ने तो मानव की मनः स्थिति ही बदल दी है। कुमकुम के रंग में रंगी हल्के लाल रंग की साड़ी से सज्जित, अशोक के पुष्प व आम्र मंजरी से प्रसाधित नव युवतियों को देखकर वृद्ध और शिखण्डियों के मन में भी काम जागने लगा है। 'फागुन में जेठ कहे भाभी' जैसी आचार विरुद्ध उक्ति ऋतुप्रभाव के कारण ही प्रचलित हुई। पूरा चैत्रमास होली की बरजोरी, नौंक-झोंक, लुका-छिपी, दाव-पेंच में बीत जाता है। छोटे बड़े सभी होली का आनन्द लेते हैं। होली में जोर जबरदस्ती व मीठी सी गालियाँ तो मान्य हैं ही, यदा कदा प्यार भरी पिटाई भी सहनी पड़ती है। आज भी ब्रज की लट्ठमार होली अपना आकर्षण बनाये हुए है।

चैत्र शुक्र द्वादशी से पूर्णिमा तक चार दिन मदनोत्सव का आयोजन बसन्त के चरमोत्कर्ष के सूचक होते थे। यह नवयुवती सुन्दरियों के लिए शृंगार से सज्जित होने का अवसर होता था। वनस्पति जगत की पुष्पराशि प्रसाधित सामग्री होती थी। नाच गान हास-परिहास का इससे उपयुक्त अवसर नहीं है, यह समझकर सभी इन आयोजनों में सम्मिलित होते थे।

वैशाख मास में गर्मी अपने पैर फैलाने प्रारम्भ कर देती है। अतः इस महीने के मध्य तक ही होली या बसन्त के गाने-बजाने चल पाते थे।

बसन्तोत्सव के समापन का अंतिम दिन वैशाख शुक्ल तृतीया होता था अर्थात् माघ शुक्ल पंचमी से वैशाख शुक्ल तृतीया तक लगभग तीन मास बसन्तोत्सव के कार्यक्रम चलते थे। अन्तिम दिन अक्षयतृतीया या अखती अथवा आखे तीज के बाद रंग डालना वर्जित हो जाता है। प्रिय प्रेयसी के सम्बन्धों को रसमय बनाने में इस तिथि का विशेष महत्त्व है। सुन्दरी युवतियाँ अपने प्रियजनों के साथ किसी वृक्ष के नीचे बैठकर काम देवता की पूजा किया करती थीं। इसके बाद वे अपने साथ आये पुरुषों से उनकी प्रियतमाओं के नाम पूछती थीं। संकोचवश नाम लेने से बचनेवालों की वे कोमल व पतली छड़ी से प्यार भरी पिटाई भी करती थीं। लाला भगवान दीन ने बुन्देलखण्ड में अभी तक इस प्रथा के जीवित होने का उल्लेख किया है। मनोवैज्ञानिक दृष्टि से इस पर्व का बड़ा लाभ है। सभी के सम्मुख अपनी स्वकीया अथवा परकीया प्रेयसी का नाम लेने से मानसिक कुण्ठाओं का रेचन होता है। इस आधार पर मानव अपनी दमित वासनाओं का उदात्तीकरण कर लेता है। संस्कृत-साहित्य में 'मेघदूत' ओर हिन्दी साहित्य में 'आँसू' दमित प्रेम की उदात्त अभिव्यक्ति के ही उदाहरण हैं।

आधुनिक जीवन की भागदौड़-आपाधापी व यांत्रिक-स्थिति ने बसन्तोत्सव की गरिमा को ही समाप्त कर दिया है। अब केवल औपचारिकता शेष है और वह भी रंगवाले दिन केवल दो तीन घंटे तक सीमित है। किसी को ध्यान भी नहीं आता कि कोयल बोलने लगी है आम पर बौर आ गए हैं, पलाश फूलों से लद रहे हैं, गुलाब चटकने लगे हैं व कमल पूर्ण विकसित हो रहा है। ऐसी उदासीनता जीवन्त मानव को जड़ बना रही है।

35. समन्वय की भारतीय परम्परा

संसार की अनेक संस्कृतियों में भारतीय संस्कृति प्राचीनतम है। इस संस्कृति का स्रोत वेद हैं। यही सभी को स्वीकार्य है कि संसार का प्राचीनतम उपलब्ध ज्ञान निर्विवाद रूप से वेद हैं। वेद से निसृत वैदिक संस्कृति का मूलाधार उसकी समन्वय की भावना है। भारतीय संस्कृति वर्णाश्रम व्यवस्था पर आधारित है। चार मूल वर्णों से आज सहस्त्राधिक जातियाँ बन गई हैं, किन्तु फिर भी इन सब जातियों के मध्य एक ऐसी समन्वय की धारा बह रही हैं जिसमें सभी डुबकी लगाते रहते हैं। भारत की विशाल भौगोलिक स्थिति एवं उसके कारण उत्पन्न विभिन्न एवं विशिष्ट परिस्थितियों के होते हुए भी कुछ ऐसे सूत्र हैं जिन्होंने इस समस्त राष्ट्र को समन्वय की शिक्षा दी है।

अपनी अलग पहचान बनाने के लोभ के कारण आज कुछ क्षेत्रों में प्रान्तीयता अथवा क्षेत्रीयता का स्वर भी उभरने लगा है किन्तु इस सबके बाद भी आसेतु हिमालय यह राष्ट्र समन्वय के सूत्र में बंधा हुआ है। संस्कारी भारतीय प्रातः शैया त्यागते समय जब पृथ्वी पर पैर रखता है, तो उसके मुख से सहसा यह उक्ति निकल पड़ती है

समुद्रवसने! देवि! पर्वत स्तनमण्डले।
विष्णुपत्नि! नमस् तुभ्यम्, पाद स्पर्श क्षमस्व मे।

जो इस उक्ति को बोलना नहीं जानते, वे पृथ्वी को छूकर मस्तक से हाथ लगाकर अपनी मातृभूमि के प्रति आस्था प्रकट करते हैं। समुद्र से लेकर हिमालय तक की पृथ्वी को माता की मान्यता देना समन्वय का ही परिणाम है जिसके मूल में वेद की यह भावना हैं - माताभूमिः पुत्रोऽहं पृथिव्याः।

कितने आश्चर्य की बात है कि भले ही वेद न पढ़ा हो किन्तु उसकी शिक्षा सामान्यजन के हृदय में गहरे तक बैठी है। इसी प्रकार भारतीय

व्यक्ति जब स्नान करने बैठता है, तो अपनी बाल्टी के जल में सात पवित्र नदियों-गंगा, यमुना, गोदावरी, सरस्वती, नर्मदा, सिन्धु व कावेरी के जल का आह्वान करता है-

गंगे च यमुने चैव गोदावरि सरस्वति।
कावेरि नमर्दे सिन्धो जलेऽस्मिन संनिधिं कुरु।।

ये नदियाँ किसी एक प्रान्त या क्षेत्र विशेष का नहीं, अपितु सम्पूर्ण भारत का प्रतिनिधित्व करती हैं। देश ही नहीं संसार के किसी भी कोने में बसने वाला हिन्दुस्तानी इन पवित्र नदियों में एक गोता लगाकर अपने को धन्य अनुभव करता है। उस समय उसके हृदय में प्रान्त या क्षेत्र नहीं रहता। इस समन्वय की भावना के कारण ही देश में अनेक ऐसे स्थान हैं जहाँ जाने की लालसा प्रत्येक हिन्दू में होती है। सात नगरी तो इस धारणा के कारण मोक्षदायिनी ही मान ली गई हैं:

अयोध्या मथुरा माया काशी काँची अवन्तिका,
पुरी द्वारावती सप्तैच मोक्ष दायिका।

हरिद्वार का प्राचीन नाम ही माया है। अवन्तिका आधुनिक उज्जैन है। अयोध्या का सम्बन्ध भगवान विष्णु के अवतार श्रीराम से है, तो मथुरा व द्वारका विष्णु के ही अवतार श्रीकृष्ण से सम्बन्धित हैं। हरिद्वार, काशी व अवन्तिका भगवान शिव की नगरी है। काँची में देवी के दर्शन के लिए भगवान ब्रह्मा ने तप किया था। इसके साथ ही काँची हरिहरात्मक पुरी है जिसके शिव काँची व विष्णु काँची दो भाग हैं। त्रिदेव के समन्वय की कैसी कल्पना है। इसके अतिरिक्त भी ऐसे बहुत से स्थान हैं, जहाँ प्रत्येक हिन्दू अपना माथा टेकना चाहता है। तीर्थराज प्रयाग अथवा पुष्कर में गोता लगाने की इच्छा सबकी रहती है। केदारनाथ, बद्रीनाथ, रामेश्वरम्, अमरनाथ, जगन्नाथपुरी की यात्रा सभी करना चाहते हैं। चतुर्धाम-हरिद्वार, प्रयाग, उज्जैन व नासिक चार पीठ - उत्तर में बद्रीनाथ (ज्योतिमठ जोशीमठ) दक्षिण में रामेश्वरम (शृंगेरी मठ) पूर्व में जगन्नाथपुरी (गोवर्धन मठ) तथा पश्चिम का (शारदा मठ) तथा चार पुण्य क्षेत्र हरिद्वार, मथुरा, काशी व अयोध्या इसी समन्वय की भावना को पुष्ट करते हैं।

समन्वय की इसी भावना से भावित होकर किसी एक देव को ही अपना आराध्य मानने वाले व्यक्ति भी अन्य देवी-देवताओं के प्रति श्रद्धा से नत होते देखे जा सकते हैं। रामनवमी, कृष्ण-जन्माष्टमी, महाशिवरात्रि, दुर्गापूजा आदि पर सभी हिन्दुओं द्वारा की जाने वाली पूजा समन्वय के कारण ही है। केवल उपासक ही नहीं, अपितु उपास्य भी एक दूसरे की पूजा करके इस भावना को और पुष्ट करते हैं। शिव अपनी पत्नी सती को इस कारण त्याग देते हैं, क्योंकि उन्होंने भगवान विष्णु के अवतार श्रीराम के ईशत्व में शंका की है। श्रीराम स्पष्ट घोषणा करते हैं कि शिव द्रोही मेरा भक्त नहीं हो सकता। सेतु बन्धन से पूर्व वे शिवलिंग की स्थापना कर पूजन करते हैं। समन्वय की यह भावना इतनी बलवती है कि सगुण व निर्गुण किसी की भी उपासना करो, दोनों का लक्ष्य ईश्वर भक्ति है-

अगुनहिं सगुनहिं नहिं कछु भेदा।
उभय हरहिं भव सम्भव खेदा।

कोई किसी भी मार्ग से चले, सबका गन्तव्य एक ही है। जिस प्रकार आकाश से गिरने वाला जल सागर की ओर ही जाता है, उसी प्रकार सभी देवों की उपासना का लक्ष्य परब्रह्म का सामीप्य है

आकाशात् पतितं तोयं यथा गच्छति सागरम्।
सर्व देव नमस्कारं केशवं प्रतिगच्छति।।

समाज को चार वर्गों में बाँटकर भी उन चारों को जो दायित्व सौंपे गये, वे भी समन्वय की ही कहानी कहते हैं। ब्राह्मण का कार्य समस्त समाज को शिक्षित व संस्कारित करना है, तो क्षत्रिय ने चारों वर्गों की सुरक्षा का दायित्व लिया है। वैश्य को सभी वर्गों की आवश्यकताओं की पूर्ति करनी है तो शूद्र अपनी सेवा से सभी को सन्तुष्ट रखता है। यदि एक को सम्मान मिलता है, तो दूसरे को आशीष। समाज आज अनेक जातियों में बँट गया है, फिर भी उसकी संरचना में समन्वय दिखाई देता है। भिन्न भाषा व वेश के बाद भी समस्त देश में संस्कार की भाषा संस्कृत ही है। यह समन्वय का ही प्रतिफल है। दक्षिण का नारियल उत्तर में भी मंगल का प्रतीक है। लौंग कहीं पैदा होती है, समस्त देश के लिए पूजा की सामग्री है। प्रत्येक

हिन्दू की इच्छा रहती है कि वह गंगासागर में भी गोते लगाये और गंगोत्री, यमुनोत्री, केदारनाथ, बद्रीनाथ के भी दर्शन करे। वह रामेश्वरम् भी जाता है और सोमनाथ में भी मत्था टेकता है। वह हरिद्वार में भी डुबकी लगाता है और नासिक में भी स्नान करता है।

समन्वय की इस भावना पर स्वार्थी राजनेता, वामपंथी व तथाकथित बुद्धिजीवी आये दिन प्रहार करते रहते हैं, फिर भी इसकी धारा सतत् प्रवाह मान है। आज सबसे अधिक प्रहार वर्ण व्यवस्था पर हो रहे हैं किन्तु ये राजनेता भूल जाते हैं कि हमारी वर्ण व्यवस्था गुणों पर आधारित है। हम धीवर कन्या से उत्पन्न व्यास को भी गुरु मानते हैं। सारा देश व्यास के जन्म दिन को ही गुरु पूजा करता है। सभी पवित्र मंचों को व्यास पीठ मानता है व्यास पीठ पर सभी नतमस्तक होते हैं। हम वशिष्ठ, अगस्त्य, शुकदेव, द्रोण, आदि के जन्म पर ध्यान न देकर उनके गुणों की पूजा करते हैं। यहाँ कबीर सभी के द्वारा पूज्य है, रैदास की शिष्या मेवाड़ वंश की कुलवधू मीराँ बनती हैं। जन्म से मुसलमान होने पर भी स्वामी हरिदास इतने सम्पूज्य बने कि महाप्रभु वल्लभाचार्य ने उनका चरणोदक पान किया। वैदिक धर्म का विरोध करने वाले तथा ईश्वर व वेद में आस्था न रखने वाले गौतम व महावीर को इस समन्वय की भावना के कारण देवत्व प्रदान किया गया। गौतम को तो भगवान का नवाँ अवतार मान लिया गया। वेद और ऋषियों को गाली देने वाले चार्वाक को भी इस संस्कृति ने ऋषि की संज्ञा प्रदान की है। वैदिक धर्म के मानने वाले आज भी जैन, बौद्ध, सिख आदि को अपना ही मानते है। सिख गुरुओं व गुरुद्वारों के प्रति सनातन धर्मियों में घोर आस्था है। अधिक स्पष्ट कहूँ तो यह हिन्दुओं की ही विशेषता है कि वह बौद्ध गया भी जाता है, अमृतसर के स्वर्ण मंदिर में मत्था टेकता है अजमेर शरीफ में शेख सलीम चिश्ती की दरगाह पर चादर चढ़ाता है तथा जैन मंदिरों की सीढ़ियों को भी पवित्र मानता है।

बीसवीं शताब्दी के अन्तिम दशक से कुछ राजनेता विभिन्नता की विष बेल को सींचने में लगे हुए हैं, फिर भी अनेक साधु-संत, महात्मा, संन्यासी व समाज सुधारक समन्वय की भावना को पुष्ट करने में लगे हैं। देश की

आजादी के लिए अपने प्राणों की बलि देने वाले वीर शहीदों की स्मृति को बनाये रखने का दायित्व समाज के प्रबुद्ध वर्ग ने सदैव अपने हाथों में रखा है। झाँसी की रानी लक्ष्मीबाई, तात्याटोपे, नाना फडनवीस, लाल-बाल-पाल, गाँधी, नेहरू, पटेल, सुभाष, मौलाना आजाद, रफी अहमद किदवई, श्रीमती ऐनी बेसेंट, लालबहादुर शास्त्री, चन्द्रशेखर आजाद, रामप्रसाद बिस्मिल, भगत सिंह, राजेन्द्र लाहिड़ी, असफाकुल्ला आदि न किसी जाति या धर्म विशेष के हैं और न क्षेत्र विशेष के। स्वामी विवेकानन्द या गुरुवर रवीन्द्रनाथ टैगोर पर सबका अधिकार है। वाल्मीकि, व्यास, कालिदास, भवभूति, कौटिल्य, तुलसी, सूर, कबीर, जायसी, प्रसाद, पंत, निराला, महादेवी वर्मा समस्त राष्ट्र की धरोहर हैं।

इस प्रकार की भावना का एक मूर्त रूप हरिद्वार का भारत माता मंदिर है, जहाँ राष्ट्रीय स्वयं सेवक संघ के संस्थापक हेडगेवार जी की प्रतिमा भी है और राष्ट्रीय स्वतंत्रता संग्राम में अपने प्राणों की आहुति देने वाले असफाकुल्ला खां की भी आदमकद प्रतिमा है। विभिन्न देवी-देवताओं की प्रतिमाओं के साथ इन प्रतिमाओं को देखकर समन्वय की एक प्रतिमा मनोजगत में बन जाती है। ऐसा समन्वय संसार की अन्य किसी संस्कृति में मिलना सम्भव नहीं है।

❖❖

पुरस्कार व सम्मानः-

- उत्तर प्रदेश संस्कृत संस्थान से ग्यारह हजार रु० का पुरुस्कार
- उत्तर प्रदेश हिन्दी संस्थान से पिच्हत्तर हजार रु० का महावीर प्रसाद द्विवेदी पुरुस्कार
- उत्तर प्रदेश हिन्दी संस्थान से ढाई लाख रु० और साहित्य भूषण सम्मान।
- साहित्य मण्डल नाथद्वारा द्वारा साहित्य सुधाकर उपाधि
- महर्षि दयानन्द सरस्वती हर प्यारी देवी सम्मान- सिकैड़ा
- हिन्दी श्रद्धा सम्मान- सोनीपत
- ब्रह्मानन्द सुधा सम्मान- कुरुक्षेत्र
- वरिष्ठ नागरिक सम्मान- पिलखुवा
- नगर गौरव सम्मान- महासरस्वती विद्यालय, पिलखुवा
- तत्त्वमसि सम्मान- गाजियाबाद
- ब्राह्मण गौरव सम्मान- दिल्ली
- तुलसी मानस सम्मान- हैदराबाद
- हिन्दी भाषा शिरोमणि- साहित्य मण्डल श्री नाथद्वारा

www.ingramcontent.com/pod-product-compliance
Lightning Source LLC
Chambersburg PA
CBHW030513100426
42813CB00001B/24